U0529786

文化强国建设十五讲

张军 主编

中共中央党校出版社

图书在版编目（CIP）数据

文化强国建设十五讲 / 张军主编. -- 北京 : 中共中央党校出版社, 2025. 3. -- ISBN 978-7-5035-7801-4

Ⅰ．G12

中国国家版本馆 CIP 数据核字第 202566XF02 号

文化强国建设十五讲

策划统筹	冯　研
责任编辑	王玉兰
责任印制	陈梦楠
责任校对	马　晶
出版发行	中共中央党校出版社
地　　址	北京市海淀区长春桥路 6 号
电　　话	（010）68922815（总编室）　　（010）68922233（发行部）
传　　真	（010）68922814
经　　销	全国新华书店
印　　刷	北京盛通印刷股份有限公司
开　　本	710 毫米×1000 毫米　1/16
字　　数	203 千字
印　　张	14.75
版　　次	2025 年 3 月第 1 版　　2025 年 3 月第 1 次印刷
定　　价	48.00 元

微 信 ID：中共中央党校出版社　　邮　箱：zydxcbs2018@163.com

版权所有・侵权必究

如有印装质量问题，请与本社发行部联系调换

序　言
PREFACE

深入学习习近平文化思想
推动社会主义文化强国建设

党的十八大以来，在引领和推动新时代文化建设的实践中，习近平总书记创造性提出一系列新思想新观点新论断，形成了极为丰富的理论成果。2023年10月，党中央召开全国宣传思想文化工作会议，正式提出并系统阐述了习近平文化思想，在新征程上高举起我们党的文化旗帜。习近平文化思想的形成，标志着我们党对社会主义文化建设规律的认识达到了新高度，表明我们党的历史自信、文化自信达到了新高度，是中国文化建设的重要里程碑，构成了习近平新时代中国特色社会主义思想的文化篇。

一、习近平文化思想的核心要义

习近平文化思想是在中华民族伟大复兴战略全局和世界百年未有之大变局相互交织、相互影响的时代背景下产生的，是在中国特色社会主义文化建设理论创新和实践创新深刻互动的历史进程中形成的，源自于实践又指导和推动实践不断向前发展，深刻回答了关于中国特色社会主义文化建设的历史之问、时代之问、未来之问。习近平文化思想博大精深、内涵丰富、体系完备，全面阐述了新时代文化建设的地位作用、目标任务、方针原则、战略路径、实践要求，既集中体现了理念上的创新、价值上的引领、思路上的突破，极大拓展了党对新时代宣传思想文化工作认识的广度和深度，又全面铺展了宣传思想文化工作的基本框架和整体布局，明确了新时代文化建设的路线图和任务书，彰显着鲜明的问题导向和实践导向，为深入推进文化强国建设提供了全面指引，是一个明体达用、体用贯通的科学体系。

习近平文化思想蕴含一系列重大创新观点，全面解答了新时代中国特色社会主义文化的政治保障、地位作用、发展道路、新的使命、基本原则、战略谋划、根本目的、重要基础等重大问题，深化了对中国特色社会主义文化本质规律的认识。

坚持党的文化领导权。中国共产党是在中华民族救亡图存历史大潮中诞生、勇担民族复兴历史大任的党，也是用科学理论武装起来、以科学理论引路指向的党，始终高度重视以先进的思想文化为引领，振奋民族精神、凝聚奋斗力量，团结带领全体人民朝着实现民族复兴的宏伟目标不断迈进。坚持党的文化领导权，必须坚持马克思主义在意识形态领域的指导地位，必须坚持以习近平新时代中国特色社会主义思想为指导。在当代中国，坚持和发展习近平新时代中国特色社会主义思想，就是真正坚持和发展马克思主义。

推动物质文明和精神文明协调发展。国家强盛、民族复兴需要物质文明的积累，更需要精神文明的升华。推动物质文明和精神文明协调发展，是坚持和发展中国特色社会主义的本质特征。中国特色社会主义是全面发展、全面进步的伟大事业，是由经济建设、政治建设、文化建设、社会建设和生态文明建设等多个领域和方面相互联系、相互促进构成的有机统一体。中国式现代化，是中国共产党领导的社会主义现代化，既有各国现代化的共同特征，更有基于自己国情的中国特色。物质文明和精神文明相协调，是中国式现代化的中国特色和主要特征之一。

坚持马克思主义基本原理同中国具体实际相结合、同中华优秀传统文化相结合。"两个结合"不仅是推进党的理论创新的必由之路，也是开辟和发展中国特色社会主义的必由之路。只有立足波澜壮阔的中华五千多年文明史，才能真正理解中国道路的历史必然、文化内涵与独特优势。"第二个结合",是新时代中国共产党人坚持和发展马克思主义、续写马克思主义中国化时代化新篇章的重大理论创造。习近平新时代中国特色社会主义思想的创立、丰富和发展,是马克思主义科学真理性的最有力体现,也是我们文化主体性的最有力体现。

担负起新时代新的文化使命。中国共产党从成立之日起,既是中国先进文化的积极引领者和践行者,又是中华优秀传统文化的忠实传承者和弘扬者,始终把建设民族的科学的大众的中华民族新文化作为自己的使命,在实践创造中不断进行文化创造,在历史进步中不断实现文化进步。对历史最好的继承就是创造新的历史,对人类文明最大的礼敬就是创造人类文明新形态。我们要担负起新时代新的文化使命,以守正创新的正气和锐气,用自强不息、厚德载物的文化创造,推动中华文脉绵延繁盛、中华文明历久弥新。

坚定文化自信。坚定文化自信,是事关国运兴衰、事关文化安全、事关民族精神独立性的大问题。坚定中国特色社会主义道路自信、理论自信、制度自信,说到底是要坚定文化自信。文化自信是更基础、更广泛、更深厚的自信,是最基本、最深沉、最持久的力量。坚定文化自信,从本质上说是坚定对自身文化主体性的自觉和信心。坚定文化自信的首要任务,就是立足中华民族伟大历史实践和当代实践,用中国道理总结好中国经验,把中国经验提升为中国理论,既不盲从各种教条,也不照搬外国理论,实现精神上的独立自主。

培育和践行社会主义核心价值观。核心价值观是一个民族赖以维系的精神纽带,是一个国家共同的思想道德基础。培育和践行社会主义核心价值观,着眼点是培养担当民族复兴大任的时代新人。培养时代新人的重中之重是要以坚定的理想信念筑牢精神之基,坚定对马克思主义的信仰,对社会主义和共产主义的信念,对中国特色社会主义道路、理论、制度、文化的自信。培育和践行社会主义核心价值观,必须大力弘扬以伟大建党精神为源头的中国共产党人精神谱系,深入开展面向全社会的党史、新中国史、改革开放史、社会主义发展史、中华民族发展史宣传教育,弘扬爱国主义精神,加强公民道德建设,提高全社会道德水平。

铸牢中华民族共同体意识。在漫长的发展历程中，我国各民族共同开拓了祖国的辽阔疆域，共同缔造了统一的多民族国家，共同书写了辉煌的中国历史，共同创造了灿烂的中华文化，共同培育了伟大的民族精神，逐渐形成血脉相融、骨肉相连，你中有我、我中有你，多元一体、不可分割的命运共同体。铸牢中华民族共同体意识，就是要引导各族人民牢固树立休戚与共、荣辱与共、生死与共、命运与共的共同体理念。要推动各民族树立正确的国家观、历史观、民族观、文化观、宗教观，使各民族人心归聚、精神相依，像石榴籽一样紧紧抱在一起。

掌握信息化条件下的舆论主导权、广泛凝聚思想共识。舆论是影响社会发展的重要力量。党的新闻舆论工作是党的工作的重要组成部分。在新时代，党的新闻舆论工作的职责和使命是：高举旗帜、引领导向，围绕中心、服务大局，团结人民、鼓舞士气，成风化人、凝心聚力，澄清谬误、明辨是非，联接中外、沟通世界。新闻观是新闻舆论工作的灵魂。我们党是马克思主义政党，这就决定了我们必须坚持马克思主义新闻观，把马克思主义新闻观作为党的新闻舆论工作必须挺起的精神脊梁。做好党的新闻舆论工作，必须牢牢坚持正确舆论导向，一定要把握好时度效。管好用好互联网，是新形势下掌控新闻舆论阵地的关键。

坚持以人民为中心的工作导向。以人民为中心，是新时代坚持和发展中国特色社会主义的根本立场，也是新时代文化建设贯穿的一条鲜明主线。推动文化繁荣，必须坚持以人民为中心的工作导向，把满足人民精神文化需求作为出发点和落脚点，做到文化发展为了人民、依靠人民、成果由人民共享。坚持以人民为中心的工作导向，必须正确处理社会效益与经济效益的关系。对于文化产品来说，同社会效益相比，经济效益是第二位的。要坚持把社会效益放在首位、社会效益和经济效益相统一，不断繁荣社会主义文艺，推动文化事业和文化产业高质量发展，切实增强人民群众文化获得感和幸福感。

保护传承历史文化遗产。我国锦绣山河上遍布的历史文化遗产，承载着中华民族的基因和血脉，蕴藏着中国人民的伟大创造、卓越智慧和共同记忆，是中华文明连续性、创新性、统一性、包容性、和平性的有力见证。新征程上，要坚持"保护为主、抢救第一、合理利用、加强管理"的方针加强物质文化遗产保护，加强顶层设计，统筹保护、利用、传承，不断开创文化遗产保护传承工作新局面。历史文化遗产是祖先留给我们的，我们一定要完整交给后人。要统筹好历史文化遗产保护和经济社会发展，要挖掘文物和文化遗产多重价值，让收藏在博物馆里的文物、陈列在广阔大地上的遗产、书写在古籍里的文字都活起来，成为加强社会主义精神文明建设的深厚滋养，成为扩大中华文化国际影响力的重要名片。要加强研究阐释，准确提炼并展示中华文明的精神标识。

构建中国话语和中国叙事体系。展现中国形象、做好对外宣传，是一项关系全局的战略性任务。要从巩固党的执政地位、提升党的执政能力、确保国家长治久安的战略高度，加强国家文化软实力建设，不断提高塑造国家形象、影响国际舆论场、掌握国际话语权的能力和水平。构建中国话语和中国叙事体系，必须把习近平新时代中国特色社会主义思想作为核心思想资源，把传播好、宣介好这一思想作为首要任务。讲好中国故事是树立当代中国良好形象、提升国家文化软实力的重要战略任务。讲好中国故事根本在于传播理念，以理服人、以情动人，以我为主、融通中外。传播力决定影响力，必须切实加强国际传播能力建设，构建更有效力的国际传播体系，推进国际传播格局重构，全面提升国际传播效能，更加有效发出中国声音。

促进文明交流互鉴。文明因交流而多彩，文明因互鉴而丰富。推进人类各种文明交流交融、互学互鉴，是让世界变得更加美丽、各国人民生活得更加美好的必由之路。习近平总书记提出全球文明倡议，系统阐释推动不同文明包容共存、交流互鉴的中国主张。中华文明是在中国大地上产生的文明，也是同其他文明不断交流互鉴而形成的文明。中华文化蕴含的思想观念、人文精神、道德规范，不仅是中国人思想和精神的内核，对解决人类问题也有重要价值。要进一步推动中华文化走出去，在与不同文明交流互鉴中不断增强中华文明传播力影响力。

二、习近平文化思想的理论贡献

新时代我国社会主义建设取得的重大的理论成就，就是在推进"两个结合"特别是"第二个结合"中形成了习近平文化思想。习近平文化思想继承和发展了马克思主义文化理论，丰富和发展了世界文明理论，具有深远的历史意义。

（一）继承发展了马克思主义文化理论

马克思主义创始人及后来的经典作家没有形成具体的专门化的文化理论。马克思、恩格斯所创立的历史唯物主义在人、实践、社会和历史的理解上实现了哲学变革，为深刻认识文化现象、深入把握文化的社会历史方位和功能确立了坚实的理论基础。马克思主义文化理论是在创立唯物史观的过程中提出来的，是马克思主义科学理论体系的重要组成部分。马克思、恩格斯从唯物史观关于生产力和生产关系、经济基础与上层建筑相互作用的基本原理出发，对文化的内涵、本质和作用等问题进行了探索和论述。这些理论成果是中国特色社会主义文化理论体系生成的最根本的理论基础。马克思主义是一种在充分吸收人类文明发展成果基础上创立的世界性的科学思想体系，是全世界工人阶级的世界观和全人类性的科学真理。习近平总书记指出："马克思主义就是我们党和人民事业不断发展的参天大树之根本，就是我们党和人民不断奋进的万里长河之泉源"，强调"在坚持以马克思主义为指导这一根本问题上，我们必须坚定不移，任何时候任何情况下都不能动摇"。[①]

习近平文化思想是对马克思主义文化理论的继承与发展。继承即体现在对马克思主义唯物史观关于社会基本矛盾运动这一基本原理的理解和运用上。生产力和生产关系、经济基础和上层建筑相互作用、相互制约，构成社会的基本矛盾运动，支配着人类社会发展的历史进程。物质

[①] 习近平：《论党的宣传思想工作》，中央文献出版社 2020 年版，第 286 页。

生活的生产方式制约着整个社会生活、政治生活和精神生活的过程。不是人们的意识决定人们的存在，相反，是人们的社会存在决定人们的意识。换言之，生产关系一定要适合生产力状况、上层建筑一定要适合经济基础状况，它们的共同作用构成整个社会的矛盾运动和人们现实生产生活过程。习近平总书记指出："只有把生产力和生产关系的矛盾运动同经济基础和上层建筑的矛盾运动结合起来观察，把社会基本矛盾作为一个整体来观察，才能全面把握整个社会的基本面貌和发展方向。""虽然物质生产是社会生活的基础，但上层建筑也可以反作用于经济基础，生产力和生产关系、经济基础和上层建筑之间有着十分复杂的关系，有着作用和反作用的现实过程，并不是单线式的简单决定和被决定逻辑。"[1] 这一重要论断，确立了意识形态上层建筑，特别是精神、文化在社会有机体中的新方位。新时代确立中国特色社会主义事业"五位一体"总体布局，把文化建设同经济建设、政治建设、社会建设、生态文明建设并列，就是这一创新理论创造性运用的一个证明。统筹推进"五位一体"总体布局，协调推进"四个全面"战略布局，文化是重要内容；推动高质量发展，文化是重要支点；满足人民日益增长的美好生活需要，文化是重要因素；战胜前进道路上各种风险挑战，文化是重要力量源泉。

习近平文化思想对马克思主义文化理论的发展，则体现在"两个结合"尤其是"第二个结合"的提出上。在社会主义发展史上，社会主义国家虽不同程度强调将马克思主义基本原理同各国实践相结合，但缺乏把马克思主义基本原理同各国优秀传统文化相结合的理论自觉。马克思已经发现了上层建筑（意识形态或文化）是发展变革的，而且这种变革与生产的物质条件的变革具有不一样的内容和方式，但上层建筑（意识形态或文化）是如何随着经济基础的变革而变革的，上层建筑（意识形态或文化）变革的方式（机制）究竟怎样，马克思的时代并没有给出明确理论阐释。与以往我们认为上层建筑随着经济基础的变革而变革这一自然而然发生的基本认知不同，习近平文化思想把文化的变革、创新、

---

[1] 习近平：《论党的宣传思想工作》，中央文献出版社2020年版，第34、35—36页。

发展过程视为人民的生产创造过程,是人民发挥历史主动、坚定文化自信、推进文化创新的过程,是马克思主义基本原理同中国具体实际相结合、同中华优秀传统文化相结合的过程。"两个结合"是文化变革、创新、发展的内在机制。按照马克思主义唯物史观的思维逻辑,在社会基本矛盾运动中,不仅有经济解放和政治解放问题,而且也有思想、文化解放问题。一定社会的思想、文化解放,就社会有机体而言,有时还具有决定性作用。习近平文化思想中的"两个结合"的重大论断,解决了文化解放、文化发展、文化创新的机制问题,为准确把握世界百年未有之大变局提供了理论指导,在马克思主义文化理论发展史上具有重大创新意义,开启了广阔的理论和实践空间,具有超出一国范围的普遍真理性,发展了马克思主义文化理论的基本原理。

(二)提出"第二个结合",开辟马克思主义中国化时代化新境界

如何理解作为指导思想的马克思主义和具有深厚历史积淀的中华优秀传统文化之间的关系,是中国特色社会主义文化建设的根本问题。"两个结合",尤其是"第二个结合",为破解百余年来困扰我国思想理论界的"古今中西之争"提供了科学指南,回答了当代中国文化建设与文明发展的目标和方向问题,是马克思主义文化理论的重大创新成果,也是习近平文化思想走向成熟的重要标志。

习近平总书记在二十届中央政治局第六次集体学习时强调:"马克思主义中国化时代化这个重大命题本身就决定,我们决不能抛弃马克思主义这个魂脉,决不能抛弃中华优秀传统文化这个根脉。坚守好这个魂与根,是理论创新的基础和前提。""理论创新必须讲新话,但不能丢了老祖宗,数典忘祖就等于割断了魂脉和根脉,最终会犯失去魂脉和根脉的颠覆性错误。"[①] 中国共产党始终坚持和发展马克思主义,这是推进"两个结合"的重要前提。中国共产党是以马克思主义为根本指导思想的先锋队组织,马克思主义是中国共产党的灵魂。从成立之日起,中国

[①] 习近平:《开辟马克思主义中国化时代化新境界》,《求是》2023年第20期。

共产党就以马克思主义为自己的行动指南,不论发生什么样的问题、遇到什么样的困难,党始终高举马克思主义的旗帜,坚持马克思主义的指导地位。正如党的二十大报告中所指出:"马克思主义是我们立党立国、兴党兴国的根本指导思想。"拥有了马克思主义,我们才能够把握历史主动,才能够正确回答一系列重大时代课题。

习近平总书记结合新的历史特点和任务,大力推动马克思主义与中华优秀传统文化深度结合。一方面,使马克思主义深深扎根于中华优秀传统文化之中,深深扎根于中国人民的生产生活实践当中,不断增强中国人民对于马克思主义的文化认同、思想认同和心理认同。另一方面,使中华优秀传统文化上升到马克思主义的高度,实现创造性转化、创新性发展。通过这种双向转化,把马克思主义思想精髓同中华优秀传统文化精华贯通起来,同人民群众日用而不觉的共同价值融通起来,使"在中国的马克思主义"真正转化为"中国的马克思主义",在中国大地焕发出新的勃勃生机,使中华优秀传统文化在马克思主义指导下进一步上升到真理和道义的制高点上,在同当今时代特征相结合的过程中展现出当代性价值和持久生命力。

(三)把握中华文明突出特性,创造人类文明新形态

2023年6月2日,习近平总书记在文化传承发展座谈会上的重要讲话中强调:"只有全面深入了解中华文明的历史,才能更有效地推动中华优秀传统文化创造性转化、创新性发展,更有力地推进中国特色社会主义文化建设。"[①]并对中华文明特性作了精辟的概括,认为中华文明具有突出的连续性、创新性、统一性、包容性、和平性。在五千多年中华文明深厚基础上开辟和发展中国特色社会主义,"两个结合"是必由之路。这是中国共产党在探索中国特色社会主义道路中得出的规律性认识。如果没有中华五千年文明,哪有什么中国特色?如果不是中国特色,哪有今天这么成功的中国特色社会主义道路?正是因为立足波澜壮阔的中华五千多年文明史,中国特色社会主义才具有历史必然、文化内

---

① 习近平:《在文化传承发展座谈会上的讲话》,人民出版社2023年版,第1页。

涵与独特优势。历史正反两方面的经验证明，"两个结合"是中国共产党取得成功的最大法宝。

党的十八大以来，中国特色社会主义取得举世瞩目的伟大成就，开创了中国特色社会主义新时代，开辟了世界现代化史上全新的社会主义现代化道路，创造了崭新的人类文明形态。习近平总书记指出："中国式现代化赋予中华文明以现代力量，中华文明赋予中国式现代化以深厚底蕴。中国式现代化是赓续古老文明的现代化，而不是消灭古老文明的现代化；是从中华大地长出来的现代化，不是照搬照抄其他国家的现代化；是文明更新的结果，不是文明断裂的产物。中国式现代化是中华民族的旧邦新命，必将推动中华文明重焕荣光。"① 质言之，中国式现代化深深植根于中华优秀传统文化，体现科学社会主义的先进本质，借鉴吸收一切人类优秀文明成果，代表人类文明进步的发展方向，展现了不同于西方现代化模式的新图景，是一种全新的人类文明形态。它打破了"现代文明＝西方文明"的思维定式，为人类文明谱系贡献了新样态，生动诠释了习近平文化思想蕴含的人类情怀，展现了不同于西方现代化模式的新图景，为丰富世界文明底色提供了崭新范式，也是为建构一种基于全人类共同利益的文明新范式从而消解文明危机、文明困局而贡献的中国智慧、中国理念、中国方案。

三、习近平文化思想的重大历史意义

习近平文化思想系统回答了新时代坚持和发展什么样的中国特色社会主义文化、怎样坚持和发展中国特色社会主义文化的重大课题，开辟了中国特色社会主义文化建设新境界。

（一）在新时代社会主义文化建设中展现真理和实践的伟力

新时代十余年，在习近平文化思想引领下，我国宣传思想文化工作

---

① 习近平：《在文化传承发展座谈会上的讲话》，人民出版社2023年版，第7页。

正本清源、守正创新取得历史性成就，意识形态领域发生全局性、根本性转变，文化事业和文化产业全面发展，为开创党和国家事业新局面提供了坚强思想保证和强大精神力量。

时代是思想之母，实践是理论之源。习近平文化思想把马克思主义文化理论同当代中国文化建设具体实践相结合、同中华优秀传统文化相结合，集中体现了中华文化和中国精神的时代精华，为丰富发展马克思主义文化理论作出了原创性贡献，为传承发展中华优秀传统文化作出了历史性贡献，为推动人类文明进步作出了世界性贡献。

（二）为创造世界文明新秩序提供中国智慧

习近平文化思想是在新的历史条件下应运而生的全新文明成果，是在充分观照当代中国实践与世界发展互动互联的时代大势，在"自我"与"他者"的关系认知中为中国特色社会主义文化发展进行的科学、系统、全面的战略规划，为坚定走中国特色社会主义文化发展道路提供了根本遵循，破除了"西方中心主义"的迷思，在人类文明发展史上具有重大理论意义。

新时代的中国需要了解世界，世界也需要了解新时代的中国。我们只有展现全面、真实、独特的中国形象和中华文明，才能将中华文明的主体性和自觉性转化为强大的软实力。为此，习近平文化思想从人类文明发展规律、中华文明发展规律、中国特色社会主义文化发展规律的角度，深刻把握中华民族伟大复兴战略全局和世界百年未有之大变局的双重现实语境及其互动关系，以高远的历史站位、宽广的世界视野、深邃的战略眼光，科学回答"人类文明向何处去"的时代课题，擘画了世界文明同频共振、和谐共生的新图景。21世纪的今天，习近平文化思想的形成体现着新时代的中国共产党人，站在人类文明进步和世界和平发展的高度，统筹激活中华文明新活力，深切关怀中华文明未来，深邃思索世界文明发展前景，为创造民族性与世界性深度融合的世界文明新秩序提供中国智慧、中国方案。

中共中央党校（国家行政学院）文史教研部主任　张军

目 录
CONTENTS

序 言 深入学习习近平文化思想 推动社会主义文化强国建设 …………………………………………（1）

第一讲 新时代文化发展战略 …………………………（1）
  一、新时代文化发展战略提出的历史与时代背景……………（1）
  二、新时代文化发展战略的主要内容与理论特征……………（3）
  三、新时代文化发展战略的重大意义…………………………（14）

第二讲 牢牢掌握意识形态工作领导权 ………………（16）
  一、意识形态工作领导权的基本内涵和地位作用……………（16）
  二、新时代意识形态工作的历史性成就和风险挑战…………（19）
  三、掌握意识形态工作领导权的基本思路及战略安全体系……（22）

第三讲 补足共产党人精神之"钙" …………………（29）
  一、新时代共产党人面临的挑战与考验………………………（29）
  二、共产党人精神之"钙"的丰富内涵………………………（33）
  三、如何补足共产党人的精神之"钙"………………………（38）

第四讲 中华优秀传统文化创造性转化与创新性发展 ……（43）
  一、中华文化的基本特征………………………………………（43）
  二、中华文化演进的基本脉络…………………………………（46）

1

  三、中国共产党的文化传承和创新……………………………（50）
  四、中华优秀传统文化创造性转化的几个要点………………（54）

**第五讲　从"一个结合"到"两个结合"：新时代中国
　　　　共产党的文化叙事**……………………………………（57）
  一、历史维度："第一个结合"与中国共产党文化叙事的历史
    探索………………………………………………………（58）
  二、理论维度："第二个结合"与新时代中国共产党文化叙事
    的理论内涵………………………………………………（63）
  三、文明维度："两个结合"与新时代中国共产党文化叙事的
    文明指向…………………………………………………（69）

第六讲　提高全社会文明程度…………………………………（76）
  一、"提高全社会文明程度"的深刻内涵……………………（76）
  二、"提高全社会文明程度"的实践指向……………………（86）

第七讲　繁荣发展文化事业和文化产业………………………（91）
  一、当前我国文化发展的时代背景与战略定位………………（91）
  二、健全现代文化产业体系与市场体系………………………（93）
  三、完善现代公共文化服务体系………………………………（95）
  四、构建文化事业与文化产业协调发展的政策支持体系……（98）

第八讲　加强历史文化保护传承………………………………（104）
  一、构成历史文化的核心要素…………………………………（104）
  二、历史文化遗产的重大价值…………………………………（106）
  三、历史文化保护传承需重视的问题…………………………（111）

第九讲　推进人文城市建设……………………………………（118）
  一、中国当代城镇化进程与城市文化发展……………………（118）
  二、深入认识城市文化发展的规律与特征……………………（121）

三、坚持以人民为中心推进人文城市建设……………………（125）
四、人文城市建设的实践探索……………………………………（128）

第十讲　扎实推进乡村文化建设……………………………………（135）
一、文化建设为乡村振兴铸魂……………………………………（135）
二、高质量供给乡村公共文化服务………………………………（138）
三、文化产业赋能乡村振兴………………………………………（141）

第十一讲　提高舆论引导能力…………………………………………（147）
一、国际视野下的中国舆论场与执政新课题……………………（148）
二、理解舆论、宣传、意识形态、文化之间的本质关系………（151）
三、建构统筹国内、国际两个舆论场的综合治理体系…………（153）

第十二讲　提升国际传播能力
　　　　——以"英国广播公司"（BBC）与"今日俄罗斯"（RT）
　　　　的传播机制与策略为例……………………………………（157）
一、BBC的传播机制与策略………………………………………（158）
二、RT的传播机制…………………………………………………（162）
三、RT的传播策略…………………………………………………（167）
四、小结……………………………………………………………（169）

第十三讲　文化认同与边疆稳定………………………………………（171）
一、什么是文化……………………………………………………（171）
二、什么是文化认同………………………………………………（173）
三、铸牢中华民族共同体意识……………………………………（175）
四、确保新疆的稳定和发展………………………………………（177）

第十四讲　新时代中国文化软实力建设………………………………（181）
一、"软实力"的基本内涵…………………………………………（182）
二、"软实力"建设的主要架构——"四大努力"…………………（187）

3

三、案例分析——"一带一路"的三个联通 …………………(191)

第十五讲　中国式现代化创造人类文明新形态 …………(194)
一、理论逻辑：现代化是人类文明的必由之路 ………………(195)
二、历史逻辑：工业革命引致东西方"大分流" ………………(199)
三、实践逻辑：中国式现代化创造人类文明新形态 …………(205)

后　记 ……………………………………………………………(212)

第一讲
新时代文化发展战略

党的十八大以来，习近平总书记站在实现中华民族伟大复兴的战略和历史高度，不断深化对新时代中国特色社会主义文化建设规律的认识，提出了一系列重大观点、重大论断、重大部署，构成了新时代文化发展战略的主要内容。我们认为，新时代文化发展战略博大精深、内涵丰富，是习近平新时代中国特色社会主义思想的重要组成部分，也是新时代中国特色社会主义文化建设的根本遵循。

一、新时代文化发展战略提出的历史与时代背景

新时代文化发展战略的形成过程，离不开世情、国情、党情的深刻变化。就世情而言，随着中国改革开放的不断深入，今日之中国越发体现为世界之中国，中国的发展离不开世界，世界的发展也离不开中国。中国积极参与和引领全球治理，并为人类问题的解决贡献中国方案、中国智慧，但伴随着中国的崛起，国际话语权的争夺仍极为激烈，面临的挑战也严峻复杂。就国情而言，中国特色社会主义进入新时代，改革进入攻坚期和深水区，在全面深化改革的进程中，一些重要领域和关键环节取得突破性进展。在文化领域，全民族文化自信明显增强，但在文化强国建设征程中，一些体制机制性问题仍需进一步加以调整改革。就党情而言，一方面，经过改革开放 40 余年中国共产党执政的文化生态已然发生重大变化，另一方面，意识形态领域国内国外各种不确定的因素日益浮现，这都需要中国共产党持之以恒加强自身建设，进一步加强党内政治文化建设，秉持初心使命，不负人民和民族重托，全面推进中华

民族走向伟大复兴。

（一）世情：构建国际话语权与大国文明对话

习近平总书记在 2015 年全国党校工作会议上深刻指出，"落后就要挨打，贫穷就要挨饿，失语就要挨骂"。伴随综合国力不断提升，我国得到国际社会前所未有的关注，中国在道路、理论、制度、文化等方面，具有许多值得他国借鉴与参考的经验。但与此同时，我们也不得不面对如此一个现实，即中国在世界上的形象很大程度上仍是"他塑"而非"自塑"，在国际上有时还处于有理说不出、说了传不开、理不屈而词穷的境地，存在着信息流进流出的"逆差"、中国真实形象和西方主观印象的"反差"、软实力和硬实力的"落差"。所以，要下大气力加强国际传播能力建设，加快提升中国话语的国际影响力，让全世界都能听到并听清中国声音，这是一个我们必须直面并且一定要尽快解决的问题。

（二）国情：文化自信与中华民族伟大复兴

新中国成立以来，经过几代人的长期努力，中国特色社会主义进入新时代，这意味着近代以来久经磨难的中华民族迎来了从站起来、富起来到强起来的伟大飞跃，迎来了实现中华民族伟大复兴的光明前景。在这个新的历史方位上，更加需要中国特色社会主义文化作为强大精神力量来激励全党全国各族人民奋勇前进，从而彰显文化自信。早在地方工作时期，习近平总书记就开始深入考虑文化建设与国家发展的相关问题。在正定时，习近平总书记就认为"社会主义的物质文明建设和精神文明建设，是建设社会主义不可分割的两个部分，都是硬任务"。在福建时，习近平总书记又强调领导干部在进行建设时，一定要防止"物质上脱贫了，精神上却愚昧了"的现象。任职浙江后，习近平总书记把文化的作用看得更重，认为它是"经济发展的'助推器'、政治文明的'导航灯'、社会和谐的'黏合剂'"。通过梳理习近平总书记历任地方时关于文化建设的讲话，我们可以很清晰地看到，他一直辩证地看待物质文明和精神文明两者间的关系，强调二者不可偏废。正如他2014年在文艺工作座谈会上指出的："两个文明都搞好才是中国特色社会主义。邓小平同志早就告诫我们：风气如果坏下去，经济搞成功又有什么意义？会在另一方面变质！"① 中国特色社会主义道路的成功是物质文明和精神文明均衡发展、相互促进的结果。没有文明的继承和发展，没有文化的弘扬和繁荣，就没有中华民族的伟大复兴。

（三）党情：意识形态形势严峻复杂与价值观趋于多元

习近平总书记在2013年8月19日的全国宣传思想工作会议上深刻指出，"能否做好意识形态工作，事关党的前途命运，事关国家长治久安，事关民族凝聚力和向心力"。这是对现阶段党情尤其是意识形态领域的一种准确判断。改革开放以来，我国经济发展很快，人民生活水平提高也很快，但同时也出现了不少问题。其中比较突出的一个问题就是一些人价值观缺失，观念没有善恶，行为没有底线，什么违反党纪国法的事情都敢干，什么缺德的勾当都敢做，没有国家观念、集体观念、家庭观念，不讲对错、不问是非、不知美丑。当前社会上出现的种种问题的根源都在这里。如果这方面的问题得不到有效解决，改革开放和社会主义现代化建设就难以顺利推进。

正值世情、国情、党情发生深刻变化的新时代，以上诸种问题与挑战伴随中国的崛起必须得到解决与回应。新时代文化发展战略正是在这一历史进程中逐渐形成的。

二、新时代文化发展战略的主要内容与理论特征

我们认为，新时代文化发展战略应该主要包含四个方面的主要内容，即坚定文化自信、坚持马克思主义在意识形态领域指导地位的根本制度、坚持中国特色社会主义文化发展道路、推动加强文明交流互鉴。

---

① 《十八大以来重要文献选编》（中），中央文献出版社2016年版，第134页。

(一) 坚定文化自信

文化自信不仅仅是新时代文化发展战略的重要组成部分，也是其前提和总纲。党的十九届六中全会通过的《中共中央关于党的百年奋斗重大成就和历史经验的决议》着重强调，文化自信是一个国家、一个民族发展中最基本、最深沉、最持久的力量。其重要意义不言而喻。

党的十八大以来，习近平总书记曾多次提到文化自信，发表了一系列重要讲话，不断阐释文化自信问题。在党的二十大报告中，习近平总书记深刻指出，全面建设社会主义现代化国家，必须坚持中国特色社会主义文化发展道路，增强文化自信，围绕举旗帜、聚民心、育新人、兴文化、展形象建设社会主义文化强国。学习贯彻习近平总书记关于文化自信的重要论述，深入领会其精神实质，增强推进文化自信的实践能力，是我们在新时代面临的重要任务和文化使命。

1. 文化自信的提出与基本内涵

2013年5月4日，习近平总书记在同各界优秀青年代表座谈时指出："中国特色社会主义是物质文明和精神文明全面发展的社会主义。一个没有精神力量的民族难以自立自强，一项没有文化支撑的事业难以持续长久。"① 这实际上已经提出了依靠什么力量来保证中国特色社会主义事业持续发展的命题。在2014年2月24日第十八届中央政治局第十三次集体学习时，习近平总书记明确提出了"增强文化自信和价值观自信"。之后，习近平总书记又连续多次对"文化自信"加以强调。2016年7月1日，在庆祝中国共产党成立95周年大会上的讲话中，习近平总书记对文化自信的基本构成、地位和作用作出了集中阐述。他指出"文化自信，是更基础、更广泛、更深厚的自信"，"全党要坚定道路自信、理论自信、制度自信、文化自信"，要引导党员特别是领导干部"坚持中国特色社会主义道路自信、理论自信、制度自信、文化自信"。文化自信被置于前所未有的高度。

---

① 《十八大以来重要文献选编》（上），中央文献出版社2014年版，第280页。

文化自信的提出，凸显出中国特色社会主义的文化根基、文化本质和文化理想，表明中国特色社会主义文化不仅是中国特色社会主义事业"五位一体"总体布局的重要内容，而且与道路、理论体系、制度一道并列成为中国特色社会主义基本结构的重要构成。"文化自信"的提出，进一步深化和丰富了中国特色社会主义基本内涵，具有重要的理论创新意义。

文化自信是指一个政党、一个国家和一个民族高度肯定与认同自己所具有的文化，对其拥有蓬勃发展的生命活力充满信心。对中国共产党而言，文化自信本质上是指对中国特色社会主义文化的自信。"中国特色社会主义文化，源自于中华民族五千多年文明历史所孕育的中华优秀传统文化，熔铸于党领导人民在革命、建设、改革中创造的革命文化和社会主义先进文化，植根于中国特色社会主义伟大实践。"[①] 中国特色社会主义文化，既具有悠长深厚的积淀和底蕴，又不断在实践中进行文化创新与发展。

2. 文化自信是更基础、更广泛、更深厚的自信

习近平总书记在庆祝中国共产党成立95周年大会上明确指出：中国共产党人"坚持不忘初心、继续前进"，就要坚持"四个自信"，即"中国特色社会主义道路自信、理论自信、制度自信、文化自信"，并且"文化自信，是更基础、更广泛、更深厚的自信"，"是更基本、更深沉、更持久的一种力量"。在党的十九届六中全会通过的《中共中央关于党的百年奋斗重大成就和历史经验的决议》中进一步指出，"文化自信是更基础、更广泛、更深厚的自信，是一个国家、一个民族发展中最基本、最深沉、最持久的力量"。"六个更"变为"三个更、三个最"，一字之别，代表着我们党对文化自信的认识又有所升华。

文化自信之所以更基础，就在于文化本质的把握与阐明关乎中国特色社会主义的发展方向和价值前景，关乎中国特色社会主义能否在

---

① 习近平：《决胜全面建成小康社会　夺取新时代中国特色社会主义伟大胜利——在中国共产党第十九次全国代表大会上的报告》，人民出版社2017年版，第41页。

人们的精神实践领域获得信念扎根与牢固认同；之所以更广泛，就在于文化本质的把握与阐明关乎中国特色社会主义能否坚实地走向广大人民群众的日常生活世界并获得最广泛的社会基础和群众基础，关乎中国特色社会主义能否成为担当并兑现"人民对美好生活的向往就是我们的奋斗目标"这一庄严承诺的历史进程；之所以更深厚，就在于文化本质的把握与阐明关乎中国特色社会主义能否具有延续并讲清楚中华文明的历史连续性、实践主体性和价值普遍性的文化能量与意义功能。

3. 文化自信与中华民族伟大复兴

"文运同国运相牵，文脉同国脉相连"，"坚定文化自信，是事关国运兴衰、事关文化安全、事关民族精神独立性的大问题"。[①] 换言之，文化繁荣事关国运兴衰、民族强弱。实现中华民族伟大复兴，需要物质文明极大发展，也需要精神文明极大发展。没有高度的文化自信，没有文化的繁荣兴盛，就没有中华民族的伟大复兴。

总而言之，从"文化自信"的角度来诠释中国特色社会主义的根基性、主体性和总体性，是党的十八大以来中国共产党文化理论的又一重大创新。其意义在于：只有把握了中国特色社会主义的文化自信本质，我们对中国特色社会主义的道路自信、理论自信和制度自信才能获得更基础、更广泛、更深厚的力量之源。

（二）坚持马克思主义在意识形态领域指导地位的根本制度

意识形态决定文化前进方向和发展道路，关乎旗帜，关乎道路，关乎国家政治安全，对一个政党、一个国家、一个民族的生存和发展至关重要，是我们党的一项极端重要的工作。中国特色社会主义进入新时代，我们党站在新的历史方位上，"牢牢掌握意识形态工作领导权"，是激发全民族文化创新创造活力，建设社会主义文化强国的一项关键目标。

---

① 《习近平关于社会主义文化建设论述摘编》，中央文献出版社2017年版，第172、16页。

1. 坚持党对意识形态工作的领导权

习近平总书记在2013年全国宣传思想工作会议上明确指出,"我们在集中精力进行经济建设的同时,一刻也不能放松和削弱意识形态工作"。在2018年8月21日至22日召开的全国宣传思想工作会议上,习近平总书记强调:"建设具有强大凝聚力和引领力的社会主义意识形态,是全党特别是宣传思想战线必须担负起的一个战略任务","必须自觉承担起举旗帜、聚民心、育新人、兴文化、展形象的使命任务"。这就要求:一方面,我们党的宣传工作者坚持党性和人民性相统一,必须坚持正确政治方向,站稳政治立场,坚定宣传党的理论和路线方针政策,坚定宣传中央重大工作部署,坚定宣传中央关于形势的重大分析判断,坚决同党中央保持高度一致,坚决维护党中央权威,要把实现好、维护好、发展好最广大人民根本利益作为出发点和落脚点,坚持以民为本,以人为本。另一方面,要建设和落实好意识形态工作责任制,这是党中央着眼加强党对意识形态工作的领导、维护意识形态安全作出的重大决策部署和重要制度安排;要扎实抓好各级融媒体中心建设,更好引导群众、服务群众;要旗帜鲜明坚持真理,立场坚定批驳谬误;要压实压紧各级党委(党组)责任,做到任务落实不马虎、阵地管理不懈怠、责任追究不含糊。

2. 巩固马克思主义的指导地位

马克思主义是我们立党立国的根本指导思想,是社会主义意识形态的旗帜和灵魂。习近平总书记指出:"宣传思想工作就是要巩固马克思主义在意识形态领域的指导地位,巩固全党全国人民团结奋斗的共同思想基础。"[①] 因此,在今后推进马克思主义中国化时代化大众化的过程中,我们应当使理论面对现实,解决现实矛盾,尤其是中国特色社会主义进入新时代后所面临的新情况与新问题,使理论以现实为指向,在实践中丰富和发展马克思主义。要做好做强马克思主义宣传教育工作,特别是要在学懂弄通做实习近平新时代中国特色社会主义思想上下功夫。

---

① 《习近平关于社会主义精神文明建设论述摘编》,中央文献出版社2022年版,第65页。

要把坚定"四个自信"作为建设社会主义意识形态的关键，坚持马克思主义在我国哲学社会科学领域的指导地位，为中国特色社会主义道路、理论、制度和文化提供强大的思想舆论支撑，为中国共产党治国理政提供坚实的思想道德基础。

3. 坚持党对新闻舆论的引导

新闻舆论工作是党的一项重要工作，是治国理政、定国安邦的大事。在2016年2月19日召开的党的新闻舆论工作座谈会上，习近平总书记指出："在新的时代条件下，党的新闻舆论工作的职责和使命是：高举旗帜、引领导向，围绕中心、服务大局，团结人民、鼓舞士气，成风化人、凝心聚力，澄清谬误、明辨是非，联接中外、沟通世界。"这"48字方针"全面准确深刻地概括了新闻舆论工作的职责使命，体现了时代和形势发展对新闻舆论工作的新要求，指明了新形势下新闻舆论工作的努力方向。

4. 坚持"两个结合"，推动中华优秀传统文化创造性转化、创新性发展

中华民族具有百万年的人类史、一万年的文化史、五千多年的文明史。中华文化源远流长，中华文明博大精深。中华文明具有突出的连续性、创新性、统一性、包容性、和平性，只有全面深入了解中华文明的历史，才能更有效地推动中华优秀传统文化创造性转化、创新性发展，更有力地推动中国特色社会主义文化建设，建设中华民族现代文明。在五千多年中华文明深厚基础上开辟和发展中国特色社会主义，把马克思主义基本原理同中国具体实际、同中华优秀传统文化相结合是必由之路，是中国特色社会主义事业取得成功的最大法宝。"结合"的前提是彼此契合，结果是互相成就。"结合"筑牢了道路根基，打开了创新空间，巩固了文化主体性。这是我们党对马克思主义中国化时代化历史经验的深刻总结，是我们党对中华文明发展规律的深刻把握。

综上所述，习近平总书记在党的二十大报告中深刻指出，新时代十年来"我们确立和坚持马克思主义在意识形态领域指导地位的根本制

度，新时代党的创新理论深入人心，社会主义核心价值观广泛传播，中华优秀传统文化得到创造性转化、创新性发展，文化事业日益繁荣，网络生态持续向好，意识形态领域形势发生全局性、根本性转变"。质言之，坚持马克思主义在意识形态领域指导地位的根本制度是在深刻把握党领导意识形态工作长期积累的宝贵经验，特别是党的十八大以来创造的新鲜经验的基础上进行的一项重大制度创新。

（三）坚持中国特色社会主义文化发展道路

习近平总书记指出："独特的文化传统，独特的历史命运，独特的基本国情，注定了我们必然要走适合自己特点的发展道路。"[①] 习近平总书记对中国特色社会主义文化发展道路的论述揭示出三层意蕴：首先，表明了坚持中国特色社会主义文化发展道路的现实背景。走中国特色社会主义文化发展道路是中国社会制度和党的性质宗旨的必然选择，也是中华民族优秀历史文化传统的集中体现，这既符合中国文化发展规律和人民群众的根本意愿，也是增强国家文化软实力的现实需要。解决中国的问题，只能在中国大地上探寻适合自己的道路和办法。其次，揭示出中国特色社会主义文化发展道路的本质属性，就是要代表先进文化，实现科学发展，坚持以人为本、改革创新，最终实现强基固本。最后，对于如何坚持中国特色社会主义文化发展道路提出了具体要求。那就是要坚定文化自信，推动文化繁荣兴盛，始终不忘本来、吸收外来、面向未来，积极培育和践行社会主义核心价值观，加快构建中国特色的哲学社会科学，繁荣发展社会主义文艺，推动文化事业与文化产业的发展。

1. 广泛践行社会主义核心价值观

2016年11月30日，在中国文联十大、中国作协九大开幕式上的讲话中，习近平总书记强调："社会主义核心价值观是当代中国精神的集中体现，是凝聚中国力量的思想道德基础。"在党的十九大报告中他

[①] 《习近平谈治国理政》第1卷，外文出版社2018年版，第156页。

又指出："社会主义核心价值观是当代中国精神的集中体现，凝聚着全体人民共同的价值追求。"因此，新时代培育和践行社会主义核心价值观，要以培养担当民族复兴大任的时代新人为着眼点，一定要强化教育引导、实践养成、制度保障，把社会主义核心价值观融入社会发展各方面，转化为人们的情感认同和行为习惯。要充分发挥社会主义核心价值观的引领作用，把社会主义核心价值观建设贯穿国民教育全过程，融入精神文明创建各方面，渗透精神文化产品创作生产传播各环节。要善于运用法律弘扬社会主义核心价值观，把社会主义核心价值观的要求充分体现到法治实践中，用法治的力量引领正确价值判断、树立正义道德天平。要深入挖掘中华优秀传统文化蕴含的思想观念、人文精神、道德规范，结合时代要求继承创新，让中华文化展现出永久魅力和时代风采。

2. 加快构建中国特色的哲学社会科学

"哲学社会科学是人们认识世界、改造世界的重要工具，是推动历史发展和社会进步的重要力量，其发展水平反映了一个民族的思维能力、精神品格、文明素质，体现了一个国家的综合国力和国际竞争力。"[①] 新形势下，我国哲学社会科学地位更加重要、任务更加繁重，还存在一些亟待解决的问题，比如"在有的领域中马克思主义被边缘化、空泛化、标签化，在一些学科中'失语'、教材中'失踪'、论坛上'失声'"。这必须引起我们的高度重视，势必要求我们加快构建中国特色的哲学社会科学。首先，紧扣主体性和原创性这两个重要标准，努力形成自成一家的知识体系、理论体系，形成反映当代中国气象、引领世界学术发展的中国学派。其次，应着力加强以马克思主义理论为指导的学科体系建设，注重顶层设计，鼓励创新，合理设置学科门类和不同层级的学科群。最后，要根据新时代的实际需要，积极进行具有中国风格、大众兼容、中外融通的话语体系建设。

3. 繁荣发展社会主义文艺

文艺是民族精神的火炬，是时代前进的号角，最能代表一个民族的

---

① 习近平：《在哲学社会科学工作座谈会上的讲话》，人民出版社 2016 年版，第 2 页。

风貌，最能引领一个时代的风气。文艺事业是党和人民事业的重要组成部分。我们党历来高度重视文艺工作，在革命、建设、改革各个时期，充分运用文艺引领时代风尚、鼓舞人民前进、推动社会进步。实现中华民族伟大复兴，离不开中华文化繁荣兴盛，离不开文艺事业繁荣发展。习近平总书记在2014年10月15日的文艺工作座谈会上指出："优秀文艺作品反映着一个国家、一个民族的文化创造能力和水平。"在我国，"人民的需要是文艺存在的根本价值所在。能不能搞出优秀作品，最根本的决定于是否能为人民抒写、为人民抒情、为人民抒怀"。与此同时，必须认识到"中国精神是社会主义文艺的灵魂"，始终坚持"党的领导是社会主义文艺发展的根本保证"。这就要求文艺工作者解决好"为了谁、依靠谁、我是谁"这个根本问题，坚持以人民为中心的创作导向，自觉在深入生活、扎根人民中进行无愧于时代的文艺创造；发扬学术民主、艺术民主，提升文艺原创力，推动文艺创新；加强文艺队伍建设，造就一大批德艺双馨名家大师，培育一大批高水平创作人才，从而为实现"两个一百年"奋斗目标、实现中华民族伟大复兴的中国梦提供强大的价值引导力、文化凝聚力、精神推动力。

4. 繁荣发展文化事业和文化产业

对于推动文化事业和文化产业的发展，习近平总书记明确指出，要在继续大胆推进改革、推动文化事业全面繁荣和文化产业快速发展、建设社会主义文化强国的同时，把握好意识形态属性和产业属性、社会效益和经济效益的关系，始终坚持社会主义先进文化前进方向，始终把社会效益放在首位。在党的十九大报告中，习近平总书记又强调，"满足人民过上美好生活的新期待，必须提供丰富的精神食粮。要深化文化体制改革，完善文化管理体制，加快构建把社会效益放在首位、社会效益和经济效益相统一的体制机制"。[①]

通观以上四个方面，习近平总书记对于中国特色社会主义文化发展

---

① 习近平：《决胜全面建成小康社会　夺取新时代中国特色社会主义伟大胜利——在中国共产党第十九次全国代表大会上的报告》，人民出版社2017年版，第44页。

道路的论述和要求，说明这既是一项长期艰巨的任务，又是一项系统全面的工程，需要我们通盘谋划、步步为营，持之以恒、久久为功。

（四）推动加强文明交流互鉴

中国崛起和民族复兴已经成为当今世界重大历史趋势。"文明因交流而多彩，文明因互鉴而丰富。文明交流互鉴，是推动人类文明进步和世界和平发展的重要动力。"① 习近平总书记审时度势，指出要立足当今，继承传统，面向未来，展示中华优秀传统文化的独特魅力，阐释中国特色社会主义文化的价值意蕴，从而形成了综合、宏大、深远且不断发展的文明交流互鉴思想。

1. 文明是多元的、平等的、包容的

2014年3月27日，在巴黎联合国教科文组织总部的演讲中，习近平总书记提出，"文明是多彩的，人类文明因多样才有交流互鉴的价值"，"文明是平等的，人类文明因平等才有交流互鉴的前提"，"文明是包容的，人类文明因包容才有交流互鉴的动力"。这系统概括了"文明是多元的、平等的、包容的"主张。该主张是基于对中国和世界的历史与现实的深刻认识之上的。首先，"中华文明经历了5000多年的历史变迁，但始终一脉相承，积淀着中华民族最深层的精神追求，代表着中华民族独特的精神标识，为中华民族生生不息、发展壮大提供了丰厚滋养。中华文明是在中国大地上产生的文明，也是同其他文明不断交流互鉴而形成的文明"。② 其次，"没有文明的继承和发展，没有文化的弘扬和繁荣，就没有中国梦的实现"。③ 由此可知返本开新、继承创造、平等交流、共促发展是习近平总书记关于中国文明乃至世界文明的基本态度。

2. 推动构建人类命运共同体

2013年3月23日，习近平主席在莫斯科国际关系学院的演讲中提

---

① 《习近平谈治国理政》第1卷，外文出版社2018年版，第258页。
② 《习近平谈治国理政》第1卷，外文出版社2018年版，第260页。
③ 《习近平关于社会主义精神文明建设论述摘编》，中央文献出版社2022年版，第19页。

出了"命运共同体"的新概念，他指出，"这个世界，各国相互联系、相互依存的程度空前加深，人类生活在同一个地球村里，生活在历史和现实交汇的同一个时空里，越来越成为你中有我、我中有你的命运共同体"，因而"面对国际形势的深刻变化和世界各国同舟共济的客观要求，各国应该共同推动建立以合作共赢为核心的新型国际关系，各国人民应该一起来维护世界和平、促进共同发展"。[①] 第一次用"命运共同体"的概念向世界传递了中国对人类文明走向的思考。在2016年庆祝中国共产党成立95周年大会上，习近平总书记更是明确指出："中国始终是世界和平的建设者、全球发展的贡献者、国际秩序的维护者，愿扩大同各国的利益交汇点，推动构建以合作共赢为核心的新型国际关系，推动形成人类命运共同体和利益共同体。"这些论述揭示了人类利益和价值的通约性，在国与国关系中寻找最大公约数，在国际社会引发强烈共鸣。2017年2月10日，"构建人类命运共同体"写进了联合国社会发展委员会第55届会议决议。这是"人类命运共同体"第一次载入联合国相关决议。

3. 讲好中国故事，提升国际话语权

提高国家文化软实力，就必须使当代中国价值观念走向世界，必须把当代中国价值观念贯穿于国际交流和传播方方面面，阐释好中国特色，加深国际社会对中国特色社会主义的认识和了解。国际话语权是国家文化软实力的重要组成部分，要加强国际传播能力建设，精心构建对外话语体系，创新对外话语表达方式，拓展文化传播渠道，讲好中国故事，传播好中国声音。正如习近平总书记所反复强调的："推进国际传播能力建设，讲好中国故事，展现真实、立体、全面的中国，提高国家文化软实力。"[②]

习近平总书记本人就是讲故事的高手。无论是在重要国际场合的演讲中，还是在海外报刊发表的署名文章中，他都善于用故事来传达深

---

① 《习近平外交演讲集》第1卷，中央文献出版社2022年版，第2、3页。
② 《习近平著作选读》第2卷，人民出版社2023年版，第36页。

意、感染他人。比如在巴黎出席中法建交50周年大会时，他用"和平的、可亲的、文明的狮子"巧妙驳斥"中国威胁论"，传递出中国梦是和平的梦这一重要思想。可见讲好中国故事，提升国家话语权，就是要讲事实、讲形象、讲情感、讲道理，用事实说服人，以形象打动人，凭情感感染人，借道理影响人，最终把中国历史文化之道、中国改革发展之道、中国参与世界治理之道传播给世界，从而树立中国文明大国的国际形象。

应当说，习近平总书记关于文明交流互鉴的重要论述，既规定着当代中国文化强国建设的现实绩效与文化高度，也必然彰显出新时代中国共产党文明观的精神实质与世界意义。

三、新时代文化发展战略的重大意义

新时代文化发展战略是习近平总书记地方实践与治国理政相结合的重要理论结晶。25年的地方从政经历与实践，使得习近平总书记对文化建设进行了深入的思考，积累了丰富的文化建设经验；党的十八大以来治国理政的重大举措，使得习近平总书记从全局通盘考察审视中国特色社会主义文化的发展大计。因此，新时代文化发展战略既具有强烈的立足中国的现实意义，又具有深沉的关乎长远的战略内涵。

总之，新时代文化发展战略体现了鲜明的实践性与总体性、民族性与时代性、现实性与理想性、包容性与原则性的高度统一，其认识文化的全局视野、系统思维、科学方法构成了中国共产党的整体文化观。它确立了中国特色社会主义文化建设的战略地位、目标任务、创新范式和发展道路，为中华民族文化传承指明了方向，为人类文明交流互鉴提供了中国方案，为中国共产党巩固执政基础凝聚了思想保障，为人民日益增长的美好生活需要培育了文化土壤。正是基于如此重要的意义，我们中国共产党人必须认真学习习近平文化思想，深入领会其思想精髓，并作为根本指导，落实与贯彻到日常工作当中去。

参考书目：

1. 《习近平关于社会主义文化建设论述摘编》，中央文献出版社2017年版。
2. 费孝通：《费孝通论文化与文化自觉》，群言出版社2005年版。
3. 许倬云：《万古江河》，上海文艺出版社2006年版。
4. 汪晖、陈燕谷：《文化与公共性》，生活·读书·新知三联书店2005年版。
5. 〔美〕乔纳森·弗里德曼著，周宪、许钧主编：《文化认同与全球性过程》，商务印书馆2003年版。
6. 楼宇烈：《中国文化的根本精神》，中华书局2016年版。
7. 韩震：《社会主义核心价值体系研究》，人民出版社2007年版。
8. 陆扬等：《马克思主义文化理论发展史》（上下册），百花洲文艺出版社2018年版。

第二讲
牢牢掌握意识形态工作领导权

党的十八大以来,我们党着力解决意识形态领域党的领导弱化问题,立破并举、激浊扬清,就意识形态领域许多方向性、战略性问题作出部署,确立和坚持马克思主义在意识形态领域指导地位的根本制度,健全意识形态工作责任制,推动全党动手抓宣传思想工作,守土有责、守土负责、守土尽责,敢抓敢管、敢于斗争,旗帜鲜明反对和抵制各种错误观点。党从正本清源入手加强宣传思想工作,召开全国宣传思想工作会议,分别召开文艺工作、党的新闻舆论工作、网络安全和信息化工作、哲学社会科学工作座谈会和全国高校思想政治工作会议,就一系列根本性问题阐明原则立场,廓清了理论是非,校正了工作导向,思想文化领域向上向好态势不断发展。

为了更好地掌握意识形态工作领导权,我们要总结经验,直面问题挑战,从理论与实践、"道"与"术"两个层面加以统筹谋划。在这里,我们主要侧重于前者,进行基本理论层面的探讨。

一、意识形态工作领导权的基本内涵和地位作用

意识形态是法国哲学家特拉西首次提出的,他将其理解为一种"观念科学"。马克思、恩格斯继承和发展了这一概念,从"虚假意识""观念上层建筑""统治阶级思想"等方面去阐释意识形态。与马克思、恩格斯常常在虚假意识意义上使用意识形态概念不同,列宁将意识形态概念中性化,提出了"科学的意识形态""社会主义意识形态"等概念,发展了马克思主义意识形态理论。意识形态概念在我们政治生活和日常

生活中出现的频率极高。但是,究竟什么是意识形态?它有哪些性质、功能?意识形态与领导权关联起来,指的又是什么?

一般说来,从马克思主义理论视域看,意识形态概念可以被界定为:一定社会条件下社会阶级、阶层或政党自觉、系统地反映社会、经济、政治关系与制度的思想体系,具体体现为哲学、政治、法律、道德、宗教、艺术等社会意识形式。从学理阐释的角度看,意识形态表现为"三大体系",具有"三大功能":它是一套系统的价值体系,具有导向功能;它是一套为权力合法性辩护的理论体系,具有辩护功能;它是一套引领社会、组织社会的政策体系和行动方案,具有动员功能。意识形态有主流意识形态与一般意识形态之分。我们政治生活中常说的意识形态特指的是主流意识形态(马克思主义政党的意识形态,抑或称为社会主义意识形态)。何为意识形态(工作)领导权?第一个明确提出意识形态领导权概念的是意大利马克思主义理论家葛兰西。他把领导权概念从列宁的政治领导权拓展到文化或意识形态领导权。葛兰西在《狱中札记》中指出:"一个社会集团的霸权地位表现在以下两个方面,即'统治'和'智识与道德的领导权'。"意识形态领导权是社会集团赢得政权的首要条件之一。虽然葛兰西第一次提出意识形态领导权概念,但是其理论渊源可以追溯到马克思、恩格斯。他们在《德意志意识形态》中指出:"统治阶级的思想在每一时代都是占统治地位的思想。这就是说,一个阶级是社会上占统治地位的物质力量,同时也是社会上占统治地位的精神力量。支配着物质生产资料的阶级,同时也支配着精神生产资料……作为思想的生产者进行统治,他们调节着自己时代的思想的生产和分配;而这就意味着他们的思想是一个时代的占统治地位的思想。"[1]尽管马克思、恩格斯没有直接使用领导权概念,但是,"占统治地位的思想""支配着精神生产资料""调节思想的生产和分配"等概念表达的就是意识形态领导权思想。结合马克思主义基本理论,意识形态(工作)领导权可以被界定为:统治阶级或执政党通过特定途径和方式

---

[1] 《马克思恩格斯文集》第1卷,人民出版社2009年版,第550—551页。

使得自身的思想和价值在整个社会思想领域处于支配地位，让民众自觉接受、认同、服从主流意识形态的权力或力量，其实质就是思想的统治权，只不过它是以民众发自内心认同为基础的，而不是以强制、更不是以暴力为基础的。意识形态（工作）领导权至少涉及以下几个要素：一是主体，即掌握国家政权的阶级或政党。二是根本目的，即维护自身利益和既定权力秩序。三是基本任务，即实现对意识形态资源生产、协调、整合以及组织领导意识形态工作。四是实现条件，即制定意识形态政策、设立意识形态相关部门和机构、构建意识形态相关体制机制以及发挥知识分子和相关管理人员的作用等。五是保障条件，即以国家机器为后盾。意识形态（工作）领导权是一种国家权力，至少包括意识形态资源占有权和配置权、政策制定权、组织领导权等。

对于意识形态的作用，马克思说得非常透彻："如果从观念上来考察，那么一定的意识形式的解体足以使整个时代覆灭。"[1] 法国马克思主义哲学家阿尔都塞说过："任何一个阶级如果不在掌握政权的同时把意识形态国家机器置于自己的控制之下并在其中行使自己的霸权的话，那么它的统治就不会持久。"[2] 党的十八大以来，习近平总书记把意识形态工作摆在全局工作的重要位置，明确指出，意识形态工作是党的一项极端重要的工作。我们认为，意识形态工作的极端重要性，具体表现为"六个事关"的作用。

一是事关党的前途命运。这是从始终保持党的先进性和纯洁性、巩固党的执政地位、实现党的历史使命等方面说的。特别是要充分认识到，巩固党的群众基础和执政基础，不能说只要群众物质生活好了就可以了，精神上丧失群众基础，最后也要出问题。

二是事关国家长治久安。一个国家是否稳定，政权是否安全，在很大程度上取决于这个国家的意识形态是否安全。一个政权的瓦解往往是从思想领域开始的，思想防线一旦被攻破，其他防线也很难守住，国家

---

[1] 《马克思恩格斯文集》第8卷，人民出版社2009年版，第170页。
[2] 〔法〕路易·阿尔都塞，李迅译：《意识形态和意识形态国家机器》，《当代电影》1987年第3期。

政权很难维护。

三是事关民族凝聚力和向心力。历史表明，一个国家要持续发展、不断崛起，没有强大的民族凝聚力和向心力是不可想象的。凝聚力和向心力不仅能极大调动全民族的民族自信心、自豪感，激发为共同目标而奋斗的动力，而且对国家安全也是至关重要的。意识形态具有"社会水泥"的作用，它对于大变局下日益走近世界舞台中央的中华民族未来发展尤为重要。

四是事关旗帜和道路。近年来，西方国家对我国的渗透主要表现为"道路之争""制度之争"，攻击党的领导和社会主义制度，试图将西方发展模式和价值观强加于我国，误导我国发展道路和改革开放方向。能否做好意识形态工作，是直接关系能否坚持和巩固马克思主义指导地位，能否沿着中国特色社会主义道路不断前进的大问题。

五是事关贯彻落实党的理论和路线方针政策。意识形态工作具有政治动员、宣传教育等功能。党中央通过有效宣传教育，使干部群众了解、熟知党的理论成果以及路线方针政策，把科学理论转化为自身的行动指南，从而增强人们贯彻落实党的路线方针政策的主动性、自觉性，尤其是通过宣传教育，使人们在党和国家发展目标、道路等方面形成高度共识，进而形成强大执行力。

六是事关顺利推进党和国家的各项事业。各个领域各条战线的工作都离不开意识形态工作的支撑作用。意识形态工作具有全局性、整体性、系统性、持续性等特点，关系到党和国家各项事业的发展。意识形态工作就是确立党和国家奋斗目标，引导动员各个地区、各个部门为实现这个共同目标不懈奋斗，调动激发人们参与党和国家各项事业的积极性、主动性、创造性。

二、新时代意识形态工作的历史性成就和风险挑战

对于新时代意识形态工作的进展成效，党的十九届六中全会通过的《中共中央关于党的百年奋斗重大成就和历史经验的决议》中，有一个

很有分量的概括："党的十八大以来，我国意识形态领域形势发生全局性、根本性转变，全党全国各族人民文化自信明显增强，全社会凝聚力和向心力极大提升，为新时代开创党和国家事业新局面提供了坚强思想保证和强大精神力量。"这些成就可以用"一个根本扭转、四个有效扭转"来概括。"一个根本扭转"指：从根本上扭转了意识形态领域一度出现的被动局面，使意识形态领域形势发生了全局性、根本性的转变，这是最具标志性的成果。"四个有效扭转"指：有效扭转了一些宣传思想阵地党的领导一度被忽视、弱化、削弱的状况；有效扭转了主流思想主导地位遭受侵蚀的状况；有效扭转了对歪理邪说、歪风邪气被动应付、反击不力的状况；有效扭转了网上乱象丛生的状况。"全局性、根本性转变"、"一个根本扭转、四个有效扭转"可视为新时代意识形态工作的实践性成就。党的十八大以来，我们不断深化对意识形态工作的规律性认识，提出了一系列新思想新观点新论断，可以概括为"九个坚持"：坚持党对意识形态工作的领导权；坚持思想工作"两个巩固"的根本任务；坚持用习近平新时代中国特色社会主义思想武装全党、教育人民；坚持培育和践行社会主义核心价值观；坚持文化自信是更基础、更广泛、更深厚的自信，是更基本、更深沉、更持久的力量；坚持提高新闻舆论传播力、引导力、影响力、公信力；坚持以人民为中心的创作导向；坚持营造风清气正的网络空间；坚持讲好中国故事、传播好中国声音。这"九个坚持"是新时代意识形态工作的理论性成就，是习近平总书记关于意识形态工作重要论述的核心内容，也是新时代掌握意识形态工作领导权的基本遵循。

党的十八大以来，我们党不断增强意识形态工作领导权和主动权，意识形态领域总体保持了向上向好态势。同时也要看到，意识形态领域仍不平静，意识形态领域交锋斗争依然复杂。当前，意识形态工作、意识形态领导权面临的风险挑战主要有四个方面。

一是"多样化挑战"。马克思主义的一元化指导地位面临多样化社会思潮的冲击。社会存在决定社会意识。随着我国经济社会深刻变革、利益格局深度调整，民众思想观念的独立性、选择性、差异性、多变性明显增强，各种思想多样杂陈、各种力量竞相发声已成常态。特别是一些错误思想观点、反动社会思潮仍然伺机冒头，妄图挑战马克思主义一元指导地位，攻击否定中国共产党领导和中国政治制度、政治发展道路。这些反马克思主义的社会思潮一旦广泛蔓延，必将使得马克思主义在意识形态领域指导地位面临严峻挑战。此外，在文化交流交融交锋日益频繁条件下，类似于处在灰色地带的社会思潮、思想观念也直接或间接地冲击着马克思主义思想的指导地位，使得主流意识形态引领社会思潮、凝聚思想共识的任务异常艰巨繁重。

二是"市场逐利性挑战"。社会主流价值面临市场逐利性的挑战。市场经济是一把双刃剑。它在解放和发展社会生产力、增强人们的竞争意识、效率意识、民主法治意识的同时，也带来了一系列副作用。市场存在的自身弱点、消极方面以及市场交换原则等观念渗透到人们的精神生活甚至党内生活中来。社会主义、集体主义、爱国主义等主流价值遭遇到挑战，拜金主义、享乐主义、极端个人主义在一定范围滋生蔓延，道德失范、自私自利、唯利是图、低俗庸俗媚俗等现象时有发生，屡屡突破公序良俗底线。市场逐利带来了一些人价值观缺失，现在社会上出现的种种问题病根都在这里。"去主流化""去价值化""去道德化"的观念行为，使得社会主义核心价值观、思想道德体系面临极其严重的现实考验。

三是"敌对势力渗透遏制的挑战"。中华民族伟大复兴进程中会始终面临各种敌对势力渗透遏制的挑战。美国等西方国家会竭尽所能对我国从战略上围堵、发展上牵制、形象上丑化，这种斗争不是哪个人的心血来潮，也不是什么偶发事件，是不以我们的意志为转移的。"西方敌对势力一直把我国发展壮大视为对西方价值观和制度模式的威胁，一刻也没有停止对我国进行意识形态渗透。"[1] 他们大肆宣扬"普世价值"，推行"价值观改造"战略；竭力炒作"中国威胁论""中国崩溃论"，不断展开争夺阵地、争夺人心、争夺群众的较量，妄图从思想上把中国搞

---

[1] 《习近平关于社会主义文化建设论述摘编》，中央文献出版社2017年版，第53页。

乱。近些年，美西方利用"锐实力"新话语，进一步渲染"中国威胁论"，推动整个西方社会增强对中国的战略疑虑。不管如何调整策略、变换手法，西方敌对势力攻击中国共产党领导、社会主义制度的目的没有变，西化分化的图谋没有变。越是接近中华民族伟大复兴的目标，敌对势力的渗透遏制就越强，维护我国政治安全和意识形态安全的任务就越繁重。

四是"新媒体新技术的挑战"。主流媒体、传统宣传管理方式面临着新媒体新技术的挑战。随着新媒体快速发展、新技术不断革新，媒体格局和舆论生态发生了深刻变化，国际国内、线上线下、虚拟现实、体制内外等界限愈益模糊，形成了更具有自发性、突发性、公开性、多元性、冲突性、匿名性、无界性、难控性等特点的"大舆论场"。主流媒体发挥主导作用遇到前所未有的挑战。互联网已经成为舆论斗争的主战场，成为负面舆情发酵、错误思想传播的策源地和放大器，舆论引导和内容管理的难度增大，传统宣传管理方式越来越难以招架。此外，借助于新技术，新媒体正在不断重塑意识形态的生产权、分配权、传播权、话语权。过去，意识形态生产权、传播权和解释权都掌握在党和政府手里，形成了"金字塔"话语生产模式。互联网、大数据和云计算等新技术催生大批自媒体和自媒体从业者，正在造就一个新的社会阶层。与此同时，新媒体技术造成意识形态内容的生产、传播权力下移，一些新媒体自媒体从业阶层也开始染指意识形态生产和传播权力，一些实力雄厚的"精英""网络大V"甚至能直接主导相关议题、舆论走向。

三、掌握意识形态工作领导权的基本思路及战略安全体系

党的十九大报告提出了"牢牢掌握意识形态工作领导权"的重大论断，并对其进行了详细论述："意识形态决定文化前进方向和发展道路。必须推进马克思主义中国化时代化大众化，建设具有强大凝聚力和引领力的社会主义意识形态，使全体人民在理想信念、价值理念、道德观念上紧紧团结在一起。要加强理论武装，推动新时代中国特色社会主义思

想深入人心。深化马克思主义理论研究和建设,加快构建中国特色哲学社会科学,加强中国特色新型智库建设。坚持正确舆论导向,高度重视传播手段建设和创新,提高新闻舆论传播力、引导力、影响力、公信力。加强互联网内容建设,建立网络综合治理体系,营造清朗的网络空间。落实意识形态工作责任制,加强阵地建设和管理,注意区分政治原则问题、思想认识问题、学术观点问题,旗帜鲜明反对和抵制各种错误观点。"[1] 这段话谈了三个层面的问题,提出了牢牢掌握意识形态工作领导权的基本思路。一是推进马克思主义中国化时代化大众化,深化马克思主义理论研究和建设,加快构建中国特色哲学社会科学,加强中国特色新型智库建设等方面,谈的是理论建构权。二是加强理论武装、新闻舆论、网络管理、舆论引导和舆论斗争等方面,谈的是话语主导权。三是加强意识形态工作的制度建设和阵地建设,旗帜鲜明反对和抵制各种错误观点等方面,谈的是制度管理权。党的二十大报告又提出了"牢牢掌握党对意识形态工作领导权"这一重大论断。结合党的十九大、二十大报告以及其他重要文献,我们认为,"意识形态工作领导权=理论建构权+话语主导权+制度管理权"。新时代牢牢掌握意识形态工作领导权,可以从掌握马克思主义理论建构权、掌握社会主义意识形态话语主导权、掌握意识形态工作(制度)管理权三个层面进行战略谋划,推动各项工作。

从理论建构权、话语主导权和制度管理权谋划意识形态工作,理论界已有相当多的研究成果,这里不再展开。这里想从学术探讨的角度谈一个战略性话题——"构建新时代国家意识形态安全体系"。做好意识形态工作、掌握意识形态工作领导权,底线性、基础性、战略性任务必然是构建国家意识形态安全体系。

(一)构建更加积极有效的国际意识形态安全体系

所谓国际意识形态安全体系是指我国研判、处理来自国际层面意识

---

[1] 习近平:《论党的宣传思想工作》,中央文献出版社2020年版,第11页。

形态安全威胁所形成的一系列认知判断、价值评价与实践操作等安全体系。当今世界，不同国家之间形成的意识形态安全关系是西方主导的。以美国为核心的西方国家构建了以西方价值观、西方制度为中心的意识形态安全体系。任何不同于西方发展模式和价值观的国家或民族都会被"安全化"为敌人，是对西方世界的安全威胁。中国正是被置于这样的世界意识形态安全关系之中。长期以来，美西方对华奉行"进攻性现实主义意识形态战略"。在西强我弱意识形态安全格局下，我国长期采取的是"防御性现实主义意识形态战略"，面对西方意识形态渗透，常常表现为"被动辩护式"的消极防御。随着世界格局"东升西降"、我国由大向强发展，我国要进行必要的战略调整，从消极防御走向积极防御、从被动防范走向主动建构，构建新的国际意识形态安全体系。

一是进一步强化战略定力和战略自信。在防范西方意识形态渗透问题上，要有战略定力。理论上研究意识形态问题、实践上维护意识形态安全、工作上增强意识形态领导权，是基于国家利益的客观战略选择，既必要也重要。对此，要有战略自信。二是积极主动推进国际传播能力建设，讲好中国故事。进一步加强构建中国话语和中国叙事体系，打造融通中外的新概念新范畴新表述，着重讲好中国的故事、中国共产党的故事、中国特色社会主义的故事、中国人民的故事，把我国发展优势转化为话语优势，在全世界传播好中国故事及其背后的思想力量和精神力量。进一步宣介中国主张、中国智慧、中国方案，积极传播中国的发展观、文明观、安全观、人权观、生态观、国际秩序观和全球治理观。三是积极主动从理念和行为两个层面全面提升中国在国际社会的制度性话语权。制度性话语权指主权国家在参与国际事务、全球治理的过程中，通过设置议题、制定规则、传播制度性理念等方式影响国际机制设计、国际组织运行，谋求自身在国际秩序、全球治理中的主导权和影响力。中国国际意识形态战略基本目标之一，就是为我国在全球治理中争取更多的制度性权力和话语权进行积极有效的意识形态斗争，中国要获得与其大国地位和实力相匹配的国际话语权、制度性话语权。四是主动设置议题，以必要的进攻姿态揭露"普世价值"的虚假性、西方国家"双标"等问题。面对西方"普世价值"渗透、假借自由民主人权对我国的抹黑、攻击，我们不仅要善于"接拳"，还要善于"出拳"。针对西方自身存在的问题，主动设置相关议题，展开舆论斗争，揭露出"普世价值"的虚假形象，暴露其在诸多方面的"双标"等问题，撕掉西方国家长期在价值观上苦心经营的道义面纱。五是主动触碰西方长期攻击的问题，进行有效化解，减轻"意识形态库存压力"。在一些敏感话题（比如历史问题、体制问题）上，西方不遗余力地抹黑或攻击中国，对此，我们尽可能不回避，要积极主动"应战"，瞄准攻击者的逻辑谬误和事实硬伤进行坚决反击。对于一些西方片面渲染、刻意放大、持续攻击的社会问题和社会矛盾，即使解决条件不具备，也不能一味回避，要积极主动澄清或解释，进行科学理性分析，通过一定的有效方式释放"社会情绪"，对民众心理和社会舆论等进行"预建"，提升民众对一些社会问题或"不完美"社会现象的容忍度。

（二）构建基于人心的意识形态认同体系

何为人心？人心是一个整体性概念，是人民群众的利益诉求、思想认知、价值观念、情感心理等的集合体，是人民群众在特定时期所形成的共同社会心理，表征着人民群众基于自身利益和需要对社会的价值评判、取舍等。人心是最大的政治。习近平总书记强调，得民心者得天下，失民心者失天下，人民拥护和支持是党执政最牢固的根基。人心向背关系党的生死存亡。维护主流意识形态安全、掌握意识形态工作领导权的关键是争取人心、获得认同。构建新时代国家意识形态安全体系的核心任务就是不断构建基于人心的意识形态认同体系。

一是树立"人心即安全"的意识形态安全预警观。人心向背关乎政治安全和意识形态安全。人心是最大的变量，是衡量主流意识形态是否安全的核心指标，也是评价主流意识形态是否掌握领导权的关键标准。获得了人心，主流意识形态就获得了认同，就处在能够抵御外来威胁的安全状态。稳住了人心，旗帜、道路就不会动摇，国家政治安全就会有保障。不管风险挑战如何，只要人心稳，就能做到"我自岿然不动"，安如泰山、坚如磐石。一旦在人心上出现问题,就会出现极其严重的安全后果。从内部角度看,执政党丧失人心,就会危及执政安全。习近平总书记曾引用"塔西佗陷阱"说明这个道理:"如果群众观点丢掉了,群众立场站歪了,群众路线走偏了,群众眼里就没有你。古罗马历史学家塔西佗提出了一个理论,说当公权力失去公信力时,无论发表什么言论、无论做什么事,社会都会给以负面评价。这就是'塔西佗陷阱'。我们当然没有走到这一步,但存在的问题也不谓不严重,必须下大气力加以解决。如果真的到了那一天,就会危及党的执政基础和执政地位。"① 从外部角度看,西方意识形态渗透战略不管如何变换手法,制造思想混乱,其发挥作用的焦点自始至终是"与我争夺人心"。人心是最大的安全防线,一旦被攻破,其他防线很难守住。

二是构建以"六大认同"为主要内容的意识形态认同体系。"六大认同"即政治认可、思想认同、价值认同、历史认同、现实认同、思想认同。政治认同是对政治秩序及其合法性的认同,包括国家认同、政权认同、制度认同、政策认同等。政治认同的程度及状态直接关系着一个政治秩序的有效性、合法性及安全性,它对政治安全和主流意识形态安全具有一种评价预警功能。新时代增强政治认同,就是要引导人们增强对中国共产党领导、人民民主专政、中国特色社会主义制度以及党的路线方针政策的认同。思想认同就是对马克思主义及其中国化成果的认同。它主要涉及两个层面:一方面要引导人们接受、认同马克思主义立场观点方法,并且使人们坚信在新的历史条件下,马克思主义基本原理并没有过时;另一方面要引导人们接受、认同马克思主义中国化最新成果、党的创新理论,它们接续了马克思主义的"道统"。价值认同就是对共产主义理想信念、中国特色社会主义共同理想、社会主义核心价值观的认同。价值观念在社会文化中是起中轴作用的。各种意识形态之争,根本上表征为价值观念之争。价值观念对于一个国家或政治秩序安

---

① 《习近平关于"不忘初心、牢记使命"论述摘编》,党建读物出版社、中央文献出版社2019年版,第132页。

全至关重要。新时代维护好意识形态安全,牢牢掌握意识形态工作领导权,就必须提升民众的价值认同,使得社会主义核心价值观成为社会普遍的价值共识和行为规范,成为"百姓日用而不知"的生活方式。历史认同就是对中华民族历史、中国共产党历史、中华人民共和国历史、社会主义发展史等的认同。当前,强化历史认同,特别要引导人们正确认识党领导人民进行革命、建设、改革实践的"历史统一性"问题,批驳将革命与现代化、改革开放前后两个历史时期对立、割裂的错误观点。只有社会主义才能救中国,只有中国特色社会主义才能发展中国,是构建历史认同的根本逻辑依据。现实认同主要指对能够直接被感知或享有的发展成就、社会福利以及发展道路、执政绩效、执政行为、社会风气、社会秩序等现实状况的接受、认同。新时代提升现实认同,就是要引导人们增强中国特色社会主义的道路自信,充分认识到中国式现代化道路是解放和发展生产力,实现人民美好生活的必由之路。中国式现代化是超大规模的现代化,不仅改变了14亿多中国人民的命运,而且将深刻改变世界面貌,为整个人类社会发展作出前所未有的贡献。正如习近平总书记指出的,"中国实现了现代化,意味着比现在所有发达国家人口总和还要多的中国人民将进入现代化行列",其影响将是世界性的。现实认同的根基是道路认同,但最核心显现是利益认同。从意识形态认同角度看,强化现实认同,就需要进一步增强人们的利益获得感,尽可能对冲由于各种复杂因素导致的相对剥夺感。当前,现实认同的难题就是如何引导民众正确认识社会问题和社会矛盾。并且,西方敌对势力"千方百计利用一些热点难点问题进行炒作,煽动基层群众对党委和政府的不满,挑动党群干群对立情绪,企图把人心搞乱"[1]。通过"问题之争"消解主流意识形态认同,抵制党对意识形态工作的领导权,是敌对意识形态斗争的典型手法。新时代主流意识形态要牢牢掌握关于社会矛盾和社会问题的"解释权",通过有效话语,引导民众理性看待矛盾问题,核心任务是将社会矛盾和社会问题非政治化、非体制化、非全局

---

[1] 《习近平关于社会主义文化建设论述摘编》,中央文献出版社2017年版,第53页。

化:"避免一些具体问题演变成政治问题、局部问题演变成全局性事件,避免出现大的意识形态事件和舆论漩涡。"[①] 情感认同是人们对某种对象所产生的诸如肯定、接受、满意、认可等积极的主观情绪,是把外在对象内化的过程。情感认同是提升主流意识形态认同的心理根基,使民众对主流意识形态发自肺腑地赞同,并内化为自己的信仰信念。情感认同是意识形态认同体系中的终端环节,一经形成,主流意识形态就获得了相对稳定的社会心理基础和精神支撑,更加具有持久性、稳定性和免疫力,能够有效抵御非主流意识形态的侵蚀,主流意识形态就能够获得持久的领导权和主导权。当前,要加强舆论宣传,激发人们的使命感、归属感,营造情感认同的情绪氛围,特别要通过有效舆论引导,帮助人们正确理解各种社会现象尤其是社会问题、社会矛盾,消除社会焦虑感、不安感等。总之,只有持续不断构建、践行以"六大认同"为主要内容的意识形态认同体系,主流意识形态才能阻挡那些力图"攻破人心"的非主流意识形态,消除各种安全隐患,维护好自身安全,才能为我们党牢牢掌握意识形态工作领导权奠定基础、提供强大支撑。

参考书目:

1. 俞吾金:《意识形态论》,人民出版社 2009 年版。

2. 〔英〕大卫·麦克里兰著,孔兆政等译:《意识形态》(第二版),吉林人民出版社 2005 年版。

3. 斯拉沃热·齐泽克等著,方杰译:《图绘意识形态》,南京大学出版社 2002 年版。

4. 童世骏:《意识形态新论》,上海人民出版社 2006 年版。

[①] 《习近平关于社会主义文化建设论述摘编》,中央文献出版社 2017 年版,第 53 页。

第三讲
补足共产党人精神之"钙"

人无精神则不立,党无精神则不强。党的十八大以来,习近平总书记高度重视中国共产党人的理想信念和精神追求,在许多场合作了深刻阐释,反复要求党员特别是领导干部要筑牢信仰之基、补足精神之钙、把稳思想之舵,并形象地指出:"理想信念就是共产党人精神上的'钙',没有理想信念,理想信念不坚定,精神上就会'缺钙',就会得'软骨病'。现实生活中,一些党员、干部出这样那样的问题,说到底是信仰迷茫、精神迷失。"[①]

作为领导中国特色社会主义事业的核心力量,中国共产党只要全党理想信念坚定,精神之"钙"充盈,同心同德,组成有理想有觉悟的先锋队,就一定能承担起中华民族伟大复兴的历史使命。

一、新时代共产党人面临的挑战与考验

当今世界正处于大发展大变革时期,面临百年未有之大变局。中国特色社会主义经过长期努力进入新时代,正为实现中华民族伟大复兴而不懈奋斗。与此同时,我们党面临的执政环境依然严峻,影响党的先进性、弱化党的纯洁性的因素仍很复杂,党内存在的思想不纯、作风不纯等突出问题尚未得到根本解决,全面从严治党必须毫不动摇、持之以恒。

中央纪委国家监委网站 2020 年 10 月 25 日发布的《透视违纪违法

[①] 《习近平关于全面从严治党论述摘编》,中央文献出版社 2021 年版,第 159 页。

党员干部忏悔录》中提道:"在公开曝光的忏悔录中,'理想信念出了问题'是出现频率最高的关键词。"理想信念动摇是最危险的动摇,正所谓"物必自腐,而后虫生",思想上松一寸,行动上就会散一尺。一个政党的衰落,一名干部的腐化,往往从理想信念的丧失开始。习近平总书记指出:"在我们党员、干部队伍中,信仰缺失是一个需要引起高度重视的问题。在一些人那里,有的以批评和嘲讽马克思主义为'时尚'、为噱头;有的精神空虚,认为共产主义是虚无缥缈的幻想,'不问苍生问鬼神',热衷于算命看相、求神拜佛,迷信'气功大师';有的信念动摇,把配偶子女移民到国外、钱存在国外,给自己'留后路',随时准备'跳船';有的心为物役,信奉金钱至上、名利至上、享乐至上,心里没有任何敬畏,行为没有任何底线。"① 真可谓一针见血,深刻指出了共产党人精神上"缺钙"的种种表现,而在这些表现的背后蕴含着的是新时代共产党人面临的百年大党考验、西方道路挑战、市场经济考验。

(一)百年大党考验与坚定理想信念

习近平总书记在庆祝中国共产党成立100周年大会上的讲话中指出:"中国共产党成立时只有50多名党员,今天已经成为拥有9500多万名党员、领导着14亿多人口大国、具有重大全球影响力的世界第一大执政党。"② 党的队伍和自身状况发生重大而深刻的变化。我们党是世界上最大的政党,大就要有大的样子,但大也有大的难处。正如习近平总书记所言:"社会多样化发展使人们思想多元化、复杂性的特征越来越明显,这必然增加党内统一思想的难度,我们党是一个大党,统一思想历来不易。"③ 的确,把这么大一个党管好已属不易,让这么大一个党始终保持思想统一、精神饱满、朝气蓬勃更非易事。

中国用70多年的时间,走过了西方发达国家几百年的发展历程,

---

① 《习近平关于全面从严治党论述摘编》,中央文献出版社2021年版,第162页。
② 《在庆祝中国共产党成立100周年大会上的讲话》,人民出版社2021年版,第21页。
③ 《习近平关于全面从严治党论述摘编》,中央文献出版社2021年版,第7页。

取得的成就极其巨大，应对的风险挑战也高度浓缩，最根本的挑战来自中国共产党内部。邓小平指出："中国要出问题，还是出在共产党内部。对这个问题要清醒。"① 由于党内外、国内外种种复杂因素影响，党的肌体感染了不少"病菌"，特别突出的就是一些党员干部信仰缺失。我们党面临的四种危险中，排在首位的就是精神懈怠危险。一段时间以来，"共产主义虚无缥缈论""马克思主义过时论"甚嚣尘上，企图制造思想混乱，与我们争夺人心。事实上，马克思主义并未过时，我们依然处于马克思主义所指明的历史时代。习近平总书记强调："我们从来没有把共产主义作为唾手可得、一蹴而就的目标，但绝对不能因为共产主义不是马上可以实现的目标、不是我们有生之年能看到其实现的目标，就没有理想信念，就认为共产主义是虚无缥缈的海市蜃楼，就不做一个忠诚的具有共产主义远大理想的共产党人。"② 作为一个思想建党、理论强党的百年大党，我们必须清醒认识到党的先进性和党的执政地位都不是一劳永逸、一成不变的，过去先进不等于现在先进，现在先进不等于永远先进；过去拥有不等于现在拥有，现在拥有不等于永远拥有。打铁必须自身硬，我们党要长期执政，必须固本培元、补钙壮骨，着力教育引导全党坚定理想、坚定信念，用习近平新时代中国特色社会主义思想武装全党、凝心聚魂，筑牢全党团结统一的思想基础。

（二）西方道路挑战与中国道路自信

20世纪80年代以来，伴随东欧剧变、苏联解体，世界社会主义遭遇重挫。有人甚至大肆叫嚣"20世纪将以社会主义的失败和资本主义的胜利而告终"。当前各种敌对势力一直企图在我国制造"颜色革命"，妄图颠覆中国共产党领导和社会主义制度，境外敌对势力加大渗透和西化力度，境内一些组织和个人不断变化手法，甚至部分美国政客妄图分割中国共产党与中国人民的血肉关系。我们必须清醒认识到，国内外敌

---

① 《邓小平文选》第3卷，人民出版社1993年版，第380页。
② 《习近平总书记的重要讲话文章选编》，中央文献出版社、党建读物出版社2016年版，第133页。

对势力绝不愿看到中国共产党长期执政，也绝不愿看到中华民族实现伟大复兴。对此，我们千万要警惕！

当前，党员、干部在理想信念上遇到的纷扰是多重的。西方敌对势力一直妄图将我国纳入他们的价值体系，国内一些人与之遥相呼应，各种思想观念交锋碰撞异常激烈。对此，一些党员干部疑惑了、动摇了，甚至蜕变了。对这些长期存在的错误认识和歪理邪说，习近平总书记进行了强有力的纠偏，中国道路的成功亦用事实宣告"历史终结论"的破产。道路问题关系党和人民事业兴衰成败。中国特色社会主义道路是党和人民历经千辛万苦、克服千难万险取得的宝贵成果。我们必须坚定"四个自信"，既不走封闭僵化的老路，也不走改旗易帜的邪路。习近平总书记强调："无论遇到什么风浪，在坚持中国特色社会主义道路这个根本问题上都要一以贯之，决不因各种杂音噪音而改弦更张。随着新时代坚持和发展中国特色社会主义的伟大实践不断向前，我们的道路必将越走越宽广。"[1] 任何人妄图使中国共产党变色变质，任何势力企图使中国道路改旗易帜，党和人民都绝不答应！

（三）市场经济考验与坚定社会主义方向

经历 40 余年改革开放，中国已然屹立于世界民族之林，成为名副其实的大国。正如马克思所言："金钱贬低了人所崇奉的一切神，并把一切神都变成商品。金钱是一切事物的普遍的、独立自在的价值。因此它剥夺了整个世界——人的世界和自然界——固有的价值。……而人则向它顶礼膜拜。"[2] 在世俗化浪潮下，物质主义盛行，消费娱乐主义风靡，这对我们党人民至上的精神价值观构成严峻挑战。

习近平总书记指出："不可否认的是，在发展社会主义市场经济条件下，商品交换原则必然会渗透到党内生活中来，这是不以人的意志为

---

[1] 《十九大以来重要文献选编》（中），中央文献出版社 2021 年版，第 675 页。
[2] 《马克思恩格斯文集》第 1 卷，人民出版社 2009 年版，第 52 页。

转移的。社会上各种各样的诱惑缠绕着党员、干部，'温水煮青蛙'现象就会产生，一些人不知不觉就被人家请君入瓮了。"① 伴随着社会的持续转型，部分党员干部对马克思主义的信仰、共产主义的信念发生动摇，对中国特色社会主义理论、道路、制度和文化心生疑虑、缺乏自信，有的甚至价值观严重扭曲，腐化堕落，违法乱纪。习近平总书记指出："改革开放以来，我国经济发展很快，人民生活水平提高也很快。同时，我国社会正处在思想大活跃、观念大碰撞、文化大交融的时代，出现了不少问题。其中比较突出的一个问题就是一些人价值观缺失，观念没有善恶，行为没有底线，什么违反党纪国法的事情都敢干，什么缺德的勾当都敢做，没有国家观念、集体观念、家庭观念，不讲对错，不问是非，不知美丑，不辨香臭，浑浑噩噩，穷奢极欲。现在社会上出现的种种问题病根都在这里。"② 因此，在市场经济环境下，每个党员必须自觉抵制商品交换原则对党内生活的侵蚀，习近平总书记强调："我们是在中国共产党领导和社会主义制度的大前提下发展市场经济，什么时候都不能忘了'社会主义'这个定语。"③ 社会主义市场经济是我们党在中国道路探索上的伟大创举，但社会主义这个定语不能忘记，它不是可有可无的，关涉的是价值立场与发展方向。

二、共产党人精神之"钙"的丰富内涵

习近平总书记指出："对马克思主义的信仰，对社会主义和共产主义的信念，是共产党人的政治灵魂，是共产党人经受住任何考验的精神支柱。"理想信念是立党兴党之基，也是党员干部安身立命之本。理想信念是共产党人精神上的"钙"。全党由此才能团结一致坚如磐石，进而"唤起工农千百万，同心干"。正如习近平总书记在党史学习教育动员大会上的讲话中指出的："在一百年的非凡奋斗历程中，一代又一代中国共产党

---

① 《在党的群众路线教育实践活动总结大会上的讲话》，人民出版社2014年版，第24页。
② 《习近平关于社会主义文化建设论述摘编》，中央文献出版社2017年版，第8页。
③ 《习近平关于社会主义经济建设论述摘编》，中央文献出版社2017年版，第64页。

人顽强拼搏、不懈奋斗……形成了一系列伟大精神,构筑起了中国共产党人的精神谱系,为我们立党兴党强党提供了丰厚滋养。要教育引导全党大力发扬红色传统、传承红色基因,赓续共产党人精神血脉。"[1] 梳理中国共产党人的精神谱系,我们发现为人民服务精神、革命斗争精神、牺牲奉献精神、艰苦奋斗精神一以贯之,是共产党人精神之钙的重要内涵。

(一)共产党人的座右铭:为人民服务精神

"民惟邦本,本固邦宁。"数千年中华文明始终保持着一以贯之的"民本"思想传统。中国共产党人承继了这种心系天下黎民苍生的文化基因与精神信仰,把为黎民百姓"代言"的古代士人君子,彻底转变成为实现民族独立与人民解放而奋斗的革命先锋队。

在《为人民服务》一文中,毛泽东开宗明义:"我们这个队伍完全是为着解放人民的,是彻底地为人民的利益工作的。"我们党为适应不断变化的国情,依靠谁、为了谁的对象逐渐从经典马列主义的无产阶级,到土地革命时期阶级矛盾的"工农",再到抗战时期民族矛盾后的"人民",实现了符合中国独特国情的历史性跨越。从为无产阶级服务,到为工农服务,最后把共产党人的精神信仰升华为延安时期的"全心全意为人民服务",这就是中国共产党人一以贯之的精神宗旨。毛泽东在《论联合政府》中强调:"全心全意地为人民服务,一刻也不脱离群众;一切从人民的利益出发,而不是从个人或小集团的利益出发;向人民负责和向党的领导机关负责的一致性;这些就是我们的出发点。"党的七大亦把全心全意为人民服务写入党章。新中国成立后,中国共产党把"为人民服务"镌刻于中南海新华门的红墙之上,作为共产党人的座右铭。习近平总书记在接受外媒专访时曾坦露心迹:"我的执政理念,概括起来说就是:为人民服务,担当起该担当的责任。"人心向背关系党的生死存亡,人民永远是共产党人的力量源泉。党只有始终与人民心连

---

[1] 《学党史悟思想办实事开新局 以优异成绩迎接建党一百周年》,《人民日报》2021年2月21日。

心、同呼吸、共命运，永远牢记全心全意为人民服务的宗旨，才能团结带领人民开创伟业。

（二）"我们是革命者"：革命斗争精神

中国共产党是革命的党，早已在革命烈火中淬炼成钢。革命之于中国共产党，不仅是一部鲜活的革命斗争史，更是共产党人的精神本色。革命精神、斗争精神是马克思主义的鲜明特征，也是马克思主义者的鲜明品格。延安时期毛泽东就指出："我们共产党人不是要做官，而是要革命，我们人人要有彻底的革命精神。"[①] 一段时间以来，有人套用西方政党理论认为我们党已从"革命党"变为"执政党"，再讲革命精神不合时宜。针对此谬论，习近平总书记明确指出："有人说，我们党现在已经从'革命党'转变成了'执政党'。这个说法是不准确的。……我们党是马克思主义执政党，但同时是马克思主义革命党，要保持过去革命战争时期的那么一股劲、那么一股革命热情、那么一种拼命精神，把革命工作做到底。"[②] 作为马克思主义革命型政党，中国共产党的革命精神永远不会终结。习近平总书记强调："不要忘记我们是共产党人，我们是革命者，不要丧失了革命精神。"中国共产党人是革命者，必须时刻保持革命精神、革命斗志。其包括两个方面：党自身必须勇于自我革命，不能丧失自我革命精神；党要团结带领人民继续进行伟大的社会革命，革命精神必须一以贯之。

党的十九大报告鲜明指出："中国共产党是敢于斗争、敢于胜利的伟大政党。"党的十九大将"伟大斗争、伟大工程、伟大事业、伟大梦想"作为一个完整体系提出，其中排在第一位的是伟大斗争。习近平总书记曾意味深长地说："党的十八大报告有一句话，我主持起草工作时就主张要写上去，就是'发展中国特色社会主义是一项长期的艰巨的历史任务，必须准备进行具有许多新的历史特点的伟大斗争'。这句话含

[①] 《毛泽东文集》第3卷，人民出版社1996年版，第23页。
[②] 习近平：《坚持和发展中国特色社会主义要一以贯之》，《求是》2022年第18期。

义很深。"[①] 社会在矛盾运动中前进，有矛盾就会有斗争。一部党史就是一部敢于斗争、敢于胜利的鲜活生动的历史。建成社会主义现代化强国，实现中华民族伟大复兴，绝不是轻轻松松、敲锣打鼓就能实现的，必须进行伟大斗争。习近平总书记强调："要当战士、不当绅士……以战斗的姿态、战士的担当，积极投身宣传思想领域斗争一线。"面对新形势新挑战，党员干部要勇当战士，发扬斗争精神，既要敢于斗争，又要善于斗争。中国共产党是革命党，共产党人是革命者，革命斗争精神是流淌于共产党人血脉中的红色基因。

（三）"我将无我，不负人民"：牺牲奉献精神

毛泽东曾言："要造就一大批人，这些人是革命的先锋队。这些人具有政治远见。这些人充满着斗争精神和牺牲精神。"[②] 共产党人时刻准备着牺牲，"杀身成仁""舍生取义"，这在共产党人看来理所当然。在烽火连天的革命战争年代，为了人民这个"大我"的彻底解放，共产党人无私奉献了许多"小我"，甚至献出了宝贵的生命。

"随时准备为党和人民牺牲一切"，每位共产党员入党时都要举起拳头，对着鲜红的党旗庄严宣誓。拳头代表的是心，入党誓词就是发乎心的承诺。我们入党时都是自愿的，而非被任何组织和个人所强迫。志愿，就意味觉悟。在过去，觉悟了"中国人民正在受难，我们有责任解救他们，我们要努力奋斗。要奋斗就会有牺牲"。在今天，觉悟了"人民对美好生活的向往就是我们的奋斗目标"。在未来，觉悟了"为共产主义奋斗终身"。只有觉悟了，觉悟高了，共产党人才能找到指引人生航向的价值灯塔。习近平总书记指出，今天衡量一名党员是否具有理想信念的客观标准：主要看他"能否为理想而奋不顾身去拼搏、去奋斗、去献出自己的全部精力乃至生命"。他不但这样要求全党，对包括自己在内的中央政治局同志也提出明确要求："党和人民需要我们献身时，

---

① 《习近平著作选读》第 1 卷，人民出版社 2023 年版，第 140 页。
② 《毛泽东年谱（1893—1949）》（修订本）中卷，中央文献出版社 2013 年版，第 34 页。

我们都要毫不犹豫挺身而出,把个人生死置之度外。我们都做不到,让谁去做?我们的一切都应该为了人民,没有自我,先公后私,克己奉公。我们最核心的这一层人,应该是具有献身精神的一批人。"①

作为先锋队的中国共产党是由有血有肉的个体党员组成。如果个体党员只有肉身的"小我",就会被欲望所支配,导致精气神的丧失。没有立下精神之"大我",就不会有家国情怀,乃至崇高的牺牲精神。习近平总书记对此高度重视,反复强调"只有把小我融入大我,才会有海一样的胸怀,山一样的崇高"。要把党员的"小我"有机融入整个党和国家的"大我"之中,由此才可理解他充满深情之言:"我将无我,不负人民。我愿意做到一个'无我'的状态,为中国的发展奉献自己。"② 这既体现出共产党人克己奉公、鞠躬尽瘁的价值追求,更蕴含着共产党人以身许党许国的崇高精神境界。

(四)共产党人的政治本色:艰苦奋斗精神

艰苦奋斗是中华民族的传统美德,也是我们党的优良传统。在革命即将胜利之时,毛泽东曾告诫全党:"务必使同志们继续地保持谦虚、谨慎、不骄、不躁的作风,务必使同志们继续地保持艰苦奋斗的作风。"艰苦奋斗精神既是共产党人赢得民心、战胜敌人的重要法宝,更是共产党人的政治本色。

中国共产党的百年历史,就是一部光辉的艰苦奋斗史。我们党靠艰苦奋斗创业起家,靠艰苦奋斗发展壮大,靠艰苦奋斗铸就伟业。在领导革命、建设和改革的长期斗争中,艰苦奋斗是我们党的光荣传统和政治本色,也是我们党实现民族复兴的强大精神力量。同时必须清醒认识到,一部分党员干部逐渐淡忘艰苦奋斗的优良传统,享乐主义、奢侈之风滋长盛行。我们只有继续保持艰苦奋斗的优良作风,紧紧依靠人民,与人民同心同德,才能战胜前进道路上的风险和挑战。

---

① 《习近平关于全面从严治党论述摘编(2021年版)》,中央文献出版社2021年版,第168页。
② 《习近平著作选读》第2卷,人民出版社2023年版,第250页。

新时代是奋斗者的时代。我们要始终把人民对美好生活的向往作为奋斗目标，为人民不懈奋斗、同人民一起奋斗。习近平总书记指出："奋斗本身就是一种幸福。只有奋斗的人生才称得上幸福的人生。奋斗是艰辛的，艰难困苦、玉汝于成，没有艰辛就不是真正的奋斗，我们要勇于在艰苦奋斗中净化灵魂、磨砺意志、坚定信念。"① 党的十九届五中全会明确要求开展："以劳动创造幸福为主题的宣传教育。"光荣属于劳动者，幸福属于劳动者。社会主义是干出来的，新时代是奋斗出来的。我们要继续弘扬艰苦奋斗的优良传统，切实把艰苦奋斗精神贯彻到实现伟大复兴的全过程，形成党领导人民进行团结奋斗的生动局面。

三、如何补足共产党人的精神之"钙"

习近平总书记指出："精神上补'钙'不是一朝一夕的事情，要经常补、不断补，筑牢思想之基。"精神信仰问题一时解决了，不等于永远解决。我们必须时刻加强自身修养，补足精神之"钙"，否则就会精神懈怠信仰缺失，陷入虚无主义，迷失前进方向。

（一）依靠文化自信，补足精神之"钙"

习近平总书记指出："依靠文化自信坚定理想信念。领导干部要不忘初心、坚守正道，必须坚定文化自信。没有中华优秀传统文化、革命文化、社会主义先进文化的底蕴和滋养，信仰信念就难以深沉而执着。"② 中华文化是孕育理想信念的沃土，文化自信是补足精神之"钙"的路径。

习近平总书记指出："在5000多年文明发展中孕育的中华优秀传统文化，在党和人民伟大斗争中孕育的革命文化和社会主义先进文化，积淀着中华民族最深层的精神追求，代表着中华民族独特的精神标识。"③

---

① 习近平：《在2018年春节团拜会上的讲话》，《人民日报》2018年2月15日。
② 《习近平关于社会主义文化建设论述摘编》，中央文献出版社2017年版，第17—18页。
③ 习近平：《在庆祝中国共产党成立95周年大会上的讲话》，人民出版社2016年版，第13页。

中华文化中"杀身成仁""舍生取义"的牺牲精神,"苟利国家生死以,岂因祸福避趋之"的爱国情怀,"先天下之忧而忧,后天下之乐而乐"的为民意识等,正是共产党人理想信念植根的深厚沃土。革命文化中"砍头不要紧,只要主义真"的革命信念,"为有牺牲多壮志,敢教日月换新天"的革命豪情,"试看将来的环球,必是赤旗的世界"的革命乐观主义等,这些伟大革命精神跨越时空、永不过时。社会主义先进文化与中华优秀传统文化、革命文化一脉相承。新时代,我们要进一步完善发展中国特色社会主义先进文化,用社会主义核心价值观凝聚共识、振奋精神,使社会主义先进文化成为坚定理想信念的精神支撑。习近平总书记指出:"中华民族5000多年文明史,中国人民近代以来170多年斗争史,中国共产党90多年奋斗史,中华人民共和国60多年发展史,改革开放30多年探索史,这些历史一脉相承,不可割裂。"[1] 中华优秀传统文化、革命文化、社会主义先进文化一脉相承,这是中华文化的根脉源流,是坚定理想信念的精神底蕴。

(二)依靠学习,补足精神之"钙"

习近平总书记指出:"理论上清醒,政治上才能坚定。"我们党肩负繁重的执政使命,如果缺乏理论思维,是难以战胜各种风险和困难的,也是难以不断前进的。思想建党是我们党的鲜明特色,加强理论学习是必然要求。早在六届六中全会上,毛泽东论述"学习"一节时就深刻指出:"指导一个伟大的革命运动的政党,如果没有革命理论,没有历史知识,没有对于实际运动的深刻的了解,要取得胜利是不可能的。"[2] 学习的重点首先是马克思主义,特别是要学懂弄通习近平新时代中国特色社会主义思想,掌握贯穿其中的立场、观点、方法,才能在各种复杂的局面中坚持正确的政治方向,保持政治定力。

习近平总书记曾严肃批评有的干部学风不浓、玩风太盛:"不注意

---

[1] 《习近平外交演讲集》第1卷,中央文献出版社2022年版,第128页。
[2] 《毛泽东选集》第2卷,人民出版社1991年版,第533页。

学习，忙于事务，思想就容易僵化、庸俗化。"的确，一段时间以来，一些党员干部在理论学习上同党中央要求相比还存在不小差距，没有做到往深里走、往心里走、往实里走。习近平总书记特别强调："学习新时代中国特色社会主义思想，要深刻认识和领会其时代意义、理论意义、实践意义、世界意义，深刻理解其核心要义、精神实质、丰富内涵、实践要求。"[①] 中国共产党人依靠学习走到今天，也必然要依靠学习走向未来。全党同志特别是各级领导干部要有加强学习的紧迫感，要一刻不停地增强本领。只有理论清醒，才能政治坚定。

（三）依靠制度建设，补足精神之"钙"

党的十九届六中全会通过的《中共中央关于党的百年奋斗重大成就和历史经验的决议》明确要求："推动理想信念教育常态化制度化。"我们党在推进理想信念教育制度化方面做了很多有益的探索和实践。从延安时期开展整风运动以来，特别是改革开放后我们党先后开展了整党、"三讲"教育、保持共产党员先进性教育活动、深入学习实践科学发展观活动等；党的十八大以来，我们党又组织开展了党的群众路线教育实践活动、"三严三实"专题教育、"两学一做"学习教育、"不忘初心、牢记使命"主题教育、党史学习教育、学习贯彻习近平新时代中国特色社会主义思想主题教育等。通过集中性教育和经常性教育相结合，不断强化党的理论学习、教育、武装工作。

习近平总书记指出："要使加强制度治党的过程成为加强思想建党的过程，也要使加强思想建党的过程成为加强制度治党的过程。"[②] 党的十九大报告明确提出："思想建党和制度治党同向发力。"这有力地启示我们，补足共产党人精神之"钙"，既靠教育也靠制度，理想信念是柔性约束，制度规定是刚性约束，刚柔相济，同向发力。二者紧密结合，才能标本兼治。党的十九届四中全会明确提出要建立"不忘初心、

[①] 《习近平关于社会主义精神文明建设论述摘编》，中央文献出版社 2022 年版，第 53 页。
[②] 《习近平关于依规治党论述摘编》，中央文献出版社 2022 年版，第 176 页。

牢记使命"的制度，把其作为坚持和完善党的领导制度体系的第一条制度，并明确要求："把不忘初心、牢记使命作为加强党的建设的永恒课题和全体党员、干部的终身课题，形成长效机制，坚持不懈锤炼党员、干部忠诚干净担当的政治品格。"①

中华民族素来是礼仪之邦，仪式对于精神信仰的塑造至关重要。习近平总书记指出："礼仪是宣示价值观、教化人民的有效方式，要有计划地建立和规范一些礼仪制度。"② 例如重温入党誓词、烈士纪念日敬献花篮仪式等他都亲自出席，凸显了仪式的神圣性与庄严感，增强了广大党员干部对党和国家的认同感和归属感。特别是2019年1月31日颁布的《中共中央关于加强党的政治建设的意见》明确要求：坚持和完善重温入党誓词、党员过"政治生日"等政治仪式，使党内生活庄重、严肃、规范，坚决防止和克服党内政治生活不讲原则、平淡化庸俗化随意化的倾向。

习近平总书记指出："有了坚定的理想信念，站位就高了，心胸就开阔了，就能坚持正确政治方向，做到'风雨不动安如山'。信仰认定了就要信上一辈子，否则就会出大问题。"③ 我们党要坚强有力，既要全党在理想信念上坚定不移，更要每一名党员在理想信念上坚定不移。共产党人的理想信念不是一阵子的事而是一辈子的事，这既是作为先锋队集体的党组织加强思想建设的永恒课题，又是作为个体的每一位党员加强党性修养的终身课题。就此而言，补足共产党人精神之"钙"，永远在路上。

参考书目：

1. 郑永年：《再塑意识形态》，东方出版社2016年版。
2. 陈来：《中华文明的核心价值》，生活·读书·新知三联书店

---

① 《十九大以来重要文献选编》（中），中央文献出版社2021年版，第273页。
② 《习近平关于社会主义精神文明建设论述摘编》，中央文献出版社2022年版，第101页。
③ 《在常学常新中加强理论修养　在知行合一中主动担当作为》，《人民日报》2019年3月2日。

2015年版。

3. 寒竹：《中国道路的历史基因》，上海人民出版社2018年版。

4. 玛雅：《中国道路与中国学派》，中信出版社2016年版。

5. 潘维：《信仰人民：中国共产党与中国政治传统》，中国人民大学出版社2017年版。

第四讲
中华优秀传统文化创造性转化与创新性发展

讨论中华优秀传统文化的创造性转化和创新性发展这个话题，有必要先对传统文化进行重新定位。我们通常是站在现代文化的此岸，把传统文化看成已经离开我们的彼岸，于是传统文化就是某种孤立的静止的东西，其总体上是前现代的，因而是消极的。今天，我们要调整一下视角，把传统文化看成某种从远古一直延伸到当下的动态连续体，即有传承有统绪的文化整体。其传承是动态的，其统绪是稳定的。它在历史上数次跨越时代巨变的鸿沟，就像我们跨越前现代与现代的鸿沟一样，逐渐形成某种类似基因的东西，把我们和我们的祖先联系起来，并把我们和我们的祖先定义为中华民族的成员。如果说我们是由中华文化定义的，那么中华文化是由其历史传统定义的。所以，我们需要用新的视角重新认识中华文化及其传统。

一、中华文化的基本特征

（一）中华文化的总体性特征

1. 中华文化是原生型文明的伟大结晶

原生型文明是指可以追溯到旧石器时代的文明。一般来说，原生型文明的生命力比较弱，次生型文明的生命力比较强，因为次生型文明是在取代原生型文明的基础上诞生的。但中华文明却是例外，她虽是原生型文明，却有着极强的生命力。她跨越了每一个时代鸿沟，跟随时代的步伐一路延续至今，见证了人类文明的全过程。这在人类发展史上是绝无仅有的。跨越时代鸿沟之艰难，证明了跨越者之伟大。中华文化就是这样一种经历了人类文明全过程的生命力极强的原生型文明的伟大结晶。

2. 和合共生是中华文化贯穿始终的根本精神

中华文明可以追溯到三皇五帝时期，中华民族自称炎黄子孙，这是文化认同使然。相传黄帝与炎帝大战于阪泉，黄帝获胜，但没有发生部族灭绝事件，而是开启了两大部落联盟的新局。这是一个不同凡响的伟大开端，它从根本上规定了中华文明的内在品格，即和合共生取代征服和奴役成为历史的主线。到了青铜时代，夏商周的更替，后朝总要专门提供一块土地，让前朝遗民在那里按照其原有的文化习俗继续生存，这种做法表达了中华文化独有的原始信念和古老传统，即在文明体中所有族群都享有不可剥夺的生存空间。铁器时代初期，孔子把这种原生文明精神概括为"仁"，使之成为中华文化贯穿始终的核心价值。这是一种群体本位的价值观，与西方个体本位的价值观不同。孔子在中华文化中的地位是不可替代的，他开启了中华原生文明道路的自觉进程。

（二）中华文化的根源性特征

1. 语言文字

语言文字是文化的载体，也是文化再生产的模具。汉字系统可以追溯到黄帝的史官仓颉，甚至还可以追溯到伏羲画卦时期。汉语与汉字的关系在语言学中非常独特，汉字介入汉语甚深，汉字离析意义的功能甚至抑制了语音离析意义的功能，它通过综合把握形、声、义的复杂联系，创造了一种跨时代、超方言的书写符号。每一个汉字都是一个完整的象征符号，将它们恰当地连接起来形成某种综合的象征方式，可以简洁高效地表达几乎任何复杂的意义。汉字系统长于象征思维，便于把握整体，且具有非凡的稳定性，对保持文明的延续性具有难以估量的作用。

2. 家

家是中华文明的基本单元，也是中华文化的现实出发点。它不只是一个单纯的世俗生活空间，更是一个历史和未来交汇的灵魂安顿场所，所以祖坟和家庙曾经是普通中国人要拼死守护的生命根基。甚至可以说，整个中华文明的核心秘密都藏在家中。它是自然与社会连接的交点，也是文明规则诞生的源头。人类最初是以家族群落的形式生存，中华文化则从这最初的生存方式中领悟了原生型文明的根本要义。家的稳定性基于自然性与社会性的交融、亲情认同与理性秩序的平衡，而稳定的社会结构也要符合这些基本原则。文明的社会化程度越高，理性秩序就越是严密，则越是需要内部凝聚力的同步提升。家的结构就是文明结构的原型和基准。这样一种文明建构模式，是一种典型的群体本位思维模式，个人天然属于稳定的群体，而群体不是均质个体的偶然聚集。即使文明实现了跨越时代的进步，家的地位依然稳固，从而保持了文明形态的基本稳定。

3. 天人合一

天人合一是中华文化的顶层布局和最后归宿。在人类文明的远古源头处，已知与未知纠缠在一起，世俗与神圣相互渗透。中华文化把这种远古记忆提升为一种终极目标。从世俗理性的角度，天与人指自然之天与社会之人，故天人合一就是人与自然和谐相处之意。从文明整体的角度，天与人指神圣之天与世俗之人，则天人合一就是神圣文明与世俗文明的相通相融之意，这是天人合一的根本含义。它还有一个普遍的衍生用法，天与人都是形容词，指自然与人为，应用范围很广。总之，天人合一指最高的整体，神圣世界与世俗世界是一个整体，自然宇宙与人类社会是一个整体，人类是一个整体，家国分别是一个整体，甚至每个个人也是肉身与天性合一的整体。无论是文明发展还是个人生命，都追求一种最高的统一性，其核心内容就是形而上与形而下的统一。在中华文明中，不管哪家哪派，都以天人合一作为自己的最高追求。这个最高追求超出时空限制，理性不可穷尽，时代的变迁也不可增损，因而它为中华文明的连续发展提供了一个恒定的终极目标。

（三）中华文化的调适性特征

1. 自强不息

这是一种迎难奋斗、变革自强的进取精神。《周易·乾卦·象辞》曰："天行健，君子以自强不息。"一个民族要在残酷的生存竞争中不被淘汰，就需要不断使自身变得更强大。从新石器时代到青铜时代再到铁器时代，中华民族应对危机和挑战的自强之道，便是不断变革。《周易·系辞下》曰："穷则变，变则通，通则久。"中华民族是一个勇于变革且善于变革的民族，因而才能跨越各个时代的沟壑而持续发展至今。这种以变求强的意识，已深深烙刻在中华民族的灵魂深处，成为中华文化跨越时代变迁的恒久的基本精神。

2. 厚德载物

这是一种海纳百川、开放包容的胸襟气度。《周易·坤卦·象辞》曰："地势坤，君子以厚德载物。"中华民族有着极强的忍耐力和抗压性，吃苦耐劳，负重前行，打不烂，拖不垮，如大地一般承受一切、包容一切。中华文化不为纯粹而排他，只要不触及生命的底线，异质性的东西也能包容，从而使其在对外交流时能始终保持开放的姿态。尤其在时代剧变之际，中华文化的韧性表现得尤为突出。它容忍试错，任由探索者在对立中找平衡、在混乱中找出路。它为中华文明渡过一次次劫难提供了广阔的文化纵深和缓冲空间。

3. 反本修古

这是一种在开放变革中回归主体的修复机制和矫正方式。变革和开放是为了使中华民族更加强健，而不能在变革中泯灭主体、在开放中迷失自我。如何在无止境的变革和开放中保持文化的主体性？《礼记·礼器》曰："礼也者，反本修古，不忘其初者也。"中华文明能够穿越不同的时代绵延至今，一个重要的原因就是通过回溯历史来建立特殊强大的文化认同。每当历史剧变之际，中华民族总是能在开放变革中创造出适应时代要求的新文明，同时还要通过回溯历史进一步确认刚刚创造出来的新文明是以往文明的延续，而不是对原初文明的背叛。当最新的文明进展被证明完全符合中华文明缔造者的初衷，文化认同便得以强化，文明传承便得以延续。

二、中华文化演进的基本脉络

重新认识中华文化的动态历程，关键在于重建基础性的历史叙事逻辑。为了消除欧洲中心主义的干扰，我们需要有一个文明全景的大视野。以这种视野审视中华文化的历史进程，会发现有三个具有世界历史意义的重要节点，即先秦、宋代和现代。

（一）先秦：中华优秀传统文化在"轴心期"达到第一个高峰

中国先秦的文化剧变，是中华民族从青铜时代的顶峰向铁器时代过渡遭遇总体性危机时所作出的文化应变。类似的情形在全球范围内也在同步发生，雅斯贝斯称之为"轴心期"（公元前800年至公元前200年），他发现，人类文明在很少交往的条件下同时出现了理性的觉醒，并形成了三个文明中心，即中国、印度和西方。人们用觉醒后的理性干了什么？西方先是拿理性来研究自然，然后用研究自然的方式来研究人类；中国先是拿理性来研究人类，然后用研究人类的方式来研究自然；印度则拿理性来研究改造宗教。结果西方很早就形成了原子主义的自然观和个体本位的价值观，很早就建立了奴隶主内部的民主制和共和制；而中国很早就形成了群体本位的价值观和整体主义的自然观，很早就建立了中央集权的大一统政治格局。中国之所以选择了群体本位的价值观，与自身文明的古老传承有关。

如果以轴心期为起点，则理性从第一代宗教中获得突破，产生了第一代世俗文明。原生型的中华文明特别注重自身的连续性，即使在轴心期理性突破的开端处，也要依据具有远古渊源的宗教性的礼制传统。于是，孔子一方面开启了文明世俗化的进程，只要是理性可以说明的东西，便毫不犹豫地抛开宗教，直接用理性来说明；另一方面，孔子不主张与传统宗教决裂，反而格外珍惜历史自然形成的宗法礼制，以及其中所承载的神圣精神。不过，孔子之后的诸子百家，将理性精神贯彻到世俗生活的方方面面，并涌现出了一批世界级的彻底的理性主义者。经过先秦的文化洗礼后，以世俗生活为中心便总体上成为中华文明不变的基调。雅斯贝斯只说人们用觉醒的理性来打造帝国，但不成功。事实上，人们还用觉醒的理性来升级宗教。轴心期过后，在全球范围内出现了一股民族大迁徙的浪潮，把世界冲击得支离破碎；随后又出现了一股全球性的宗教化浪潮，把破碎的世界重新整合起来。三大世界性宗教都是经理性淬炼过的第二代宗教。轴心期过后，世界重新回到宗教的绝对统治，唯独中国除外。在浓厚的宗教氛围中，强盛的唐朝仍能坚守世俗文明的主导地位。

（二）宋代：中华优秀传统文化克服总体性危机走向第二个高峰

当第二代宗教席卷全球之际，佛教也在中国蔓延，并完成了本土化。佛教，特别是大乘佛教，是经理性反复锤炼过的，其般若学说几乎穷尽了逻辑思辨的一切可能，才最终确认其神圣高度；由此出发，世界和人生的存在与意义获得了终极的肯定。从人类文明的历史进程来看，轴心期理性觉醒之后，接着出现了世界宗教化浪潮，这一事实不能简单地被理解为理性的堕落或倒退，而应理解为某种必需。理性是一把双刃剑，一旦被唤醒，人类文明就需要重新筑基。第二代宗教为人类文明重新奠定了最深层的根基，这个根基如此坚固，即便动用人类全部的理性力量也无法将其解构。这是神圣文明的升级，它使人们的精神世界获得了空前圆满的安顿，也使文明整体上获得了更高量级的力量。

在宋儒看来，外来的佛教对本土文化构成了双重冲击：一是在神圣信仰方面，无论精英或平民都被其震慑；二是在世俗价值方面，佛教的解构造成了严重的社会危机。于是，宋儒发起了儒学复兴运动，并创立了理学。理学就是第二代儒学，其第一项任务是升级儒家信仰。宋儒打造的第二代儒家信仰，把一切神灵都置于形而上之域，拒绝用理性对其作出肯定或否定的判断，转而让人投入全部的生命从事世俗的价值追求，并承诺在忘我的价值追求中将自然进入神圣之境。这是一种可以不要神灵的信仰，因而兼容无神论；它把一切神灵理解为形而上的象征，因而又兼容有神论。大多数中国人接受它之后，竟无意中获得了对一切宗教的免疫力。理学的第二项任务是重建儒家价值的权威。既然神圣世界与世俗世界唯一确定的联系是价值，那么人们就应该把全部精力放在价值追求上。宋儒认为，唐朝的衰亡和五代小朝廷的频繁更换，都是价值观混乱造成的，因而需要重建儒家价值的权威，并把相对伦理上升为绝对伦理。在宋儒的努力下，儒家式群体本位的价值取向深深扎根在我们的集体无意识之中。

（三）现代：中华文化再次面临关键选择

中国为什么在近代落后了？如果用文明全景的眼光看，是因为西方世俗文明升级了，而包括中国在内的所有其他文明都没有跟上，所以落后了。在中国，尽管世俗文明长期居于文明整体的中心，但世俗文明本身并没有发生质的变化。在西方，经过文艺复兴运动和宗教改革运动的准备后，从哥白尼1543年出版《天体运行论》到牛顿1687年出版《自然哲学的数学原理》，科学革命完成了世俗理性的升级；17—19世纪的启蒙运动，将升级后的世俗理性向世俗生活贯彻，形成了完整的现代理性；18世纪60年代到19世纪40年代的工业革命，以现代理性升级了人类的生产方式，最终奠定了现代社会的力量基石。这里最关键的因素，一是现代理性改变了人们的思维方式，二是现代工业改变了人们的生活方式。而西方现代价值，是运用现代理性并遵照古希腊罗马的传统为现代生活建立秩序的基本原则。对照西方的现代化进程，中国要摆脱落后的局面，必须升级世俗文明。而文明升级的关键，在于升级世俗理性和生产方式。

中西文化之间，神圣部分没有古今之别，只有类型不同；世俗部分则既有古今之别，又有类型之异，实际上是第一代群体本位文化与第二代个体本位文化之争。人们常常把以自由为核心的个体本位文化与以仁义为核心的群体本位文化的差别，看成现代与前现代的差别，以为中西文化的巨大落差是由此产生的。事实上，在前现代的古希腊时期，西方就形成了第一代个体本位的文化。自科学革命以及由之引发的经济、政治和思想观念等一系列变革之后，西方才成功地完成了自身的文化升级。中西文化的巨大落差，是由文化的升级换代产生的，而不是由文化类型决定的。我们今天面临的文化选择是：要么用西方第二代个体本位文化直接置换原有的第一代群体本位文化，要么把自己的群体本位文化从第一代升级为第二代。显然，中国特色社会主义道路选择了后者，它正在创造一种不同于西方的现代文明。

三、中国共产党的文化传承和创新

（一）革命时期中国共产党对中华优秀传统文化的创造性转化

近现代中国所遭遇的是一场总体性文明危机，关系到中华民族的存亡。辛亥革命确立了革命叙事的正当性，因为改良的窗口期已经关闭。五四新文化运动则进一步确认革命的总体性方案必须包含思想文化层面的根本变革。精英们很快达成共识，即救亡只能通过现代转型来实现，而现代转型须先启蒙，这一切又必须以革命的方式快速完成。自由主义者主张按常规启蒙，而后从容进行现代转型，这显然是脱离革命语境的天真幻想。共产主义者主张超常规启蒙，即将思想革命与社会革命一并完成，走俄国人的路。于是，中国共产党自成立之初便举起了反帝、反封建的大旗，对外抗拒亡国的压力，对内凝聚启蒙的动力，二者都落实于社会革命。自由主义者全盘接受西方个体本位的价值观，只在精英层有影响，却无力改变中国的现状。中国共产党人则无论就其追求的共产主义目标，还是就其采用的阶级斗争方法，都契合中国原有的群体本位文化。特别是中国共产党人把马克思主义中国化以后，完成了规模和力度空前的具有现代意义的全民性组织和动员。组织动员起来的中国人民爆发出举世震惊的强大战斗力，粉碎了一切帝国主义及其代理人的疯狂进攻，为中华文明由前现代迈向现代准备了无与伦比的主体条件。或者说，我们党在极短的时间内重塑了中华民族主体。

在革命战争年代，中国共产党人将马克思主义普遍真理与中国革命的具体实际结合起来，完成了马克思主义中国化的伟大创新。中国的实际，是在有着五千年传承的文化土壤中随时代气候的变化生长出来的事物；把马克思主义与中国实际相结合的人，是有着五千年文化底蕴、既深谙这片土地的习性又能洞察时代风云的民族精英。马克思主义中国化的实质，是现代文明的普遍真理与跨越时代变迁一路走来的中华民族的主体精神的结合。中华民族主体精神是由文化表达的，所以这种结合也表现为马克思主义与中华优秀传统文化的结合。通过这种结合，中国共产党人完成了文化的双重创造性转化：一方面使马克思主义打上了中华文化的印记，完成了外来文化本土化的转化；另一方面完成了中华优秀传统文化由传统向现代的转化，使中华民族主体精神获得了现代的表达方式。在运用马克思主义解决中国重大时代课题的实践中，中国共产党人扫落一切阻碍时代变革的旧文化符号，其生命本源深处却迸发出最纯粹的中华优秀传统文化真精神。正是马克思主义的普遍真理，激活了中国共产党人心底深处的中华优秀传统文化真精神，从而造就了一大批优秀个体组成了中华民族先锋队。这个先锋队运用中国化的马克思主义进行全民性的动员和组织，激活了最广大民众心底深处的中华优秀传统文化真精神，完成了中华民族主体的重铸。可以说，我们党之所以能取得革命胜利，最大的法宝就是能唤起最广大民众，而唤起民众的关键在于，能把马克思主义与中华优秀传统文化相结合，并且在这种结合中完成了中华优秀传统文化的创造性转化。

（二）新中国成立初期和改革开放进程中国共产党的文化抉择

在战火中新生的中华民族主体，必然要求建立自己的政权，并展开自主的全方位现代转型。新中国成立初期，我们充分吸纳了苏联的成功经验，自主创建了一整套现代性质的政治经济制度。我们拒绝了依附性的国际分工定位，在苏联的帮助下，白手起家建立了门类齐全的现代工业体系。在当时极端困难的条件下，我们奇迹般地独立突破了"两弹一星"等高端科技，有力证明了我们以群体本位方式发展现代力量的制度优势。最重要的是，我们初步熟悉了现代力量的创造和驾驭过程，为中华文明全面迈向现代化打下了坚实基础。

改革开放是在苏联模式的基础上进行的，这就牵涉对改革开放性质的判断。改革开放是把前现代的制度改成现代制度，还是把原有现代制度的缺点改掉？这里的关键是重新确认现代性的标准。现代文明是围绕现代生产力的产生和运用而构建的一整套人的存在方式。因此，进入现代社会的第一个标准，就是共同体是否能高效、持续而内生地产出现力量。它首先要求有现代生产力，其标志即现代工业；它同时还要求有现代生产方式，包括社会化大生产和自由市场，前者以远超前现代的高度理性化来保证现代生产力能高效产出，后者以永不枯竭的自发动力来保证现代生产力能持续产出。进入现代社会的第二个标准，即共同体是否能建立某种机制以便有效运用现代力量来满足现代人的需要。这关乎现代社会所体现的价值。西方现代价值是典型的个体本位取向，它渊源于古希腊罗马，后经过现代理性的重铸而获得升级。它是西方建构其政治社会制度的根本准则，也是其组织现代生产的基本原则。由于西方现代文明拥有先发优势，故而西方垄断了现代性标准，似乎只有个体本位的价值才能代表现代性。中国式现代化打破了西方的垄断，向世界展示现代文明还可以有另一种模式，即体现群体本位价值的崭新模式。

西方模式的市场经济，是在私有制前提下，以自由市场支配社会化大生产的模式。从根本上讲，私有制和市场竞争契合个体本位价值，而社会化大生产则要求群体本位价值。西方模式将社会化大生产置于私有制个体的控制之下，让这样的个体拥有参与市场竞争的自由。他们以拥有资本的强者为原型定义个体，然后将其普遍化，仿佛所有人都拥有了参与竞争的自由。他们又以同样的思路来建构国家，仿佛人人都拥有参与政治的权利。于是，自由、人权、民主、法治等个体本位价值就被上升为"普世价值"，而实质上不过是一套强者的逻辑。

中国式现代化起步于苏联模式。社会主义政治制度是群体本位的，因而有集中力量办大事的优势。公有制的计划经济，聚焦于以理性规划社会化大生产，也符合群体本位的逻辑；但它把自由市场看成小生产者的残余和温床加以取缔，结果社会化大生产因为缺乏自发动力而变得不可持续。改革开放的最大成功，就是引入市场机制，允许多种经济成分共享市场，最后建立社会主义市场经济模式。市场为社会化大生产提供了强大而持续的动力，而对社会化大生产的理性规划又能积极引导市场甚至创造市场，结果既保证了经济的活力，又加快了现代生产力的发展。随着经济改革的深入，上层建筑领域也作了相应的改革，但社会主义政治制度仍保持总体的稳定。这是一个不同于西方的新型现代文明模式，其保障现代力量产出和运用的各级制度安排，主要体现了群体本位价值。这种不同于西方的中国特色，来自中华五千年文明，是传统中华世俗文化的现代升级。

（三）新时代中国共产党的文化使命

现代性标准，有定性的标准，也有量化的标准。按照定性标准，中国已经是现代国家，而非前现代国家；按照量化标准，中国更充分地实现现代化是我们第二个百年奋斗目标。如果说中国革命重铸了中华民族主体，那么中国式现代化道路是这群强大主体自己走出来的，是他们按自己的天性从前现代走向现代的结果。能够把他们的前现代身份与现代身份统一起来的东西，就是作为其文化天性的主体精神。这种具有强大凝聚力的主体天性，过去曾帮助中华民族跨过了石器时代与青铜时代的鸿沟，跨过了青铜时代与铁器时代的鸿沟，今天又帮助中华民族跨过了前现代与现代的时代鸿沟。每一次跨越时代，中华民族的主体精神都会完成一次升级强化，然后被融入新的生产方式与生活方式之中。今天的情形依然如此。

改革开放进入新时代，最大的特点之一就是我们党表现出了明确的文化自觉和文化自信。我们意识到，中国特色渊源于5000年中华文明的历史，是中华文化基因使然；我们相信，历史上从未中断的中华优秀传统文化的精髓，经过创造性转化和创新性发展，今天仍然可以为建构人类文明新形态提供优质方案。当我们确认中国式现代化即意味着人类文明新形态时，这种文化自觉与文化自信达到了新的高度。中国式现代化的实质，是自主的后发现代化。迄今为止，所有后发现代化国家都缺乏足够的自主性，它们只能接受依附的现代化或殖民的现代化。中国能搞成自主的后发现代化，要归功于强大的中华民族主体。她足够强大，所以在接受新事物时不会迷失自我，而是按照自身的整体利益做出取舍，以解决当下的实际问题；同时在有效解决实际问题的过程中，完成对优秀传统文化的创造性转化，从而使强大的主体变得更加强大。这种创造性转化，在我们党的奋斗历程中一直在自发进行，并使中国的革命和现代化建设获得了鲜明的中国特色。随着新时代来临,这种自发进行的文化的创造性转化开始变成自觉行为。既然中国式现代化的目的是实现中华民族的伟大复兴,那么中华民族主体的精神就不能丧失,而表达这种精神的文化就需要复兴。所以,中华民族的复兴必然要求中华文化的复兴。自觉的文化复兴,只能通过对中华优秀传统文化自觉的创造性转化和创新性发展来实现。

四、中华优秀传统文化创造性转化的几个要点

(一)认同中华文化,接续文化大统

中华民族的认同主要基于其对自身历史文化的认同,认同中华民族本质上就是认同中华文化。中国共产党人作为中华民族的先锋队,是中华民族的优秀子孙,必须承担起传承中华文化血脉的重任。我们从批判排斥传统文化,到主张弘扬中华优秀传统文化,在文化自信上完成了一次历史性跨越。但这还不够,我们要有更大勇气和魄力承接中华文化大统,把中华文化数千年未曾中断的发展主线接续起来,因为我们是当今中华文化建设的担纲者,有责任和义务让中华优秀传统文化真精神在我们手上发扬光大。传承文化血脉可以是不绝如缕的延续,而承接文化大统则必须是大江滔滔般历史主流的行进。它要求我们找到中华优秀传统文化真精神的现代表达方式,这正是把马克思主义与中华优秀传统文化相结合的大旨所在,也是我们探讨如何对中华优秀传统文化加以创造性转化和创新性发展的大前提。

(二)加强学术研究,重树中华传统文化形象

中华文化博大精深,其主体部分是传统文化,但由于以往我们的认知有偏差,以至于它的形象某种程度上被扭曲了。传统文化形象被扭曲,导致我们的表层文化认同与深层文化认同的撕裂。要弥合认同撕裂的裂痕,就要修复传统文化形象,这就需要做深入细致的学术研究工作,还传统文化以本来面目。这是一项基础性学术研究工作,更是一项强化认

同和反对分裂的政治任务。它是现代意义的反本修古，是文化上的认祖归宗。但当前的学术研究遇到一个瓶颈，即其基础性的历史叙事深深打上了欧洲中心主义的烙印。只有打破这个瓶颈，真正找到一种完全摆脱欧洲中心主义的底层叙事逻辑，才可能把中华文化自古至今连绵发展的世界历史意义深刻地揭示出来，进而把中华文化实现现代升级的世界历史意义深刻地揭示出来。立足于此，我们的文化自信将更加充分，我们的文化自觉将更加彻底。充分的文化自信和彻底的文化自觉，是我们从事中华优秀传统文化创造性转化和创新性发展的重要主体条件。

（三）深察本心民情，创造性转化要着眼于民众之心安

优秀传统文化早已内化于每个人的心中，成为人们的第二本能。每当人们摒除杂念，完全依照自己的良知本心行事，优秀传统文化就会自动发挥作用。心安便是理得处，人心便是优秀传统文化的大本营。人民大众的心安处，便是中华文化不朽精神之所在。一切历史遗留的传统表象，都是人们的本心在过去某种特定条件下的外化。今天我们的生活条件乃至生活方式都变了，但我们的良知本心没有变。无论是千百年前还是千百年后，人们的本心没变，心安之理没变，此即中华文化的大根大本，也即优秀传统文化的大根大本。这里，不变的心安，指本心的终极之安；至于人心的相对之安，总是随条件的变化而变化。世界上每个文明中心所执着的终极心安，虽表达方式不同，但都有超越时空的稳定性。每个时代无条件的终极心安与有条件的相对心安整合起来并外化出来，就形成了相应时代的文化表象。反省自家良知本心，体察民情民愿之所归，就能直观中华优秀传统文化大根大本的真相。而现代化的量化指标，则涉及人们在现代社会获得相对心安的条件。中国式现代化就是要把二者整合起来，这也是我们对中华优秀传统文化加以创造性转化和创新性发展的主要着眼点。

（四）即用见体，在实践中完成创造性转化和创新性发展

无论在革命战争年代还是在现代化建设时期，我们党一直在卓有成

效地从事文化的创造性转化工作。当现有的理论不能准确说明中国的实际时，我们党就抛开理论教条，直接在实践中去探索。这时，中华文明积累数千年的文化天性和生存智慧就被激活了。我们实际中判断是非的标准，自动地选择了传统的群体本位价值，即以国家和人民的整体利益为是，并在实践中升级和完善这套价值标准。这是我们党对中华优秀传统文化所完成的最重要的创造性转化。如果说过去是自发地做这项工作，那么现在则要自觉地去做。自觉地做，就要求我们对中华优秀传统文化有深刻理解，但最重要的还是实践。实践就是要解决问题。问题是目标与现实的差距引起的。分析问题和解决问题的过程中，现代理性与良知本心都在起作用。自觉地对优秀传统文化加以创造性转化，本质上是自觉地对传统的群体本位文化实现现代升级。它是一个理论课题，但主要还是一个实践课题。它涉及如何合理利用传统文化资源的问题，但更重要的是在推进中国式现代化的实践中，如何使中华民族主体精神在现代文明中得以彰显，从而构建一种不同于西方的新型现代文明。中华民族主体精神就是中华文化的不变本体，它就在我们每个炎黄子孙的心中。此体必在用中显现，只要我们凭本心而为，实践的结果就会体现这一文化本体。这就是即用见体。自觉地即用见体，就是要对中华民族主体精神作出现代的理论总结，并将其贯彻到实践中去，由实践来表达这一不变本体。

参考书目：

1. 钱穆：《国史大纲》，商务印书馆 1994 年版。

2. 冯友兰：《贞元六书》，华东师范大学出版社 1996 年版。

3. 牟宗三：《心体与性体》，上海古籍出版社 1999 年版。

4. 〔德〕卡尔·雅斯贝尔斯著，傅佩荣译：《四大圣哲》，商务印书馆 2022 年版。

5. 赵峰：《四书释讲——文明全景中跨语境理解儒学》，社会科学文献出版社 2020 年版。

第五讲
从"一个结合"到"两个结合"：新时代中国共产党的文化叙事

2023年6月2日，习近平总书记在文化传承发展座谈会上的重要讲话中指出，"在五千多年中华文明深厚基础上开辟和发展中国特色社会主义，把马克思主义基本原理同中国具体实践、同中华优秀传统文化相结合是必由之路，这是我们在探索中国特色社会主义道路中得出的规律性认识"。"两个结合"是我们取得成功的最大法宝。这一论断不仅全面总结了中国共产党百年奋斗的成功经验，更揭示了马克思主义中国化与时代化的创新品格。尤为重要的是，它在新时代背景下，以坚定的历史自觉与充沛的文化自信，大大拓展了中国共产党的文化视野，建构了新时代中国共产党的全新文化叙事。在这其中，中国共产党将自身的百年历史与中华文明五千年的大历史贯通起来，强调"一个民族的历史是一个民族安身立命的基础"[1]，"不忘本来才能开辟未来"[2]。

这种历史的贯通与接续，不仅激活了中国共产党的民族文化血脉，凸显了中华优秀传统文化在中国特色社会主义理论中的重要地位，也使中国共产党的文化叙事从革命战争年代的团结动员，走向了推进中华民族伟大复兴的文明建构。这一立足中国具体实践、时代发展要求与民族文化主体性的文化叙事，闪耀着21世纪马克思主义的理论光辉，标志着新时代中国共产党人对自身的历史使命与文化使命有了更为充分的认识，对中国特色社会主义的文化内涵与文明向度有了更为深入的理解。

---

[1] 习近平：《在纪念毛泽东同志诞辰120周年座谈会上的讲话》，人民出版社2013年版，第16页。

[2] 《习近平谈治国理政》第1卷，外文出版社2018年版，第163页。

总体而言，我们可以从三个维度对其进行阐释解读。首先，从历史维度重新梳理"第一个结合"与中国共产党文化叙事的历史探索；其次，从理论维度深入阐发"第二个结合"与新时代中国共产党文化叙事的理论内涵；最后，从文明维度接续展望"两个结合"与新时代中国共产党文化叙事的文明指向。

一、历史维度："第一个结合"与中国共产党文化叙事的历史探索

自遭遇"三千年未有之大变局"以来，晚清以降的知识分子为探寻救国之道上下求索。洋务运动以"中体西用"行富强之策，但甲午海战的惨败，让这场基于器物层面的变革宣告失败，也让维新派的政治变革走上历史舞台。在这其中混杂着传统与革新的不同面相，也酝酿着冲破一切旧思想网罗的文化冲动。戊戌变法失败之后，以孙中山为代表的革命派思想开始撼动专制王权的制度。1911年辛亥革命爆发，最终推翻了中国几千年的帝制传统。然而，封建复辟与军阀混战的政治乱局，显示了民族资产阶级的孱弱，同时也宣告了资产阶级共和国方案的破产。随后，陈独秀以《青年杂志》引领思想界之先声，意欲以文学之革命推进社会之革命与政治之革命。一场思想文化变革的浪潮开始席卷全国。在这场浪潮中，诸多西方理论在中国的大地上交织博弈，震荡着旧中国的思想版图。1919年1月中国在巴黎和会上所遭受的屈辱，激发了中国民众反对帝国主义，改造中国的强烈情绪。与此同时，以梁启超为代表的中国知识分子看到了第一次世界大战之后凋敝的欧陆文化，对单向度的工具理性、科学主义产生了质疑，进而对资本主义制度及其内在的价值理念与文化弊端进行了深刻反思。在国内外矛盾的激发与"催化"下，五四运动爆发，新文化运动阵营发生了分化。中国共产党的先驱李大钊发表了《我的马克思主义观》，系统阐述了马克思主义的相关理论，影响了越来越多的先进知识分子。一条不同于欧美国家的革命路径与全新的文化叙事由此徐徐展开。

第五讲 从"一个结合"到"两个结合":新时代中国共产党的文化叙事

中国共产党成立后,以马克思主义为指导,高高举起了反帝反封建的大旗,迈上了寻求民族独立与人民解放的革命道路。历经艰难曲折,以毛泽东同志为主要代表的中国共产党人深刻认识到,在中国进行社会主义革命,不能教条化地理解马克思主义,此前的失败与挫折都缘于"缺乏深刻的革命认识,还不善于将马克思列宁主义的理论和中国革命的实践相结合"[①]。中国的革命必须从中国具体的国情出发,要对"中国的历史状况和社会状况、中国革命的特点、中国革命的规律"[②] 有深入了解。此后,中国共产党将目光从城市转移到农村,开辟了"农村包围城市、武装夺取政权"[③] 的正确革命道路。遵义会议确立了毛泽东在全党的领导地位,中国的革命气象为之一新。1938 年毛泽东正式提出"马克思主义中国化"的重要命题,明确宣示"马克思主义必须和我国的具体特点相结合并通过一定的民族形式才能实现……使马克思主义在中国具体化,使之在其每一表现中带着必须有的中国的特性"[④]。由此可见,"第一个结合"诞生于中国革命长期而复杂的具体实践中,其强烈的时代性决定了这一时期的文化叙事直接指向革命组织动员,并作为"整个革命机器的一个组成部分,作为团结人民、教育人民、打击敌人、消灭敌人的有力的武器,帮助人民同心同德地和敌人作斗争"[⑤]。当然,要想充分发挥这一文化叙事的功能,必须依靠一大批革命文艺工作者深入民众进行创作。因此,毛泽东在《在延安文艺工作座谈会上的讲话》中提出:"我们的文学艺术都是为人民大众的,首先是为工农兵的,为工农兵而创作,为工农兵所利用的。"[⑥] 只有真正走入人民大众的生活,走入广大工农兵的真实生活,才能创作出政治性与艺术性相融合的优秀作品,"使人民群众惊醒起来,感奋起来,推动人民群众走向团结和斗

[①] 《毛泽东选集》第 2 卷,人民出版社 1991 年版,第 611 页。
[②] 《毛泽东选集》第 2 卷,人民出版社 1991 年版,第 610 页。
[③] 《习近平谈治国理政》第 3 卷,外文出版社 2020 年版,第 11 页。
[④] 《毛泽东选集》第 2 卷,人民出版社 1991 年版,第 534 页。
[⑤] 《毛泽东选集》第 3 卷,人民出版社 1991 年版,第 848 页。
[⑥] 《毛泽东选集》第 3 卷,人民出版社 1991 年版,第 863 页。

争"①。这一文化叙事确实如同拿着笔的军队，以革命的星火燎原之势，有力推动了中国革命进程，奠定了中华民族伟大复兴的基础条件。

新中国成立后，中国共产党领导中国人民在一穷二白的基础上进行社会主义革命和建设。经过三大改造与全国人民的艰苦奋斗，社会主义制度得以基本确立，较为完整的国民经济体系与工业体系也得以形成。在社会主义建设全面铺展的情况下，如何坚持独立自主的原则，走一条适合中国国情的社会主义道路？这不仅是一个迫切的现实问题，更是一个重要的理论问题。为此，毛泽东在1956年提出："最重要的是要独立思考，把马列主义的基本原理同中国革命和建设的具体实际相结合……现在是社会主义革命和建设时期，我们要进行第二次结合，找出在中国怎样建设社会主义的道路。"② 在其推动下，中国共产党依据新的社会实际，进一步发展了毛泽东思想，形成了一系列关于社会主义建设的重要策略。体现在文化叙事层面，就是"百花齐放、百家争鸣"③。这一文化叙事在革命动员的基础上，拓展出了为社会主义建设服务的全新维度。正如毛泽东所说："百花齐放、百家争鸣的方针，是促进艺术发展和科学进步的方针，是促进我国的社会主义文化繁荣的方针。"④ 在其指引下，中国的思想文化领域呈现出了勃勃生机，社会主义的价值观与意识形态也得以有效建构。但遗憾的是，随着意识形态工作的日益泛化，这一文化叙事遭遇重大挫折，对中国此后的社会主义建设造成了不可忽视的影响。

党的十一届三中全会后，中国共产党深刻总结历史经验，将党和国家的工作重心转移到经济建设上来，推动了改革开放和社会主义现代化建设的伟大征程。那么，如何在新的历史条件和时代条件下坚持和发展马克思主义，推进社会主义现代化建设？邓小平提出，首先要破除迷信。因为"一个党，一个国家，一个民族，如果一切从本本出发，思想

---

① 《毛泽东选集》第3卷，人民出版社1991年版，第861页。
② 《毛泽东年谱（1949—1976）》第2卷，中央文献出版社2013年版，第557页。
③ 《毛泽东文集》第7卷，人民出版社1999年版，第54页。
④ 《毛泽东文集》第7卷，人民出版社1999年版，第229页。

僵化，迷信盛行，那它就不能前进，它的生机就停止了，就要亡党亡国"①。其次要以实事求是的态度，继续推进马克思主义基本原理与中国具体实际相结合。党的十二大正式提出的"走自己的路，建设有中国特色的社会主义"②就是马克思主义基本原理与中国现代化实践相结合的重要理论成果。从文化叙事的角度来看，文艺挣脱了此前模式化、简单化的政治语境，走向了更为广阔的空间。正如邓小平在中国文学艺术工作者第四次代表大会上所言："党对文艺工作的领导，不是发号施令。"③文艺应当依据新的时代需求，努力"为人民服务，为社会主义服务"④，为实现中国的四个现代化服务。伴随社会主义市场经济体制的确立，社会生产力得到极大解放与发展，人民的物质文化生活水平也得以不断提升。如何正确认识文化的价值属性与市场属性，如何构建社会主义市场经济时期的总体文化格局？江泽民提出了"弘扬主旋律，提倡多样化"⑤的文化方针。他强调：前者是社会主义文化的根本属性，要通过文化作品传达社会主义的核心价值，凝聚社会共识；后者则显示了社会主义文化的艺术追求和市场价值，要不拘一格地推进文化的多样化发展，以丰富多彩的艺术作品提升社会主义文化的吸引力。进入 21 世纪以来，在全球化的激烈博弈中，文化与经济之间的关系日益紧密，文化与政治外交的融合也日益显明。胡锦涛同志所提出的"提高国家文化软实力"⑥"建设社会主义文化强国"⑦的文化叙事，进一步提升了文化在国际竞争中的地位，为中华民族伟大复兴提供了更为充沛的文化动力与更为坚实的制度保障。

党的十八大以来，中国特色社会主义进入新时代。以习近平同志为主要代表的中国共产党人站在新的历史方位，把握社会主要矛盾的转

---

① 《邓小平文选》第 2 卷，人民出版社 1994 年版，第 143 页。
② 《十二大以来重要文献选编》（上），人民出版社 1986 年版，第 3 页。
③ 《邓小平文选》第 2 卷，人民出版社 1994 年版，第 213 页。
④ 《文艺为人民服务、为社会主义服务》，《人民日报》1980 年 7 月 26 日。
⑤ 《十四大以来重要文献选编》（中），人民出版社 1997 年版，第 949 页。
⑥ 《中国共产党第十七次全国代表大会文件汇编》，人民出版社 2007 年版，第 63 页。
⑦ 《十七大以来重要文献选编》（下），中央文献出版社 2013 年版，第 562 页。

化，实现了党和国家事业的历史性变革，为中华民族的伟大复兴提供了"更为完善的制度保证、更为坚实的物质基础、更为主动的精神力量"①。这一历史性飞跃得以实现的根本原因，就在于中国共产党"始终把马克思主义这一科学理论作为自己的行动指南，并坚持在实践中不断丰富和发展马克思主义"②。在中华民族伟大复兴的光辉前景日益显明之时，新时代中国共产党的文化叙事也得到了进一步提升，这就是从革命叙事、建设叙事和改革叙事走向了中华民族伟大复兴的文明叙事。中华文明历经五千年发展绵延不绝，在诸多磨难与挫折中始终能够浴火重生，所依靠的正是作为中华民族"根脉"的中华优秀传统文化。因此，这套文明叙事的底色就是中华优秀传统文化的激活与新生。习近平同志在党的十九大报告中深刻指出："中国特色社会主义文化，源自于中华民族五千多年文明历史所孕育的中华优秀传统文化。"③ 这表明，新时代中国共产党的文化叙事与中华民族五千年的文明传统之间具有内在的贯通性。这一深刻的历史自觉进一步催生了新时代中国共产党人强劲的文化自信："文化自信，是更基础、更广泛、更深厚的自信，是更基本、更深沉、更持久的力量。"④ 站在"两个一百年"的历史交汇点上，回顾百年奋斗历程，展望新的赶考之路，中国共产党对自身的历史使命与文化使命有了更为深刻的认识。"我们必须坚定历史自信、文化自信，坚持古为今用、推陈出新，把马克思主义思想精髓同中华优秀传统文化精华贯通起来、同人民群众日用而不觉的共同价值观念融通起来。"⑤ 因此，中华民族的伟大复兴不仅意味着政治、经济与军事力量的全方位提升，更意味着中华文明的全面复兴。这一复兴必然要求在"第一个结合"的基础上寻求更深层次的文化动力，这就

---

① 习近平：《在纪念辛亥革命110周年大会上的讲话》，人民出版社2021年版，第6页。
② 习近平：《在庆祝中国共产党成立95周年大会上的讲话》，人民出版社2015年版，第8页。
③ 《习近平谈治国理政》第3卷，外文出版社2020年版，第32页。
④ 习近平：《在中国文联十大、中国作协九大开幕式上的讲话》，人民出版社2016年版，第6页。
⑤ 习近平：《高举中国特色社会主义伟大旗帜　为全面建设社会主义现代化国家而团结奋斗——在中国共产党第二十次全国代表大会上的报告》，人民出版社2022年版，第18页。

是习近平总书记在文化传承发展座谈会上强调"第二个结合"是又一次思想解放的理论背景。

中国共产党文化叙事的历史探索，基于中国共产党对马克思主义基本原理与中国具体实际相结合的理论探索与实践探索，也基于中国共产党对世界大势与时代发展浪潮的深刻洞察。只有秉持实事求是的态度，将马克思主义基本原理与中国具体实际相结合，在与时俱进的发展中不断更新中国共产党的文化叙事，才能推动中国特色社会主义文化的繁荣发展，才能确立中国在全球文化格局中的时代方位，也才能为中华民族伟大复兴提供源源不竭的精神动力与文化支持。

二、理论维度："第二个结合"与新时代中国共产党文化叙事的理论内涵

在上述历史梳理总结中，我们可以看到，从"第一个结合"走向"第二个结合"是马克思主义中国化与时代化的内在要求。这二者之间并非简单的递进关系，而是依据时代主题的发展变化以及中华民族伟大复兴的推进而呈现出的不断深化和发展的关系。中国共产党文化叙事的演进为理解这一关系提供了清晰的观察视角。文化从革命战争年代的动员武器，变为社会主义形态建构的重要载体，进而变为社会主义现代化建设的内在动力，最终凝聚为新时代中华民族伟大复兴的精神力量。它实际上意味着马克思主义基本原理与中国具体实际相结合的内涵被不断扩大，"中国具体实际"内部所蕴含的文明意义也被不断揭示。任何一种伟大文明的复兴，都需要深厚的文化积淀。中华优秀传统文化作为凝聚民族精神的文化基因，始终运行在中华民族的历史长河与中华儿女的精神血脉之中。中国共产党对马克思主义的理解、对中国具体实际的理解、对中华优秀传统文化的理解，以及对其相互关系的理解，是在现实的革命、建设、改革过程中不断深化发展起来的。中国的具体实际在发生历史性的变化，中华优秀传统文化的内在力量亦在马克思主义理论的激发中不断得以酝酿深化，共同推进了马克思主义中国化的理论创新与

实践创新。因此，从历史上看，虽然中国共产党此前并未明确提出"第二个结合"，但不论是在理想追求层面还是在实践品格层面，马克思主义基本原理与中华优秀传统文化之间都有着内在的相通性，并最终在建党百年的时间节点，通过中国共产党的理论话语得以清晰表达。要理解新时代中国共产党文化叙事的理论内涵，必须阐明马克思主义基本原理与中华优秀传统文化之间的理论相通性。

就理想追求而言，中华优秀传统文化"修齐治平"的政治关怀中蕴含着强烈的救济天下苍生的理想追求，它与马克思主义理论中闪耀着璀璨光芒的解放全人类的理想追求有着内在相通性。

马克思通过政治经济学分析与剩余价值理论，揭示了资本主义社会的内在矛盾，剑锋直指资本主义制度下人的"异化"问题。他认为，在资本主义社会中，劳动者不仅与自己的劳动产品、自己的生产劳动，更同自己的类本质以及他人之间产生了异化。当商品交换与货币成为异化劳动的中介之后，整个人类都在抽象化的交往中进入了异化世界。只有将人从形形色色的剥削和奴役，尤其是从资本主义社会的"异化"中解放出来，才能实现从必然王国向自由王国的飞跃。因此，无产阶级应当承担起自己的历史使命，以先锋队意识武装自己，联合起全世界的无产者，推翻资本主义社会，建立共产主义社会，真正实现人的全面自由解放。"马克思主义博大精深，归根到底就是一句话，为人类求解放……马克思主义第一次站在人民的立场探求人类自由解放的道路，以科学的理论为最终建立一个没有压迫、没有剥削、人人平等、人人自由的理想社会指明了方向。"[1] 在中国传统文化中，同样具备这样一种强烈的济世情怀。从儒家"修齐治平"的政治关怀来看，正心诚意进而追求道德完善是建构君子人格的基础。但是，这种道德修养功夫不仅是个人寻求生命意义的手段，更是建构社会共同体的重要手段。孔子说的"克己复礼为仁"[2] 就是中国知识分子从自我道德修养出发，推动整个社会道德

---

[1] 习近平：《在纪念马克思诞辰200周年大会上的讲话》，人民出版社2018年版，第8页。
[2] （宋）朱熹：《四书章句集注》，中华书局2011年版，第125页。

第五讲 从"一个结合"到"两个结合":新时代中国共产党的文化叙事

秩序普遍建构的理想追求。宋人张载流传千古的四句"为天地立心、为生民立命、为往圣继绝学、为万世开太平"①,就是以正心诚意来接续"道统",以格物致知来推进"学统",以致仕为政来实现"政统",最终达成由"内圣"走向"外王"。因此,在中华优秀传统文化中,"天下"不仅是一个地理概念,更是一个文化概念,它所表达的是君子士人以天下为己任,救济天下苍生的理想追求。

可以说,不论是马克思主义的解放使命,还是中国传统的济世情怀,都蕴含着高远的理想追求。这二者之间的结合,让一大批在救亡图存的道路上苦苦探索的中国知识分子,掌握了马克思主义的科学理论,形成了无产阶级的革命意识,建立了严密的马克思主义政党组织,最终承担起为民族求解放、为人民谋幸福的历史使命。所以,中国共产党自诞生以来就表现出强烈的道德理想主义追求,始终强调历史的使命感而非政治的利益性。正如毛泽东所言:"社会的发展到了今天的时代,正确地认识世界和改造世界的责任,已经历史地落在无产阶级及其政党的肩上。"② 在面对日本帝国主义侵略的危急时刻,他进一步指出:"我们现在需要造就一大批为民族解放而斗争到底的先锋队,要他们去领导群众,组织群众,来完成这历史的任务。我们共产党是无产阶级的先锋队,同时又是最彻底的民族解放的先锋队。我们要为完成这一任务而苦战到底。"③ 1939 年,刘少奇在《论共产党员的修养》中,将马克思主义理论与儒家的修养功夫进行了更为深度的融合。他借孔子、孟子、子思、范仲淹等人的思想,回溯了中华文化"勇毅""刚健""慎独"的精神传统,对共产党员的修养提出了更高的要求。一方面要接续传统士人"舍生取义"的使命担当,另一方面要在艰苦的革命实践中磨炼心性,锻造出坚定的共产主义信仰。经过这两重理想追求的汇合熔铸,中国共产党人的奋斗精神和牺牲精神得以最终呈现:"要为中华民族的解放,

---

① (清)黄宗羲著,(清)全祖望修订,缪天绶选注:《宋元学案》,商务印书馆 1928 年版,第 166 页。
② 《毛泽东选集》第 1 卷,人民出版社 1991 年版,第 296 页。
③ 《毛泽东文集》第 2 卷,人民出版社 1993 年版,第 42 页。

为建设新中国而永不退缩，勇往直前，要坚决地为全国四万万五千万同胞奋斗到底！不是为了自己，而是为了全国四万万五千万同胞，不是为了自己的家，而是为了四万万五千万同胞的家，牺牲一切。"①

就实践品格而言，马克思主义理论是在丰富的实践中不断发展起来的科学理论，这与崇尚践行、知行合一的中华优秀传统文化具有内在的相通性。

在马克思看来，共产主义并非一种写在书本上的学说理论，而是一种依靠千千万万活生生的人，共同投身创造的行动。因此，人的解放，绝不能从语言、精神、思想等抽象领域入手，而必须从现实入手，也就是从具体的物质社会实践入手。这一实践的唯物主义塑造了马克思主义理论的基本面貌，也成为指导无产阶级革命的行动指南。从十月革命开启的社会主义探索，到世界社会主义运动的风起云涌，再到中国特色社会主义的建立与发展，无不是在马克思主义理论指导下的实践探索。在中国传统文化中，对知行关系的思考是贯穿始终的一条主线。《左传》有云"非知之实难，将在行之"②，《尚书》也记载"非知之艰，行之惟艰"③，这些早期文献显示了中国传统思想中朴素的唯物主义因子。孔子以降的儒家思想进一步推动了以身践履的实践观。在孔子看来，君子的道德修养，不仅是对道德原则的概念认知，更是对道德实践的亲身践履。因此，他强调"君子名之必可言也，言之必可行也"④。朱熹以降的宋明理学通过格物致知的方式将道德认知与实践认知加以融合，强调"知之愈明，则行之愈笃；行之愈笃，则知之益明"⑤。明代思想家王阳明则进一步确立了知行不可分离，"知之真切笃实处即是行，行之明觉精察处即是知"⑥的实践观点，最终奠立了对后世影响深远的

---

① 《毛泽东文集》第2卷，人民出版社1993年版，第119页。
② 杨伯峻：《春秋左传注》，中华书局1995年版，第1319页。
③ （汉）孔安国传、（唐）孔颖达正义：《尚书正义》，上海古籍出版社1990年版，第138页。
④ （宋）朱熹：《四书章句集注》，中华书局2011年版，第134页。
⑤ （宋）黄士毅编，徐时仪、杨艳汇校：《朱子语类汇校》第1册，上海古籍出版社2014年版，第301页。
⑥ （明）王阳明撰，邓艾民注：《传习录注疏》，上海古籍出版社2021年版，第95页。

第五讲 从"一个结合"到"两个结合":新时代中国共产党的文化叙事

"知行合一"的实践传统。

可以说,不论是马克思主义的实践观,还是中华优秀传统文化的知行合一观,都蕴含着认识世界、改造世界的实践意识。这二者之间的结合,为中国共产党领导中国人民进行革命、建设、改革提供了强大的思想武器。例如,在中国革命历经艰难曲折之时,它让中国共产党人深刻意识到:"马克思列宁主义的伟大力量,就在于它是和各个国家具体的革命实践相联系的。"① 唯有挣脱教条主义、本本主义的束缚,才能显现马克思主义实践观的真理性,也才符合中国传统文化躬身践行的理念。换言之,不论是马克思主义还是中国传统文化所讲的实践,都是在具体的历史与现实背景下所展开的实践,它"不是抽象的,必须结合着实际情况来解决问题"②。当然,这一"实践"不仅指向现实的革命斗争,同时也指向中国的历史文化。因此,毛泽东进一步将中华优秀传统文化的元素与马克思主义理论相结合,产生了极具中国特色的"实事求是"的实践观,深化了马克思主义中国化的实践表达。《矛盾论》《实践论》等作品都带有这一表达的深刻烙印,尤其是在《实践论》中,毛泽东以极富辩证意味的文字阐明了这一实践观的具体应用:"通过实践而发现真理,又通过实践而证实真理和发展真理。从感性认识而能动地发展到理性认识,又从理性认识而能动地指导革命实践,改造主观世界和客观世界。"③

正是由于马克思主义理论与中华优秀传统文化之间的这种内在相通性,才能以"中国作风和中国气派"④的具体实践,不断推进中国革命与建设的历史进程。改革开放以来,中国共产党更为积极地探索"第二个结合"的实践路径,运用更为丰富的传统文化资源来诠释社会主义的价值观。不论是邓小平理论、"三个代表"重要思想,还是科学发展观,都鲜明体现了这一结合的时代特点。"小康""和谐""以人为本"不仅

---

① 《毛泽东选集》第 2 卷,人民出版社 1991 年版,第 534 页。
② 《毛泽东文集》第 2 卷,人民出版社 1993 年版,第 109 页。
③ 《毛泽东选集》第 1 卷,人民出版社 1991 年版,第 296 页。
④ 《毛泽东选集》第 2 卷,人民出版社 1991 年版,第 534 页。

是治国理政的重要战略，更是以中华优秀传统文化滋养中国特色社会主义文化的典型代表。随着中国特色社会主义文化的繁荣发展，中华优秀传统文化的现代意义也得以不断激发。中国特色社会主义进入新时代以来，中国共产党对马克思主义基本原理与中华优秀传统文化之间的关系有了更为深刻的思考，新时代中国共产党的文化叙事也展现出了更为丰富的文明内涵。

习近平总书记在十八届中央政治局常委同中外记者见面时指出："我们的民族是伟大的民族。在五千多年的文明发展历程中，中华民族为人类的文明进步作出了不可磨灭的贡献。"[1] 这一论述拓展了新时代中国共产党文化叙事的历史空间，显示了新时代中国共产党深刻的历史自觉。在2014年纪念孔子诞辰2565周年的重要讲话中，习近平总书记强化了这一历史自觉，确立了中国共产党之于中华优秀传统文化的历史身份。"在带领中国人民进行革命、建设、改革的长期历史实践中，中国共产党人始终是中国优秀传统文化的忠实继承者和弘扬者。"[2] 这一历史主体性与文化弘扬者身份的确立，进一步激发了新时代中国共产党的文化自信。2016年，习近平总书记在中国共产党成立95周年大会上第一次以党的理论话语将"文化自信"[3]与其他三个自信相并列。不仅如此，"文化自信"还被赋予了更为深邃的内涵，被视为贯穿整个中华民族文化精神与中国特色社会主义时代精神的动力源泉。正如习近平总书记所言："站立在960万平方公里的广袤土地上，吸吮着中华民族漫长奋斗积累的文化养分……我们走自己的路……具有无比深厚的历史底蕴，具有无比强大的前进定力。"[4] 新时代中国共产党的文化自信，就是对中华优秀传统文化的自信，就是对以马克思主义为指导、立足中华文化立场的中国特色社会主义文化的自信。就此而言，中国特色社会主

---

[1] 《习近平谈治国理政》第1卷，外文出版社2018年版，第3页。
[2] 习近平：《在纪念孔子诞辰2565周年国际学术研讨会暨国际儒学联合会第五届会员大会开幕会上的讲话》，人民出版社2014年版，第13页。
[3] 习近平：《在庆祝中国共产党成立95周年大会上的讲话》，人民出版社2016年版，第16页。
[4] 《习近平谈治国理政》第1卷，外文出版社2018年版，第29页。

义在中国的产生与发展并不是偶然的,而是马克思主义基本原理与中国具体实际、与中华优秀传统文化相结合的必然结果。"第二个结合"深刻揭示了"第一个结合"内在的文化密码与文明内涵。正是因为如此,习近平总书记才会在文化传承发展座谈会上强调,"'第二个结合'是我们党对马克思主义中国化时代化历史经验的深刻总结,是对中华文明发展规律的深刻把握,表明我们党对中国道路、理论、制度的认识达到了新高度,表明我们党的历史自信、文化自信达到了新高度,表明我们党在传承中华优秀传统文化中推进文化创新的自觉性达到了新高度",建构了新时代中国共产党的全新文化叙事。

三、文明维度:"两个结合"与新时代中国共产党文化叙事的文明指向

通过如上梳理回顾,我们看到了马克思主义基本原理与中国具体实际相结合的历史演进,看到了马克思主义基本原理对中华优秀传统文化内涵的激活更新。这是新时代中国共产党文化叙事所展示的历史维度与理论维度。在当今世界百年未有之大变局的加速演进背景下,这一文化叙事还以人类命运共同体理念开拓出了更为深广的文明向度,充分彰显了中国共产党作为具有世界影响力的马克思主义政党所怀抱的构建人类文明新形态的理想追求。

作为现代化的先行者,欧美资本主义国家凭借其先发优势和话语霸权,垄断了现代化的解释权,将"现代化"等同于"西方化",更将西方的价值观与制度模式视为放之四海而皆准的"普世价值"。然而,资本主义国家的现代化建立在自由主义、功利主义、党派政治、资本至上的发展逻辑之上,它的对内剥削制造了资本家与工人间的对立冲突,导致两极分化;它的资本扩张引发了殖民掠夺与不间断的战争,导致"丛林法则"。正如马克思所说:"资本来到世间,从头到脚,每个毛孔都滴着血和肮脏的东西。"[①] 环顾

---

① 《资本论》第 1 卷,人民出版社 2004 年版,第 871 页。

当今国际局势，各种矛盾冲突更为复杂严峻。数字化浪潮的高速演进，引发了新一轮的全球竞争。在信息技术条件下，全球经济不平等的趋势日益凸显。2008年的金融危机不仅横扫欧美发达国家，也对世界经济产生了震荡性后果。伴随全球政治经济结构的重组以及国际矛盾冲突的升级，"逆全球化"思潮正不断加剧亨廷顿意义上的"文明的冲突"①，进一步显现了资本主义现代化发展模式和新自由主义价值观的弊端——在重大危急关头，"个人主义"与"自由主义"难以形成有效的团结意识与集体信任；"经济优先"与"资本至上"则导致西方社会的危机从经济层面蔓延到社会政治层面，进而更深地影响到了文化与价值层面。

在此境况之下，我们需要追问的是：人是否只能被视为追求私利的"原子化个体"？答案无疑是否定的。马克思主义从社会关系的角度把握人的本质，中华文化也把人安放在家国天下之中，都反对把人看作孤立的个体。盘旋于欧美资本主义国家文明历史中的个人主义、功利主义的话语逻辑，正是其文明危机的症结所在。他们当前所遭遇的困境，并非一个短时的表面危机，而是一个深刻的结构性危机。它在加剧全球治理困境的同时，也在不断提升全球治理变革与国际秩序重塑的紧迫性。"历史总是向前发展的"②，不论是中国历史还是世界历史都在滚滚向前。以中国为代表的新兴大国的快速崛起及其所开创的崭新现代化模式，正在解构几百年来以西方为中心的全球政治经济格局与国际治理体系。不论是坚持物质文明、政治文明、精神文明、社会文明、生态文明的协调发展；坚持以人民为中心促进全体人民共同富裕的根本理念；还是坚持人与自然和谐共生，促进人的全面发展和社会全面进步的普遍正义；坚持和平稳定，反对零和博弈、霸权主义，积极推动构建人类命运共同体的道路方向……都是中国式现代化发展模式的关键词，同时也是应对当今世界问题的重要思想话语。其中，人类命运共

---

① 〔美〕亨廷顿著，周琪等译：《文明的冲突与世界秩序的重建》，新华出版社2010年版。
② 习近平：《在纪念毛泽东同志诞辰120周年座谈会上的讲话》，人民出版社2013年版，第13页。

第五讲 从"一个结合"到"两个结合":新时代中国共产党的文化叙事

同体理念以中华优秀传统文化精华与马克思主义普遍真理的丰富内涵,书写了新时代中国共产党的全新文化叙事,彰显了其建构人类文明新形态的理想追求。

习近平主席2013年3月在莫斯科国际关系学院的演讲中首次提出人类命运共同体的理念。在他看来,当今世界人类的命运彼此相连、彼此依存。面对不同文明之间的纷争,不应兵戎相见,而应积极对话,消弭冲突,共同跨越"修昔底德陷阱"。这就需要世界各国携起手来,重新倡导社会意识和公共意识,共商、共创、共建一种新的全球治理体系。2017年在中国共产党与世界政党高层对话会上,习近平总书记化用了中华优秀传统文化中"天下一家""美美与共"的思想,诚挚地向世界各国表达了中华文明的和平理念,深入地阐发了人类命运共同体的内涵,"我们应该凝聚不同民族、不同信仰、不同文化、不同地域人民的共识,共襄构建人类命运共同体的伟业"[①]。从根本上说,人类命运共同体思想不同于传统西方的霸权理论与寻求政治均势的国际秩序。它强调以和而不同的理念,探索合作共赢的可能路径;倡导"以对话解争端、以协商化分歧"[②]的互动交往;主张摒弃"冷战思维",建立互帮互助、包容互惠的伙伴关系;秉持互学互鉴的诚意,建构"共同、综合、合作、可持续安全"[③]的发展格局。当世界人民携起手来,彼此尊重文明差异,寻求文明争端的最佳解决方案之时,就可以"共同为建设持久和平、普遍安全、共同繁荣、开放包容、清洁美丽的世界而奋斗"[④]。这样一套遵循"万物并育而不相害,道并行而不相悖"[⑤]的文化方案,极大展现了新时代中国共产党文化叙事的文明内涵,也为世界治理体系的变革提供了独特的解决思路。2017年,人类命运共同体理念被首次写入联合国决议。它所具备的强大的文化感召力与现实影响力,

---

[①]《习近平谈治国理政》第3卷,外文出版社2020年版,第435页。
[②]《习近平在联合国成立70周年系列峰会上的讲话》,人民出版社2015年版,第16页。
[③]《习近平关于总体国家安全观论述摘编》,中央文献出版社2018年版,第223页。
[④] 习近平:《在庆祝改革开放40周年大会上的讲话》,人民出版社2018年版,第34页。
[⑤] 习近平:《弘扬和平共处五项原则建设合作共赢美好世界——在和平共处五项原则发表60周年纪念大会上的讲话》,人民出版社2014年版,第10页。

一方面来源于传统中国"天下一家"的文明传承,另一方面来源于马克思主义"自由人联合体"的理论设想。

从中国的文明传承来看,《周易》有云:"天地感而万物化生,圣人感人心而天下和平。"① 天地万物的化生遵循宇宙自然之道,天下和平的理念是天与人之间相互感化而成就的理想。遵循和平、追求和平是中国传统文化中一以贯之的理念。"人不独亲其亲,不独子其子"② 的仁爱情怀则是中国能够塑造"天下一家"文明格局的基础。不论是朱熹所说的"天地万物,本吾一体"③,还是张载所说的"民吾同胞,物吾与也"④,都大大突破了血缘、地缘、族缘等方面的限制,强调了超越族类、超越文化的开放与包容。《尚书》中所记载的"克明俊德,以亲九族。九族既睦,平章百姓。百姓昭明,协和万邦"⑤ 则显示了中国传统文化中由己及人,从家族到国家、再推至天下万邦的普遍关怀。正是这样一种开放、包容、兼爱、协和的文明传统,才能将天地万物、人间万民、世间万邦全都纳入"天下"的秩序体系,进而推动中华文明五千年不间断的流衍与传承。在中国传统哲学体系中,"天—地—人"三者相互贯通,"万物"尚且可以"一体",不同的文化族群更是可以建立起普遍的文明共同体。这为"人类命运共同体"理念的提出奠定了坚实的理论基础,也让我们看到了中华优秀传统文化中所蕴含的深厚文明底蕴。

从马克思主义的理论构想来看,西方的现代文明经历了一个重要的古今之变。马基雅维利的《君主论》和霍布斯的《利维坦》,终结了古希腊基于德性的政治共同体传统和中世纪基于上帝之爱的宗教共同体传统,推动西方社会进入现代民族国家时代。在马克思看来,这样一种为逃避霍布斯的自然恐惧而建立起来的现代民族国家,虽然挣脱了自然的束缚,摆脱了"自然共同体",建立起了"国家共同体",但

---

① (明)来知德:《周易集注》,上海古籍出版社1990年版,第196页。
② (元)陈澔注、金晓东校点:《礼记》,上海古籍出版社2016年版,第248页。
③ (明)王阳明撰、邓艾民注:《传习录注疏》,上海古籍出版社2021年版,第159页。
④ 缪天绶选注:《宋元学案》,商务印书馆1928年版,第147页。
⑤ (汉)孔安国传、(唐)孔颖达正义:《尚书正义》,上海古籍出版社1990年版,第18页。

第五讲 从"一个结合"到"两个结合":新时代中国共产党的文化叙事

是,这种共同体内部却充满了权力斗争与丛林法则,无法满足人类对真正共同体的向往,只是一个"虚假共同体"。到了资本主义社会,商品拜物教与人的异化现象,使得资本的增殖扩张取代了人的生存发展。尤其是在垄断资本主义阶段,垄断资本不仅加剧了资本主义国家的内部矛盾,更造就了霸权主义的世界秩序,进一步显示了这一"虚假共同体"的弊端。只有将全世界的无产者联合起来,彻底消灭剥削与压迫,才能推翻这一"虚假共同体",建立起一个真正的自由人的联合体。到那时,"代替那存在着阶级和阶级对立的资产阶级旧社会的,将是这样一个联合体,在那里,每个人的自由发展是一切人的自由发展的条件"[①]。人类命运共同体理念汲取了马克思"自由人联合体"理论的精髓,着力在人类的当下发展中,超越权力政治的狭隘逻辑、超越民族国家的利益分歧、超越"零和博弈"的囚徒困境,建立起一套新的文明方案。

就此而言,人类命运共同体理念不仅蕴含着中华优秀传统文化"天下一家"的大同理想,也蕴含着马克思主义理论对于"自由人联合体"的理想追求。这二者之间的深度融合,在世界文化治理中发挥了积极作用,为当下人类发展的困境提供了重要的文明话语。从文明的视角来看,一个伟大文明的复兴必然呼唤一种全新的现代文明发展模式。近代中国所遭遇的文化危机,让传统文明格局与天下秩序发生断裂,也让中华优秀传统文化的影响发生中断。马克思主义来到中国,激活了中华文明的内在力量,使得中国革命的面貌与中国发展的命运发生了翻天覆地的变化。在一百年的奋斗历程中,中国共产党以超凡的理论勇气,坚持将马克思主义基本原理与中国具体实际相结合,与中华优秀传统文化相结合,开辟了中国式现代化道路。它"不是简单延续我国历史文化的母版,不是简单套用马克思主义经典作家设想的模板,不是其他国家社会主义实践的再版,也不是国外现代化发展的翻版"[②],而是以实事求是、

[①] 《马克思恩格斯选集》第4卷,人民出版社1995年版,第730—731页。
[②] 《中国共产党第十九届中央委员会第六次全体会议文件汇编》,人民出版社2021年版,第96—97页。

与时俱进的态度，确立了以人民为中心的制度设计，奠定了共同富裕的经济模式，践行了生态文明的发展理念，更建构了人类命运共同体的理想追求，最终实现了现代化发展模式的跨越。这一非凡的理论探索和实践探索，不仅为中国特色社会主义的发展注入了新的思想资源；也为其他发展中国家的现代化探索提供了新的路径选择，推动人类文明新形态从构想走向了现实。从这个意义上看，这一全新的文化叙事充分彰显了新时代中国共产党博大的文明胸襟与深刻的文明关怀。

从"一个结合"走向"两个结合"是新时代中国共产党文化叙事三重维度的具体显现。在这一叙事中蕴含着奔腾不息的源头活水，其中不仅有马克思主义的普遍真理、中华优秀传统文化的思想精华，还有中国社会发展的具体实践。正是由于这些思想资源的相互融通、彼此促进，才能让中国共产党以不变的初心使命，带领中国人民实现了从站起来、富起来到强起来的伟大飞跃；才能让中国共产党在创造性转化与创新性发展中不断激活更新中国的文化传统，使其成为中国特色社会主义滚滚向前的强劲动力；才能让中国共产党在回答"世界之问""时代之问"的过程中，以人类命运共同体的文明关怀，推动构建人类文明新形态的美好愿景。正如马克思所说："凡是民族作为民族所做的事情，都是他们为人类社会而做的事情。"[①] 新时代中国共产党的文化叙事以其丰厚的历史积淀、深刻的理论内涵以及高远的文明情怀，书写了一个马克思主义政党坚定的信仰答卷。

参考书目：

1. 张允熠：《中国文化与马克思主义》，人民出版社 2015 年版。

2. 金耀基：《中国文明的现代转型》，广东人民出版社 2016 年版。

3. 赵汀阳：《天下的当代性：世界秩序的实践与想象》，中信出版社 2016 年版。

[①] 习近平：《在中国文联十一大、中国作协十大开幕式上的讲话》，人民出版社 2021 年版，第 13 页。

第五讲　从"一个结合"到"两个结合"：新时代中国共产党的文化叙事

4. 何中华：《马克思与孔夫子：一个历史的相遇》，中国人民大学出版社 2021 年版。

5. 李怀印：《现代中国的形成》，广西师范大学出版社 2022 年版。

6. 汪晖：《现代中国思想的兴起》，生活·读书·新知三联书店 2023 年版。

第六讲
提高全社会文明程度

"文明是现代化国家的显著标志",建设高度的现代社会文明、提高全社会文明程度是我国全面建设社会主义现代化国家的重要任务和重要目标。党的十九大明确将社会文明程度达到一定高度作为我国到2035年基本实现社会主义现代化必不可少的一项重要指标:"社会文明程度达到新的高度,国家文化软实力显著提高,中华文化影响更加广泛深入。"党的十九届五中全会审议通过的《中共中央关于制定国民经济和社会发展第十四个五年规划和二〇三五年远景目标的建议》,将"提高社会文明程度"作为"十四五"期间文化建设的三项重点任务之一。2022年党的二十大上,"提高全社会文明程度"在我们党的历史上第一次被作为大会报告的一个子节的题目(即报告第八部分"文化建设部分"的第三点),并用了专门的一节来论述。

2023年6月2日,习近平总书记在文化传承发展座谈会上明确提出了"创造属于我们这个时代的新文化,建设中华民族现代文明"的重大命题。这意味着中国的"文化现代化"和"文明现代化",被正式纳入中国式现代化理论话语体系之中,成为现代化"中国方案""中国道路"非常重要乃至带有根本性的一个方面。基于此,"提高全社会文明程度"当然就需要相应地放到中国社会文化的现代化更新、中华民族现代文明体系构建的视野中去更加深入地理解和把握。

一、"提高全社会文明程度"的深刻内涵

社会文明包括社会的组织和运转方式的文明、社会成员的思想观念

和行为方式的文明。现代化必然包括社会的现代化，亦即社会的组织和运转方式的现代化，以及人的现代化。

一个社会的组织和运转，既可以通过成文法律、刚性的制度和体制机制，以及政治和行政的方式手段来调控维系；又可以诉诸于风俗习惯、伦理道德等不成文的"法"，以及社会自身内部各种有益因素的作用发挥所致的社会自我调节、自我发展。前者本质上涉及的是法治文明、制度文明和政治文明等方面的问题，这些问题本身不属于社会文明建设的范畴，虽然它们与之有着很密切的相关性。作为社会文明建设的"提高全社会文明程度"，它主要关涉的是社会的伦理道德、社会自身的风尚风气风俗等方面的问题。

在中华优秀传统文化、传统的政治思想观念里，一个国家、一个社会必须建立在文化文明的基础之上。所谓"观乎人文而化成天下"，正是通过文化创制、礼乐教化，人们具备了进入社会生活所必需的道德精神和素质，社会得以成风化俗有了良好的社会风气和伦理秩序；也只有当个人和社会整体都发展到了文明的程度，一个健全成熟的国家才得以真正建立。换言之，一个真正的国家必定是"斯文在兹""文明""道德"的，有文脉、道统的存续和支撑；"文不在兹""仁义充塞"，没有文明或不够文明，一个国家就不成其为真正的国家。

革故鼎新、发展现代社会文明，培育国民现代的思想意识、文明观念、生活和行为方式，提高国民的道德水准、文明素养，推动促成新的社会风气风尚、习俗伦理，建设一个"高度文明"的现代化中国，是中国共产党人一直念兹在兹、矢志不渝的奋斗目标，这体现出中国共产党人高度的历史自觉和文化自觉。早在1940年毛泽东发表的《新民主主义论》中就提出："要把一个被旧文化统治因而愚昧落后的中国，变为一个被新文化统治因而文明先进的中国。"[1] 改革开放一开始，以邓小平同志为核心的党中央就强调"两个文明一起抓"的战略方针，提出"把我国建设成为高度文明、高度民主的社会主义现代化国家"。

---

[1] 《毛泽东选集》第2卷，人民出版社1991年版，第663页。

"邓小平强调我们要建设的社会主义国家,不但要有高度的物质文明,而且要有高度的精神文明,两个文明都搞好,才是有中国特色的社会主义"[①]。中国特色社会主义进入新时代,以习近平同志为核心的党中央从中华民族伟大复兴的战略全局和战略高度出发,高度重视提高社会文明程度。习近平总书记在党的十九大报告中郑重提出:"要提高人民思想觉悟、道德水准、文明素养,提高全社会文明程度。"[②]

(一)"提高全社会文明程度"的提出

"提高全社会文明程度"作为全面建成小康社会、全面建设社会主义现代化国家、实现中华民族伟大复兴的重大战略部署和重大命题,其提出经过了一个历史过程。简单来说,20世纪80年代我们党主要讲的是"精神文明建设""思想道德建设";到20世纪90年代,尤其是90年代中后期,我们党开始由侧重国民的素质素养进入到社会生活开始重点讲"文化建设","文明"这一概念逐渐凸显出来;到21世纪初"社会文明程度"这一概念被明确提出,并在党的十九大报告中被确立为文化建设的重要目标和任务;在党的二十大报告中,"提高全社会文明程度"正式成为文化强国建设的五大任务之一。

回顾历史我们看到,1949年毛泽东在中国人民政治协商会议第一届全体会议上的开幕词中就曾充满激情地指出:"随着经济建设的高潮的到来,不可避免地将要出现一个文化建设的高潮。中国人被人认为不文明的时代已经过去了,我们将以一个具有高度文化的民族出现于世界。"[③]

改革开放之初,我们党在文化建设方面主要提的是"精神文明建设"这一概念。1979年叶剑英在庆祝中华人民共和国成立30周年大会上的讲话中首次提出,我们要在建设高度物质文明的同时建设高度的社会主义

---

① 《十四大以来重要文献选编》(下),人民出版社1999年版,第2051页。
② 习近平:《决胜全面建成小康社会 夺取新时代中国特色社会主义伟大胜利——在中国共产党第十九次全国代表大会上的报告》,人民出版社2017年版,第42页。
③ 《毛泽东文集》第5卷,人民出版社1996年版,第345页。

精神文明。1980年12月，邓小平就"精神文明"的内涵指出："所谓精神文明，不但是指教育、科学、文化（这是完全必要的），而且是指共产主义的思想、理想、信念、道德、纪律，革命的立场和原则，人与人的同志式关系，等等。"① 1982年党的十二大报告单列一部分专门论述精神文明建设，提出建设高度物质文明和社会主义精神文明是建设社会主义的战略方针，指出社会主义精神文明建设大致上可以分为文化建设和思想道德建设，提出普及教育是建设物质文明和精神文明的重要前提，发展社会主义民主是物质文明和精神文明建设的保证和支持。之后，1986年、1996年党中央先后制定了两个关于社会主义精神文明建设的重要决议。

1986年党的十二届六中全会作出《中共中央关于社会主义精神文明建设指导方针的决议》，指出以马克思主义为指导的社会主义精神文明是社会主义社会的重要特征，规定精神文明必须是推动社会主义现代化建设、促进全面改革和实行对外开放、坚持四项基本原则的精神文明建设，确定精神文明建设的根本任务是"适应社会主义现代化建设的需要，培育有理想、有道德、有文化、有纪律的社会主义公民，提高整个中华民族的思想道德素质和科学文化素质"。

1996年党的十四届六中全会再次对精神文明建设作出部署，通过《中共中央关于加强社会主义精神文明建设若干重要问题的决议》（以下简称《决议》），指出"在发展社会主义市场经济和对外开放条件下建设社会主义精神文明，是中国共产党人和中国人民一项艰巨的历史使命"，提出我国社会主义精神文明建设的主要目标是："在全民族牢固树立建设有中国特色社会主义的共同理想，牢固树立坚持党的基本路线不动摇的坚定信念；实现以思想道德修养、科学教育水平、民主法制观念为主要内容的公民素质的显著提高，实现以积极健康、丰富多彩、服务人民为主要要求的文化生活质量的显著提高，实现以社会风气、公共秩序、生活环境为主要标志的城乡文明程度的显著提高；在全国范围形成物质文明建设和精神文明建设协调发展的良好局面。"这段表述，从理想、

---

① 《邓小平文选》第2卷，人民出版社1994年版，第367页。

信念建设，到公民素质、文化生活质量和城乡文明程度三个"显著提高"的任务，阐明和拓展了"精神文明建设"的内涵。在这个《决议》中，我们党第一次提出要在全国各地广泛开展"群众性精神文明创建活动"，即以提高"市民素质"和"城市文明程度"为目标开展"创建文明城市活动""创建文明村镇活动""创建文明行业活动"等。同时，《决议》还提出"中央成立精神文明建设指导委员会"以加强工作协调，"各省、自治区、直辖市可建立相应的机构"。

2001年中共中央印发《公民道德建设实施纲要》，提出"社会公德"是"公民个人道德修养和社会文明程度的重要表现"。"社会文明程度"这一概念开始正式出现在我们党的政治文件和理论话语体系中。到党的十七大，在报告中总结党的十六大以来的五年文化建设成就时指出："思想道德建设广泛开展，全社会文明程度进一步提高。"这里"提高全社会文明程度"显然已经被我们党作为了文化建设的一项重要任务和指标。到了党的十八大，提出全面建成小康社会和全面深化改革开放在文化建设上的目标是"文化软实力显著增强"，其中一个重要方面就是"公民文明素质和社会文明程度明显提高"。

（二）从习近平总书记的相关系列重要论述看"提高全社会文明程度"的内涵

自党的十八大以来，习近平总书记就"提高全社会文明程度"作出了一系列重要论述，反复强调要提高人民思想觉悟、道德水准、文明素养，提高全社会文明程度。2016年12月9日，习近平总书记在十八届中央政治局第三十七次集体学习时指出："坚持依法治国和以德治国相结合，就要重视发挥道德的教化作用，提高全社会文明程度，为全面依法治国创造良好人文环境。"2016年12月12日，习近平总书记在会见第一届全国文明家庭代表时指出："今天受到表彰的家庭，要珍惜荣誉、再接再厉，带动全国千千万万个家庭行动起来，共同为促进家庭和睦、亲人相爱、下一代健康成长、老年人老有所养而努力，共同为提高全社会文明程度而努力。"2018年8月，习近平总书记在全国宣传思想工作会议上的讲话中指出:"要大力弘扬时代新风,加强思想道德建设,深入实施公民道德建设工程,加强和改进思想政治工作,推进新时代文明实践中心建设,不断提升人民思想觉悟、道德水准、文明素养和全社会文明程度。"[①] 2018年9月21日,习近平总书记在十九届中央政治局第八次集体学习时的讲话中指出:"加强农村公共文化建设,开展移风易俗,改善农民精神风貌,提高乡村社会文明程度。"2018年10月25日,习近平总书记在听取广东省委和省政府工作汇报时的指出:"要推动物质文明和精神文明协调发展,不断提升人民文明素养和社会文明程度。"2020年9月8日,习近平总书记在全国抗击新冠肺炎疫情表彰大会上的讲话中指出:"深入开展爱国卫生运动,加强公共卫生设施建设,提升全社会文明程度,用千千万万个文明健康的小环境筑牢常态化疫情防控的社会大防线。"2020年9月22日,习近平总书记在教育文化卫生体育领域专家代表座谈会上的讲话中指出:"文明是现代化国家的显著标志。要把提高社会文明程度作为建设社会主义文化强国的重大任务。"2020年10月14日,习近平总书记在深圳经济特区建立40周年庆祝大会上的讲话中指出:"要深入开展群众性精神文明创建活动,广泛开展社会公德、职业道德、家庭美德、个人品德教育,不断提升人民文明素养和社会文明程度。"

从习近平总书记这一系列重要论述中我们可以清楚地看到,"提高全社会文明程度"主要是被放到中国特色社会主义伟大事业"五位一体"总体布局中的"文化建设"领域来考虑和安排部署的,是文化强国建设的重要内容和重大目标任务。这即是说,"提高全社会文明程度"不是指中国社会整体,包括政治、经济、文化、社会、生态等各个方面在内的宏观意义上整个社会文明或者说大的"社会文明"的提升;它指涉的是中观意义上经济生活、政治生活之外的社会生活中的文明——它包括人们在日常社会生活中的"文明"的生活方式、行为方式、交往方式,人们这些生活行为方式背后所蕴含的思想观念,社会生活中的伦理

[①] 《习近平谈治国理政》第3卷,外文出版社2020年版,第313页。

道德、风俗习惯、礼仪礼节等非法律非制度化的组织方式、调节方式，以及由此形成的社会生活的优良秩序和组织状态。

党的十九大报告在这个意义上使用了"文明"一词，从国家总体奋斗目标的角度提出"到本世纪中叶把我国建设成为富强民主文明和谐美丽的社会主义现代化强国"。这里的"文明"显然是与文化建设、精神文明建设相对应的目标，是文化进步程度的标志。进而，在某种程度上也可以说文化建设是提高全社会文明程度的主要途径，社会文明程度的提高则是文化建设的发展目标和指标。

（三）社会文明的转型——从中华文明的历史发展逻辑来理解"提高全社会文明程度"的内涵

文明相对于文化更具有整体性、发展性、普遍性，因此讨论今天中国社会提高全社会文明程度的问题既要有宏观的整体文明视野、有文明的高度，又要落到人民群众具体的社会生活、日常生活中来。一方面，我们需要将其放到中华民族的文明发展进程中，尤其是近代100多年以来持续进行至今的整体性根本性社会变迁、社会转型、文明转型，亦即中国社会的现代化转型、中华民族伟大复兴的逻辑发展线索中来看待和考虑。由此我们不难得出，"现代化"是提高全社会文明程度的必然途径与重要内涵。另一方面，我们还需要将其放到整个人类的文明发展进程中来考量，开放包容、放眼世界、以天下为己任的气度与胸怀，理性平和的态度，是我们提高全社会文明程度的必然要求。

应当说，自鸦片战争以来，中华民族、中国社会面临的根本文化处境或文化问题，就是与中国传统社会相匹配的传统文明秩序、文化价值信仰系统、伦理道德、礼法礼仪随着中国全方位的社会变迁相应发生急剧变化，乃至在相当大程度上被打破。我们现在急需建设一套适应现代中国社会生活需要的文明秩序、文化价值信仰体系、生活方式、行为方式和社会合作方式。这是"提高全社会文明程度"的深层次内涵。

正如习近平总书记所指出的，中华民族在5000多年的文明历程中，"创造了博大精深的中华文化，为人类文明进步作出了不可磨灭的贡献"。但是，中华民族所依赖的文化价值系统，支撑中华民族、中华文明数千年弦歌不断持续发展的"道统"，在鸦片战争以后遭遇到近乎毁灭性的冲击。事实上，当时先进的中国知识分子已经深刻意识到此时中国面临的并不简简单单是清王朝的政治统治危机，而是中国人长期以来所尊奉的价值信念和原则，以及建基于其上的整个社会生活方式，即整个中华文明体系、文明秩序在面对完全异质的西方文明一整套新的观念、生活方式、生产方式的强势冲击下趋于瓦解的危机。于是中国人有了保国保种的口号，有了"何以称中国、何以称中国人"的困惑与迷失。当时中国的先进分子已然明白，这一次中国社会要发生的变化不同于历史上任何一次王朝更替，它遭遇的是整个社会、人心的全面失序，文明的失序，是"数千年未有之大变局"；中华民族唯有自觉地进行文明整体的深刻转型才能取得现代人类文明世界体系合法成员的资格，跻身于现代世界民族之林。这也就是中国共产党自成立之初就自觉意识到的，中国必须要进行一场涉及社会生活方方面面，让整个社会生活方式发生全方位彻底变革的"伟大社会革命"。

就此而言，近代以来中国人所孜孜以求的现代化，就不仅仅是重建一个稳固的政治秩序，保证国家在现代主权国家体系中不被侵犯、享有独立主权的所谓富国强兵、"保国"、"新国"的问题；更是要重建整个国家社会的文明秩序，重建中华文明体系、重建道统的"保种"、"新民"、文明复兴的问题。中华民族的历史遭际决定了只有当一整套系统完备的适应现代中国社会生活需要的文化价值系统、道德伦理秩序、风俗礼仪、公序良俗真正建立起来，成为全体中国人民自觉的共同信念、精神归属和行为指针的时候，我们才能够说中国社会现代化转型完成、中华民族实现了伟大复兴。

（四）"提高全社会文明程度"的价值意蕴

第一，提高全社会文明程度是以人民为中心全面建设中国式现代化、满足人民美好生活需要、丰富充实人的精神世界、促进人的全面发展的本质要求。党的二十大报告指出："中国式现代化是物质文明和精神文明相协调的现代化。物质富足、精神富有是社会主义现代化的根本要求。物质贫困不是社会主义，精神贫乏也不是社会主义。"[1] 今天，经过 40 多年的改革开放，我们这个国家在党的领导下发生了翻天覆地的变化，社会主义现代化建设取得了举世瞩目的巨大成就，人民生活获得了很大改善，物质上贫乏困窘的问题已经得到解决。同时，中国社会的价值观念也发生了急剧的变化，文化世俗化、多元化的现象日益突出，中国人精神上的贫乏困窘、"精神不成熟"、一些人思想道德滑坡等问题一定程度存在。为了国家的繁荣昌盛、长治久安，社会持续地良序稳定运转，我们迫切需要收拾人心、聚拢人心，强化社会主导的价值观念系统、提升中国人的生活信念、重建中国社会的文化认同；需要在国家初步实现了"富起来"以后"教之"以国民，提升人民的文化素质、教养，提升整个社会的文明程度、道德水准。

第二，提高全社会文明程度就是要"育新人"——培养时代新人，实现现代化所要求的人的现代化。早在 1902 年，梁启超在《新民丛报》发刊词中就提出："本报取名《大学》'新民'之义，以为欲维新吾国，当先维新吾民。中国所以不振，由于国民公德缺乏，智慧不开，故本报专对此病而药治之。"他因而主张以"新民德"为核心，从改善国民道德状况入手改造中国社会，力图通过"人的革新"和提高国民文明素质，促进国家发展和民族复兴。中国共产党自诞生之日起，一直把提高国民文明素质与中华民族伟大复兴紧紧联系在一起。"育新人"则是新时代党领导文化建设所要着力推进的重要工作。因为中华民族伟大复兴，不但要依靠社会物质财富的增长，更要依靠人民思想觉悟的提高和道德精神的发扬；中国式现代化的实现，有赖于具备现代文明意识、文明观念、文明精神的社会主义新人的培养。

第三，提高全社会文明程度就是要"培育时代新风新貌"，建设中国式的现代社会文明秩序，以实现中国社会的现代化转型。从整个

---

[1] 习近平：《高举中国特色社会主义伟大旗帜　为全面建设社会主义现代化国家而团结奋斗——在中国共产党第二十次全国代表大会上的报告》，人民出版社 2022 年版，第 22—23 页。

人类文明、世界历史的发展进程来看，任何一个国家现代化的过程既是社会生活变迁跃升的过程，同时也是其社会文化转型与文明提升、价值观突破与重建的过程。没有与现代社会相匹配的文化价值观念、日常生活行为方式、社会文化秩序的确立，就没有现代化的真正实现。中国共产党着眼于中国的"伟大社会革命"，历来高度重视教育科学文化事业、重视移风易俗、改造社会风尚、改善社会风气，重塑社会文明。

第四，提高全社会文明程度也是要推进国家治理体系和治理能力现代化，以实现国家的长治久安。历史经验充分证明，一个没有道德秩序、国民道德水准低下的国家是无法持续的。今天我们党治国理政追求的是"天下大治"而不是"小治"，不是"小富即安"，这就需要加强精神文明建设、道德建设，着力提高全社会的文明程度。习近平总书记指出，"法律是成文的道德，道德是内心的法律，法律和道德都具有规范社会行为、维护社会秩序的作用。治理国家、治理社会必须一手抓法治、一手抓德治，既重视发挥法律的规范作用，又重视发挥道德的教化作用，实现法律和道德相辅相成、法治和德治相得益彰"[1]。正如习近平总书记所指出的，"只要中华民族一代接着一代追求美好崇高的道德境界，我们的民族就永远充满希望"[2]。

第五，提高全社会文明程度是我们中国"强起来"以后大国崛起，塑造、展现国家作为文明东方大国的良好形象——"展形象"的必然要求。梁启超先生曾经讲过，"国之见重于人也，亦不视其国土之大小，人口之众寡，而视其国民之品格"。中国自古以"礼仪之邦"著称于世，成为历史上受人尊重、具有影响力的"文明古国"。实现中华民族伟大复兴，要不断提高国民道德水准、教养水平、文明素质和全社会的文明程度，只有这样才能赢得世界人民的信任和尊重。中华文明的复兴昌盛、中国的文明崛起，是中华民族伟大复兴的题中应有之义。

---

[1] 《习近平关于全面依法治国论述摘编》，中央文献出版社 2015 年版，第 29—30 页。
[2] 《习近平关于社会主义精神文明建设论述摘编》，中央文献出版社 2022 年版，第 180 页。

二、"提高全社会文明程度"的实践指向

党的二十大报告明确提出"提高全社会文明程度",其具体内容包括:"实施公民道德建设工程,弘扬中华传统美德,加强家庭家教家风建设,加强和改进未成年人思想道德建设,推动明大德、守公德、严私德,提高人民道德水准和文明素养。统筹推动文明培育、文明实践、文明创建,推进城乡精神文明建设融合发展,在全社会弘扬劳动精神、奋斗精神、奉献精神、创造精神、勤俭节约精神,培育时代新风新貌。加强国家科普能力建设,深化全民阅读活动。完善志愿服务制度和工作体系。弘扬诚信文化,健全诚信建设长效机制。发挥党和国家功勋荣誉表彰的精神引领、典型示范作用,推动全社会见贤思齐、崇尚英雄、争做先锋。"[①]

(一)实施公民道德建设工程,弘扬中华传统美德,提高全社会思想道德水平

第一,建设与社会主义市场经济相适应的公民道德。市场经济一方面把自主、自由、平等、法治、权利等现代价值理念带给社会,同时也把极端个人主义、利己主义、拜金主义、功利主义、享乐主义的影响扩展开来,带来价值观的逐利性和信仰缺失、道德失范、诚信缺失等负面效应,在一定程度上削弱消减了社会文明程度。因此,要提高全社会文明程度、提高广大人民群众的思想道德水平,需要有效回应、克服市场经济的消极影响;反过来讲,社会主义市场经济也必须用社会主义的文明秩序和伦理道德来约束、规范和调节。

第二,要通过加强思想道德建设来回应现代社会日益功利化、多元化的影响。现代化进程必然伴随着社会的功利化、多元化。思想多元、

---

① 习近平:《高举中国特色社会主义伟大旗帜 为全面建设社会主义现代化国家而团结奋斗——在中国共产党第二十次全国代表大会上的报告》,人民出版社 2022 年版,第 44—45 页。

价值观念多元已经成为现代中国社会的不争现实。经济全球化、信息化更加剧了这一现实。不同文明之间深度接触，各种生活方式相互碰撞，引发了各种社会文化思潮暗流涌动，造成一定程度的认识模糊、思想混乱。这些必然对社会的伦理道德秩序、文明秩序造成较大影响。从世界历史的眼光来看，一个国家要想保持长期的繁荣与稳定，既需要保持合理的社会多样性，以保证社会的活力与创造力；又需要通过主导文化、主流价值观念、社会基本道德规范的确立，来构建国家的文化认同与道德秩序，以提升社会的道德资本、降低社会的运行成本。

第三，要适应中国现代社会"公共性转型"的需要。提高当代中国的社会文明程度需要正视和解决的根本问题是现代中国社会与传统中国社会相比已经发生并仍在发生根本性转型，它在结构和基本运作方式上已经发生了哈贝马斯所谓的"公共性转型"。因此，提高当代中国社会文明程度在某种意义上就是要建设适应公共性社会生活所需要的文明秩序。传统中国是一个宗法社会，按照费孝通先生的说法是一个"熟人社会"。社会生活在结构上以私人性的生活和交往活动为主体，社会运作主要以家庭为基本单位和中心来进行。相应地，中国传统的主导价值信念系统、伦理道德也是基于私人性社会生活的需要，主要作为私人生活的价值规范和道德要求在私人生活领域内发挥作用，依据它所构建起的人的道德品质也主要是所谓的"私德"。

现代中国社会正不断朝着公共性的方向转变，社会生活越来越公共化、公开化。非亲非故非敌非友的"陌生人"之间的公共交往、公共生活已经逐渐构成了时下中国社会生活的主体和每个社会成员个人生活的主要方面，公民已经成为现代中国人最主要和首要的身份。在现代生活中人应当如何"自处"、如何与人"相处"日益凸显为一大问题。因此，提高当代中国的社会文明程度的关键在于处理公共生活而非私人生活、"陌生人"而非"熟人"之间的关系，必须着眼于培养塑造人们在公共生活、公共交往活动中所需要的公共精神、公民意识和"社会公德"，必须发扬传统"君子和而不同"、与人为善的处世之道，发扬"己欲立而立人、己欲达而达人""己所不欲勿施于人"的"忠恕之道"。

（二）弘扬诚信文化，健全诚信建设长效机制

诚信是社会文明的主要基石，是社会文明程度的重要标志。党的十八大以来，社会诚信建设力度不断加大，人们的诚信意识得到极大提高，社会的诚信文化氛围逐步形成。不过，我们也应该看到社会诚信建设是一项系统、长期的工程，当前社会上依然存在着某些不诚信的问题，诚信制度化建设、诚信建设长效机制还需要进一步发展完善。我们还应进一步加大社会诚信建设力度，健全完善诚信建设长效机制，采取更加系统化、精细化的举措，通过健全覆盖全社会的征信体系，大力弘扬中华民族重信守诺的传统美德，把诚实守信的精神理念切实转化为人们的自觉行为。

（三）统筹推动文明培育、文明实践、文明创建，推进新时代文明实践中心建设

2018年7月，中央全面深化改革委员会第三次会议通过了《关于建设新时代文明实践中心试点工作的指导意见》（以下简称《意见》），《意见》明确规定新时代文明实践中心建设要"聚焦实施乡村振兴战略，着眼凝聚群众、引导群众，以文化人、成风化俗，调动各方力量，整合各种资源，创新方式方法，用中国特色社会主义文化、社会主义思想道德牢牢占领农村思想文化阵地"。《意见》要求在全国选定50个县（市、区）开展新时代文明实践中心试点工作，推动基层宣传思想文化工作和精神文明建设改革创新。之后，全国多地相继启动新时代文明实践中心建设工作。到2021年11月，"全国500个试点县（市、区）普遍建立新时代文明实践中心"。2021年11月，中共中央办公厅印发《关于拓展新时代文明实践中心建设的意见》，要求2022年底前实现新时代文明实践中心（所、站）县乡村三级全覆盖的目标任务。同时我们也要看到，当前新时代文明实践中心建设还存在一些亟须解决的问题，如体制机制尚待进一步理顺完善、有些地方存在人力资源不足、资源利用不充分、志愿服务开展难等问题。建设新时代文明实践中心是一项长期系统

工程，必须常抓不懈、持之以恒，有针对性地不断解决问题、不断推进发展。

（四）移风易俗，培育弘扬新时代的新风新貌

移风易俗，改善社会风气、提振人们的精神状态，培育弘扬新时代的新风新貌，需要抓小抓细抓实，久久为功、持之以恒。移风易俗需要推动中华优秀传统文化、中华传统美德的创造性转化和创新发展，将优秀传统文化、传统伦理道德同现代社会生活更好结合起来。首先，需要大力加强思想创造、理论创新。其次，需要将理论、价值观制度化规范化，转化为法律制度或伦理规范，转化为日常的礼仪礼节、行为规范，成为一种日常的"礼法"。再次，要让理论、倡导的价值观念"回归生活""融入生活""回归常识""回归人性"，充分发挥礼仪礼节仪式的教化和道德涵育作用，利用重要传统节日、重大节庆和纪念日，常态化开展主题鲜明、群众参与覆盖面广的文明实践活动，落脚到日常生活中去建设和提高全社会的文明程度。

（五）加强家庭、家教、家风建设，提升家庭文明水平

党的十八大以来，习近平总书记多次强调家庭、家教、家风建设的重要性。2016年8月，中央文明委印发了《关于深化家庭文明建设的意见》。同年9月，中央文明办启动了第一届全国文明家庭评选工作，2020年8月启动了第二届全国文明家庭评选工作。但是，家庭文明建设不可能一劳永逸，而是一项长期的工程。当前，需要通过完善领导体制、强化家庭教育与社会教育相结合、创新实践活动等多种举措，全面推进家庭文明建设。

总的来说，提高全社会文明程度不是一蹴而就的事情，它需要处理好党的领导与激发基层社会活力紧密结合的问题，既要加强党和政府组织领导、积极有为，又要把整个国家、社会各个方面的力量充分调动起来；同时还需要培养塑造一大批有文化自觉、文化精神的文化使命担当者，以一种"文化思维"用润物无声、以文化人、以文惠民、以文乐民、以文育民、成风化俗的文化方式去推进。

参考书目：

1. 《习近平谈治国理政》，外文出版社 2014 年版。

2. 《习近平谈治国理政》第 2 卷，外文出版社 2017 年版。

3. 《习近平谈治国理政》第 3 卷，外文出版社 2020 年版。

4. 《习近平谈治国理政》第 4 卷，外文出版社 2022 年版。

5. 徐伟新等：《社会主义核心价值观研究》，中共中央党校出版社 2016 年版。

6. 梁漱溟：《东西文化及其哲学》，商务印书馆 1997 年版。

7. 汪晖、陈燕谷：《文化与公共性》，生活·读书·新知三联书店 2005 年版。

8. 廖申白：《伦理学概论》，北京师范大学出版社 2009 年版。

第七讲
繁荣发展文化事业和文化产业

党的二十大报告提出"推进文化自信自强,铸就社会主义文化新辉煌"的战略部署,并将"繁荣发展文化事业和文化产业"作为支撑文化强国建设的实践路径,在此基础上明确了文化建设的核心任务:"坚持把社会效益放在首位、社会效益和经济效益相统一,深化文化体制改革,完善文化经济政策。实施国家文化数字化战略,健全现代公共文化服务体系,创新实施文化惠民工程。健全现代文化产业体系和市场体系,实施重大文化产业项目带动战略。"[①] 新的时代条件下,中国的文化强国建设面临新挑战、新机遇,需要以激发全民族文化创造创新活力作为立足点,将满足人民文化需求与增强人民精神力量相统一,提升文化价值尺度与人文精神,形成以社会效益优先、经济效益和社会效益双效统一的文化发展制度支持体系。

一、当前我国文化发展的时代背景与战略定位

当前,我国文化发展面临关键的战略机遇期,正在经历新一轮的结构调整和价值整合,呈现一系列新情况、新特点、新趋势。国内各种社会思潮空前活跃,形成思想交锋,亟须加强主流意识形态的影响力和号召力,在复杂多变中引领社会思潮、稳定社会秩序、强化文化认同、促进价值认同,构建健康有序的文化生态。与此同时,云计算、大数据、物联网、区块链、人工智能等新技术的发展使得文化产

[①] 习近平:《高举中国特色社会主义伟大旗帜 为全面建设社会主义现代化国家而团结奋斗——在中国共产党第二十次全国代表大会上的报告》,人民出版社2022年版,第45页。

品的创作生产和传播方式发生深刻变化，线上与线下、虚拟与现实、体制内与体制外之间的界限日益模糊，传播形式和思想观念的不断创新不仅改变了产业格局、重塑了市场主体，也使得传统的内容管理方式面临挑战。如何满足人民群众日益增长的文化需要和参与文化建设的意愿，创造更多良性互动的社会文化治理空间？如何适应快速市场化的趋势，提高文化政策的制定与执行效率，提升政府的文化治理水平，实现有效治理？如何凝聚共识，构建起支撑大国崛起的精神秩序和价值认同，实现中华文明的复兴？这些都对新时代文化发展提出了新的挑战。

随着对外开放程度的不断扩大，文化发展的动力已不只单一地源于国内社会主义市场经济体制发展和政治体制的变革，而是更多地来自国际文化发展的新趋势。现代传媒技术使信息、符号、文化的传播比以往任何时候都更加即时便利，文化与政治、经济、科技等问题相互裹挟，有学者认为，文化本身已不再仅仅是战略手段，而是变成了一种战略目的，这种状况对于国际交往、经济发展、民族复兴都产生了不可预估的深刻影响。面对中华民族伟大复兴战略全局和世界百年未有之大变局，文化发展问题更为复杂，不仅涉及国家文化主权，也关系到大国崛起中的软实力提升和国家形象的树立。

2013年8月19日，习近平总书记在全国宣传思想工作会议上的讲话中指出："今天，宣传思想工作的社会条件已大不一样了，我们有些做法过去有效，现在未必有效；有些过去不合时宜，现在却势在必行；有些过去不可逾越，现在则需要突破。'不日新者必日退。''明者因时而变，知者随事而制。'做好宣传思想工作，比以往任何时候都更加需要创新。"[①] 这一论述对新时代的文化发展形势作出了清醒而深刻的研判，对提高文化传播能力提出了更高的要求。面对复杂多变的国际国内政治、经济和文化形势，需要守正创新，通过强大的管理力量、技术力量、市场力量来增强中华文化的影响力，激发中华文化的创造活力，参

---

① 《习近平关于全面深化改革论述摘编》，中央文献出版社2014年版，第84页。

与世界文化资源配置，在国际文化交流与产业发展中彰显中国精神、中国价值。

二、健全现代文化产业体系与市场体系

（一）健全现代文化产业体系

2000年10月，党的十五届五中全会通过《中共中央关于制定国民经济和社会发展第十个五年计划的建议》，提出"完善文化产业政策，加强文化市场建设和管理，推动有关文化产业发展"。这是第一次在党的中央文件中正式使用"文化产业"概念，标志着对文化的经济属性和商品功能的认可。2015年10月，党的十八届五中全会通过《中共中央关于制定国民经济和社会发展第十三个五年规划的建议》，正式确立了推动"文化产业成为国民经济支柱性产业"的目标。成为国民经济支柱性产业至少应具备以下几个条件：其一，产业规模较大。目前国际标准为该产业增加值占国民经济5%的比重以上，方可称之为支柱性产业。但量化指标只是成为支柱性产业的必要条件，而非唯一条件，支柱性产业还应有较强的发展潜力和扩张能力。其二，产业带动能力强。表现为形成较完备的产业链，与上下游产业及其他产业之间有较高的关联度，能带动相关产业长期发展，具备较强的渗透能力和较高附加值。其三，产业集约化程度高，集群效应明显。由此可见，一个产业要成为支柱性产业，应同时具备量和质双重标准，不仅体现在庞大的规模效应上，还应注重质量和价值的引领与提升效应。

党的十八大以来，现代文化产业体系和市场体系日渐健全，文化产业增加值迅速攀升，产业规模不断扩大，产业结构也渐趋合理，出现了健康良性发展的新趋势。面对建设社会主义文化强国的历史任务，需要重点加强文化产业的体系化建设，即通过制度体系、技术体系、人才体系的构建，形成结构合理、门类齐全、产业链完整、业态多元、科技含量高、竞争力强的文化产业格局。目前，我国文化体制改革已进入深化阶段，文化产业发展正在向成熟期转型，呈现出如下特点：一是更加注

重统筹发展。文化发展被纳入"五位一体"总体布局和经济社会总体发展规划，融入"一带一路"、京津冀协同发展、长江经济带发展等国家重大区域发展战略，形成文化产业发展新格局。二是更加注重融合发展。文化产业的边界不断扩展，与关联产业之间相互协调、相互支持和相互促进，形成新型文化业态。三是更加注重高质量发展。习近平总书记多次强调不能仅仅将经济效益作为衡量文化发展质量和水平的标准，更要看能不能提供更多增强人民精神力量的文化产品，更加强调文化发展的价值维度、精神指向和人文内涵。在这一要求指引下，产业政策的引导方向从效率导向向价值导向转型，文化产品的精品率和社会效益不断提升。

（二）培育现代文化市场体系

市场是中国改革的突破口，中国的文化改革发展也是围绕市场展开的。现代文化市场体系建设作为全面深化改革时代文化改革发展的重要切入点，反映了国家文化发展理念的更新和战略的转型。中国文化市场释放出巨大发展潜力和活力，但仍存在诸多问题，如区域垄断和部门壁垒所造成的资源分散、产业集中度低、产品同质化程度高、集约效应不明显，企业普遍存在小散弱的情况；政府与市场之间的关系未理顺，市场在文化资源配置中的积极作用未得到充分发挥，造成市场信号失真；文化市场监管体系尚存在盲区，文化市场信用制度和法律体系未完全建立，在文化产品的内容质量、资本准入、市场执法等方面，监管不到位，造成市场失序，缺乏科学长效的市场管理机制；等等。这些问题，在很大程度上与中国的"非原生性"文化市场的特点密切相关。所谓"非原生性"，是指中国的文化市场是在计划经济向市场经济转型的过程中，在国家权力机制和社会结构的调整过程中逐步被建构而成的。因此，中国的文化市场一经形成，便承担多重使命，既要遵循市场本身的规律，又要承担相应的政治意识形态职能；既要体现以满足人民多样性的文化需求为目标的社会主义文化政策价值取向，又要通过市场机制和经济手段配置文化资源、刺激文化生产和文化消费。

党的十八届三中全会通过的《中共中央关于全面深化改革若干重大问题的决定》中首次提出建立"现代文化市场体系"。所谓现代文化市场体系，是指以文化产品和服务的生产、消费和交换为基础，人才、资本、信息、技术等文化要素相互作用而形成的市场体系，包括文化产品市场、文化服务市场、文化人才市场、文化资源市场等。它既是一种资源配置的方式，也是文化产品和服务流通的渠道，还是各种交换行为和交换关系发生的空间。在全面深化改革时代，仅仅对文化市场的某一方面产业政策做局部调整是不够的，而是应该适应新时期的市场规律，加强基础设施、人才政策、信息流通等一系列配套体系建设，形成整体性的制度安排。第一，充分发挥市场在文化资源配置中的积极作用，重塑文化市场主体。改变文化市场"棋盘状"分割和"内卷式"封闭的状态，促进文化要素在健康有序的市场环境中高效流转，提高文化资源配置效率，增强文化市场内生动力。第二，创造公平竞争的市场环境，形成良好文化生态。第三，积极培育文化行业组织，健全市场中介机构。第四，完善文化市场监管机制，尽快针对新技术、新业态、新模式特点建立信用监管制度，完善内容监管体系和监管方式，形成预先防范的效果。第五，继续深化文化市场综合执法体制改革，加大执法力度、规范执法行为、提高执法水平，以规范促发展，以管理促繁荣。

三、完善现代公共文化服务体系

2013年党的十八届三中全会通过的《中共中央关于全面深化改革若干重大问题的决定》首次提出"建立健全现代公共文化服务体系"的构想。所谓"现代公共文化服务体系"，是指以以政府为主的公共部门为主导，以公共财政为支撑，以保障公民基本文化权利、满足公民基本文化需求为目的，形成的一整套包含公共文化服务的范围标准、资源配置、管理运行、供给方式以及绩效评价等要素在内的公共文化产品、服务和制度体系。在计划经济时代，受到"文化管理"理念的指引，"文化事业"作为管理对象被纳入国家行政管理体制，主要由体制内事业单位承担文化生产和服务的职能。在进入市场经济时代之后，旧的文化事业体制的制度低效性日益凸显，表现为政府投入不足、供给主体单一、资源配置不合理、运行机制不灵活、社会参与度不高等。面对开放的市场所带来的国家与社会空间的分离、公民权利意识的凸显、民众文化需求的多样化，过去的事业体制在供需关系上出现了结构性失衡，无法高效履行社会动员、精神引领、文化培育的功能。"现代公共文化服务体系"的提出，正是为了变革这种状况，拓展公共文化服务领域，提高公共文化服务效能。"现代公共文化服务体系"以"公共文化服务"理念为基础，但有两个关键词值得深入挖掘，即"现代"和"体系"。"现代"，主要是相对于传统的计划经济时代的"文化事业"而言，指适应市场经济的运行环境，运用现代公共管理和公共服务，尤其是公共"治理"的理念、方式、手段，形成较为完善的公共文化管理、运行和保障机制。"体系"，既体现为提供主体的多元性及协作性，也体现为服务内容、方式的多样性，以及空间的延展性和广泛性，由于涉及多层次、多业态的不同主体、不同门类、不同性质的诸多事务，因此更加强调统筹协调。

党的十八大以来，公共文化服务体系不断完善，目前已初步建成覆盖城乡、便捷高效、保基本、促公平的现代公共文化服务体系。全国备案博物馆免费开放率达到91%；"城市书房""文化驿站""文化礼堂"等公共文化空间的建设使民众能够享受更为便捷高效的文化服务。同时，通过数字图书馆推广工程和文化共享工程，大量的优质文化资源深入基层，较大程度提高了服务的覆盖率和互联互通性，也为城乡公共文化服务体系一体建设提供了平台，公共文化服务的效能和社会满意度不断提升。在文化强国建设目标指引下，现代公共文化服务体系的完善应从以下几个方面予以推进。

首先，构建各部门协调工作机制，推动政策的有效分层落实。目前，我国已建成了国家、省、市、县、乡、村和城市社区六级公共文化服务网络。在近几年一系列中央文件及法律条文中，都提出将公共文化服务纳入国民经济和社会发展规划。由于自然禀赋、经济条件、历史传统等原因，各区域公共文化资源配置尚不均衡。国家在制定并完善基本公共文化服务指导标准的基础上,通过加大投入、政策倾斜、转移支付等方式,支持革命老区、民族地区、边疆地区、贫困地区公共文化服务体系建设。但需注意的是,"均等化"并不是平均化,因每个个体的需求不同,应从公平正义的价值立场出发,着重保障不同区域、不同民族、不同年龄、不同人群享受服务的权利均等、机会均等。特别需要注意保障残疾人、外来务工者、农村"三留人员"等特殊群体享受公共文化服务的权利。

其次,以文化供给多元化促进高效能服务。公共文化服务的基本属性是公共性、公益性和公平性,但这些并不意味着低效性,因此需要考虑如何以高效的组织形式和运行机制来实现文化供给。以往仅由文化管理部门和文化事业单位进行公共文化产品与服务配置的方式已经难以满足人民群众多样化的文化需求,需要推动公共文化服务资源从政府主导的循环转变为面向全社会的大循环。在此背景下,需积极推动社会力量作为公共机构的重要补充进入公共文化服务领域,通过项目招标、购买服务、委托管理、税收优惠、成果奖励等方式,促进政府资源和社会资源的有效对接。鼓励社会力量全链条参与公共文化服务,为公共文化机构搭建供需精准对接的桥梁纽带,不断促进公共文化资源优化配置。社会力量的进入,能够有效延伸公共服务的触角,深入社区、乡村等社会细胞,开展流动服务,以及"菜单式""订单式"等特色服务,因地制宜满足需求。在此过程中,政府从公共文化服务和产品的直接提供者变为组织管理者,需要加强监督,健全由购买主体、公共文化服务对象以及第三方共同参与的评价约束机制,提升购买服务质量,真正形成政府主导、社会力量参与的现代公共文化服务格局。

再次,以数字化建设打通公共文化服务"最后一公里"。党的二十大报告提出:"实施国家文化数字化战略,健全现代公共文化服务体系,创新实施文化惠民工程。"数字化技术的发展,在内容建设、跨区域传播、资源共享等方面为公共文化服务开辟了广阔的空间,能够有效深入基层,极大提高服务的便利性、覆盖率、新颖性和互动性。例如,运用大数据技术,可以对公众的文化需求和满意程度进行分析,便于及时纠偏、精准预测,有针对性地提供服务。又如,通过数字图书馆、数字博物馆、数字文化馆等公共数字基础设施建设,构建便捷高效、互联互通的线上文化服务网络,使基层民众足不出户就能享受丰富的数字资源。再如,借助数字科技手段,挖掘、保存优秀传统文化资源,如地方戏曲、少数民族文化民俗、非物质文化遗产,以虚拟现实、人工智能等手段立体化、形象化展示,将会提高民众的沉浸式体验,形成民族和区域文化涵化和培育效应。加强文化资源数据库和服务平台建设,有利于整合资源,共建共享,形成需求导向机制,构建健康、高效、充满活力的公共文化服务生态系统。

最后,建立科学的现代公共文化服务体系测度指标体系。现代公共文化服务体系建设,关键在于以满足人民多样化的文化消费需求为出发点,形成系统性制度支撑,既应有定性的价值定位,也应有定量的硬性指标。规范、科学、完整、相互衔接的公共文化服务标准体系的制定和实施,是推动现代公共文化服务体系得以完善的重要保障。现代公共文化服务体系的构建与完善,至少应该包括财政投入机制、政策法规体系、文化需求表达机制、资源统筹机制、绩效评价机制、人才吸纳机制等保障机制。这些体系之间不是各自独立或简单叠加,而是密切配合,形成资源集聚和协同效应,最终建成设施分布合理、服务网络发达、发展均衡、优质高效的现代公共文化服务体系。

四、构建文化事业与文化产业协调发展的政策支持体系

目前,中国文化改革发展已经进入一个新的历史发展阶段。由政府主导,依靠资金投入、政策推动的产业促进模式已经告一段落,发展模式从政府主导向"政府引导、市场主导、企业主体"的格局转变。就政府来说,需要通过更具可持续性的制度建设、法治建设来进一步调动全社会和基层文化建设的自觉性,为文化发展提供稳定的、规范化的政策支持体系。

（一）深化文化体制改革，激发全社会文化创造活力

文化体制改革的一个重要目标是健全"党委领导、政府管理、行业自律、社会监督、企事业单位依法运营"的文化管理体制。创新党对文化工作的领导方式和管理方式，提高党的执政能力，进一步建立、健全与社会主义市场经济发展相适应的公共行政和管理体制，是决定文化改革发展成效的关键。当前，文化发展领域的主要矛盾体现为：民众文化消费转型升级的要求与优质内容产品的有限供给之间的矛盾；信息科技的快速发展、传播业态的不断创新与传统的管理模式之间的矛盾；严峻的国际传播竞争形势与国内亟待提高的文化生产力和传播力之间的矛盾，这些问题只能通过不断深化体制机制改革来解决。作为文化体制改革的主导性力量，政府需要不断强化服务型政府、法治政府的特征，在制定文化发展的战略规划、完善文化发展的法律法规、加大财政投入完善保障机制、提供公共文化产品和完善文化市场监管方面，进一步完善文化职能框架。当前推动文化事业与文化产业发展，需要打破内卷式的、封闭性的、单向注入式的文化发展方式，形成开放的、以社会为导向的、多元互动式的改革模式，推动改革的动力机制从政府本位转换为社会本位，即由政府主导转为以社会的需求作为导向、从重点扶持转制文化企业到注重整体性的市场培育等一系列的转变，重在激发市场和文化企业的内生动力。深化文化体制改革的一条重要途径，便是通过更具持续性的制度建设来进一步调动基层改革文化体制的动力，激发社会各界参与文化建设的热情，重建改革共识，为文化发展提供稳定的、规范化的政策支持体系。

（二）建立以社会效益优先的评价机制，以价值理性引导文化发展

2013年8月，习近平总书记在全国宣传思想工作会议上的讲话中强调："关于文化体制改革，我只强调一点，就是要在继续大胆推进改革、推动文化事业全面繁荣和文化产业快速发展、建设社会主义文化强

国的同时，把握好意识形态属性和产业属性、社会效益和经济效益的关系，始终坚持社会主义先进文化前进方向，始终把社会效益放在首位。无论改什么、怎么改，导向不能改、阵地不能丢。"[1] 2014年10月，习近平总书记在文艺工作座谈会上的讲话中强调："在发展社会主义市场经济的条件下，许多文化产品要通过市场实现价值，当然不能完全不考虑经济效益。然而，同社会效益相比，经济效益是第二位的，当两个效益、两种价值发生矛盾时，经济效益要服从社会效益，市场价值要服从社会价值。"[2] 2015年9月，中共中央办公厅、国务院办公厅印发了《关于推动国有文化企业把社会效益放在首位、实现社会效益和经济效益相统一的指导意见》，针对市场经济环境下如何通过体制机制创新促进国有文化企业履行社会责任，发挥其维护国家文化安全、捍卫意识形态领导权等方面的示范带动作用作出了具体部署。2022年10月，党的二十大报告提出："坚持把社会效益放在首位、社会效益和经济效益相统一，深化文化体制改革，完善文化经济政策。"这一系列文件和讲话精神一脉相承，体现了中央对于文化的意识形态属性、价值引领功能的高度重视，也明确了未来文化改革发展的目标和方向。由于文化产品既具有意识形态功能，又具备商品属性，常常受到意识形态和资本的双重主导。文化与物质生产部门的不同之处，在于其"文以载道""文以化人"的价值导向和教化职能，以及其特殊的意识形态功能。目前，对于文化产品的经济效益，已有相应的经济类考核指标，应尽快出台针对社会效益的非经济类评价机制，以高质量的文化精品促进文化繁荣。如果不注重提升文化产品的精神内涵，没有高蹈的价值观念作为支撑，片面追求规模效益，那么生产出的文化产品只能带来落后甚至无效产能，产业只能做大而无法做强，唯有精品才能产生真正的竞争力。单纯注重经济效益主要解决短期生存问题，社会效益才是长远发展的生命线。

---

[1] 《习近平关于全面深化改革论述摘编》，中央文献出版社2014年版，第85页。
[2] 《十八大以来重要文献选编》（中），中央文献出版社2016年版，第132页。

（三）推进文化治理，塑造健康多元的文化生态体系

推进文化治理现代化的一项重要内容是社会整合，通过公共空间的建构和营造来实现公民意识培育、社会生活方式引领，形成强大的社会凝聚力和向心力。

首先，构建多元对话的公共文化空间。公共文化空间作为政府、文化机构、公民开展对话的公共场域，不仅是物理性的空间形态，更是打通民间文化、大众文化、精英文化的一个平台，能够有效地推动各种力量良性互动，在国家的政治诉求、社会的价值诉求、公民个人的利益诉求之间寻求平衡与协调，形成社会健康发展所必需的公共精神、伦理规范和共同价值。

其次，推动文化事业与文化产业的协调发展。在党的十六大报告中，区分了经营性文化产业与公益性文化事业，这一区分成为文化体制改革的逻辑起点。但二者不是割裂的关系，而应该成为一个有机的整体。无论是文化产业还是公共文化服务，都是面向整个社会提供文化产品和服务，承担相同的文化职责和使命。新时代的文化发展更加强调体系性、整体性、层次性、协调性，需要形成文化管理部门与文化机构、文化事业与文化产业、国有文化企业与民营文化企业、文化发展与周边业态和城市空间之间协调共生、相互赋能的文化生态。

再次，以"文化＋"为载体，推动文化产业与相关产业融合发展。信息技术的快速发展、媒介融合的趋势，使得文化产业不再单纯采用纵向链条式延伸的发展模式，而是呈现出纵向发展与跨行业横向渗透并行的复合型发展趋向。近年来，国家出台了一系列文件，推动文化与其他产业融合发展。"文化＋"意味着文化作为新的引擎和重要支点，推动国民经济各部门的高质量发展；同时，文化与各领域的融合，也拓展了文化产业的发展空间，为推动文化强国建设提供了新的动力。文化与制造业、文化与科技、文化与金融、文化与旅游、文化与农业、文化与体育等领域的融合都极大提升了其他产业的文化内涵，为国民经济各部门

注入了新的基因，具备了创造性和知识经济的鲜明特征，文化与关联产业之间的相互协调、相互支持和相互促进，必将推动产业升级，提升产品附加值。

（四）加快文化法律法规建设，提供坚强保障

党的十八届四中全会通过的《中共中央关于全面推进依法治国若干重大问题的决定》明确提出，"建立健全坚持社会主义先进文化前进方向、遵循文化发展规律、有利于激发文化创造活力、保障人民基本文化权益的文化法律制度"。当前，我国文化建设的速度加快，需要完备的文化法律法规体系作为坚强后盾和政策依据。近年来，我国文化立法步伐明显加快，解决了很多长期想解决而没有解决的问题。2016年11月7日，十二届全国人大常委会第二十四次会议通过了《中华人民共和国电影产业促进法》；2016年12月25日，十二届全国人大常委会第二十五次会议审议通过了《中华人民共和国公共文化服务保障法》；2017年11月4日，十二届全国人大常委会第三十次会议通过了《中华人民共和国公共图书馆法》；业界呼声较高的《文化产业促进法》业已进入最后审议阶段。同时，国务院制定了《博物馆条例》等行政法规，有关部门印发了《报纸期刊质量管理规定》《互联网新闻信息服务管理规定》等部门规章，基本形成全方位、多层次的文化法律体系。从国家文化管理体制的高度建立起有效的文化法律制度体系，是决定文化事业和文化产业健康、有序、高效发展的关键性因素。随着全面深化改革方略的不断推进，只有加强法治文化建设，充分发挥法律、法规的调节、监管和规范作用，才能为文化的发展繁荣提供坚实有力的体制机制保障。

参考书目：

1. 高书生：《感悟文化改革发展》，中信出版社2014年版。

2. 蒯大申、饶先来：《新中国文化管理体制研究》，上海人民出版社2010年版。

3. 胡惠林、单世联、凌金铸：《文化政策与治理》，上海人民出版社 2015 年版。

4. 范周：《中国文化产业研究丛书》，商务印书馆 2019 年版。

5. 〔英〕英吉姆·麦圭根著，何道宽译：《重新思考文化政策》，中国人民大学出版社 2010 年版。

第八讲
加强历史文化保护传承

作为一个拥有悠久历史和灿烂文明的国家，我国丰富的历史文化遗产是祖先留给我们的珍贵财富，那是我们自豪感的依托，是我们智慧的源泉，是我们建立文化自信最可靠的保证。习近平总书记曾指出："评价一个制度、一种力量是进步还是反动，重要的一点是看它对待历史、文化的态度。"[1] 党的二十大报告强调，要"加大文物和文化遗产保护力度，加强城乡建设中历史文化保护传承，建好用好国家文化公园"。2023年6月1日，习近平总书记参观了中国国家版本馆，并在第二天的文化传承发展座谈会上把马克思主义基本原理同中华优秀传统文化相结合定位为"又一次的思想解放"，强调这"第二个结合"让我们能够在更广阔的文化空间中充分运用中华优秀传统文化的宝贵资源，探索面向未来的理论和制度创新。习近平总书记还提出中华文明具有连续性、创新性、统一性、包容性、和平性五个突出的特性。[2] 这代表着我们党在理论自觉和文化自信方面达到全新的高度。而中华优秀传统文化是由文化遗产所承载和体现的，中华文明的突出特性也要依托文化遗产得到彰显。因此历史文化遗产的保护与利用问题，已经上升为关系到"又一次的思想解放"的重大理论问题。

一、构成历史文化的核心要素

历史文化涵盖面广，内蕴无比丰富。简而言之，它至少包括以下基

---

[1]《闽山闽水物华新——习近平福建足迹》（下），人民出版社、福建人民出版社2022年版，第480页。

[2] 参阅习近平：《担负起新的文化使命 努力建设中华民族现代文明》，《人民日报》2023年6月3日。

本要素：语言文字与文学艺术、传统生存哲学、传统学术、礼仪制度、传统风俗、传统技艺。

语言文字是一个民族和国家文化中最重要的元素。语言文字不仅是日常生活中的交流工具，它更在深层次上承载着人们的情感、意识、思维，影响着一个族群的价值导向和精神倾向。在语言文字基础上形成的文学艺术，是维持民族语言之纯粹和美感的关键，也是形成核心价值观最有影响力的武器。因此，一切拥有悠久历史和文化创造的国家无不重视自己的语言文字和文学艺术。

哲学体现了一个民族的生存理念，具有影响、左右一个民族前进方向的力量。中国传统儒释道哲学经过长期动态发展，是中国人民历史选择的结果，今天仍深刻浸润于人民大众的日常生活中。两千年来，儒释道哲学构成了中华民族文明发展的思想基石，对社会的运转和大众心理的平衡都起到了深刻作用。宋孝宗曾言："以佛治心，以道治身，以儒治世。"[①] 中国哲学的和谐思想，可为今天充满矛盾的世界提供解决问题的智慧。

中国的传统学术以经学和史学为基础，影响到政治运作和大众生活。经学萌芽于先秦，奠基于汉代，稳定和发展于科举制度产生之后。经学将儒家思想落实到社会生活和政治架构中，是重视人伦日用之学。徐复观说："经学是由《诗》《书》《礼》《乐》《易》《春秋》所构成的。它的基本性格，是古代长期政治、社会、人生的经验积累，并经过整理、选择、解释，用作政治、社会、人生教育的基本教材的。"[②] "经学奠定中国文化的基型，因而也成为中国文化发展的基线。中国文化的反省，应当追溯到中国经学的反省。"[③] 直至清末，康有为还以今文经学为自己的变法革新建立依据。中华民族也一直重视总结历史经验教训，史学与经学长期互相影响，章学诚曾有"六经皆史"的说法。经学与史学是我们深入了解历史文化的钥匙。

---

① 刘谧：《三教平心论》，商务印书馆1937年版，第1页。
② 徐复观：《徐复观论经学史二种》，上海书店出版社2005年版，第5页。
③ 徐复观：《徐复观论经学史二种》，上海书店出版社2005年版，第3页。

中国是礼仪之邦，礼仪制度是人们日常行为的准则，体现着民族的精神风貌。先秦时期，礼器即为国之重器。礼仪至西周已经十分完备，后来出现了《周礼》《仪礼》《礼记》等书。周礼可分为五大类：吉礼、凶礼、军礼、宾礼、嘉礼，合称五礼，它确定了中国礼仪制度的基本结构，为后代所继承和发展。传统风俗与礼仪制度密切相关，体现于衣食住行等许多方面。大量节庆活动与农事或祭祀相关，如春节、清明节等，延续至今天。传统技艺是人民群众生活智慧的结晶，体现着民族文化的特色和魅力。我国丰富的非物质文化遗产，相当多都与传统技艺有关，如竹编类、版画类、食品类技艺。

历史文化主要以文化遗产的形态存在。加强历史文化保护传承，就要切实做好文化遗产的保护和利用工作。

二、历史文化遗产的重大价值

丰富的历史文化遗产是一个国家无比珍贵的财富，具有多方面的重大价值。

（一）历史文化遗产与文明传承的关系

"夫源远者流长，根深者枝茂。"[①] 中国辉煌灿烂的文明是在承续历史经验、生存智慧的过程中创造出来的。过去的无数物质财富、精神财富都是我们的发展之源和生存依托。在 2013 年全国宣传思想工作会议上，习近平总书记强调，要"讲清楚中华文化积淀着中华民族最深沉的精神追求，是中华民族生生不息、发展壮大的丰厚滋养；讲清楚中华优秀传统文化是中华民族的突出优势，是我们最深厚的文化软实力；讲清楚中国特色社会主义植根于中华文化沃土、反映中国人民意愿、适应中国和时代发展进步要求，有着深厚历史渊源和广泛现实

---

① 白居易：《白居易集》，顾学颉校点，中华书局 1979 年版，第 1427 页。

基础"①。

当一个民族和国家处在生死存亡的危难关头，它都会从自己的文化资源中汲取力量，在和平发展时期，也会从中汲取生存的智慧。历史文化遗产是我们文化自信的基石。习近平总书记在党的十九大报告中说："没有高度的文化自信，没有文化的繁荣兴盛，就没有中华民族伟大复兴。"我们应重视、学习和研究历史文化遗产，并从中体悟中华文化生机长存、绵延不绝的奥秘所在。

（二）历史文化遗产与当前建设的关系

历史文化遗产在经济、政治、文化、社会、生态文明建设等方面，都发挥着无可替代的作用。

1. 历史文化遗产与经济建设

根据国家统计局的统计，2019年我国人均GDP就已超过1万美元。目前我国文化消费正处于快速增长的阶段，历史文化遗产在经济建设中的作用也越来越受到关注。

一方面，许多文化遗产本身具有经济价值，当前文物市场正健康发展。2021年12月16日，国家文物局、文旅部等六部门联合发布了《关于加强民间收藏文物管理 促进文物市场有序发展的意见》，对文物市场的运作进行规范和指导。另一方面，我们还可以利用历史文化遗产来发展经济。现在，文旅融合已成为旅游业的发展方向，文化创意产业也成为朝阳产业，而文化遗产是文化创意的不竭源泉。文化创意产业的"文化"性质，决定了它不仅仅是一种经济行为，更涉及对文化存在主导权的争夺，所以对本土文化遗产的依托和利用还直接或间接影响到国家的经济安全、文化安全、政治安全。在文化创意产业发展的过程中，应切实加强对以文化遗产为核心的本国文化资源的保护，防止我国成为文化资源的廉价出口国和文化产品的高价进口国，防止文化遗产的基本含义被外来强力所扭曲，进而丧失最基本的文化认同感。

---

① 《学习习近平总书记8·19重要讲话》，人民出版社2013年版，第4页。

2. 历史文化遗产与政治建设

一方面，文化遗产可以说明当前中国特色社会主义制度的必然性、优越性。对于我们这样一个历史悠久的国家，制度一定程度上是历史传统和文化特征的积淀与延伸，中国共产党是中华优秀传统文化的忠实继承者和弘扬者，中国共产党的执政地位和中国特色社会主义道路是人民的选择、历史的选择。特别是大量的革命文物，见证了中国共产党领导中国人民进行新民主主义革命和社会主义革命的光荣历史，是回击历史虚无主义和敌对势力挑战强有力的武器。正因如此，习近平总书记高度重视革命文物保护工作，从党的一大会址、南湖红船，到井冈山、延安、西柏坡，从北大红楼、江西于都中央红军长征集结出发地，到鄂豫皖苏区首府烈士陵园、淮海战役纪念馆……党的十八大以来，习近平总书记的红色足迹遍及大江南北。保护和利用好包括革命文物在内的历史文化遗产，是关系到我国政治安全的必然选择。

另一方面，文化遗产所蕴含的政治智慧，能够为当前的治国理政提供资源和借鉴。某些国家战略的提出，就有赖于文化遗产，如对世界影响巨大的"一带一路"倡议，即源于著名的丝绸之路遗产。文化遗产还可以在改进行政运作机制、思想引导、外交活动、民族身份认同等诸多方面对政治建设起到积极作用。如中国古代的监察制度（御史制和谏议制）就比较完善。秦朝统一天下后，创建了从中央到地方的专门监督百官的监察制度，御史往往以较低的官阶对级别高的官吏形成威慑和约束。正如顾炎武所言："夫秩卑而命之尊，官小而权之重，此小大相制，内外相维之意也。"[①] 古代监察制度选拔御史的严格程序、行使权力的独立性原则等都能给今天的监察制度建设以深刻启示。2019 年《求是》杂志第 23 期发表了习近平总书记的文章《坚持、完善和发展中国特色社会主义国家制度与法律制度》，文中指出："中国特色社会主义国家制度和法律制度，植根于中华民族 5000 多年文明史所积淀的深厚历史文化传统，吸收借鉴了人类制度文明有益成果，经过了长期实践检验。"

[①] 顾炎武：《日知录》卷九《部刺史》，甘肃人民出版社 1997 年版，第 444 页。

3. 历史文化遗产与文化建设

文化建设一般是指发展教育、科学、文学艺术、新闻出版、广播电视、卫生体育、图书馆、博物馆等各项文化事业的活动。历史文化遗产体现为民族文化的历史积淀，它是当前文化建设的深厚基础。

历史文化遗产关系到教育安全。当今世界，教育是与国家的政治、经济交融在一起的，关系到社会道德的形成和民族精神的塑造。而文化遗产中蕴涵着关于历史、文学、哲学、宗教等方面的丰富信息，是国民教育中不可或缺的内容。今天，中华优秀传统文化也是涵养社会主义核心价值观的重要源泉。梁思成先生说："历史的文物对于人民有一种特殊的精神影响，最能触发人们对民族对人类的自信心。"长期以来，社会上存在着功利主义倾向和西化倾向，淡化传统文化教育的观念一直存在，特别是语文教育，未受到足够重视。在党的二十大报告中，习近平总书记强调："加大国家通用语言文字推广力度。深化教育领域综合改革，加强教材建设和管理，完善学校管理和教育评价体系，健全学校家庭社会育人机制。"在基础教育和高等教育中加强以语言文字为基础的中国本土文学、历史、哲学等内容的教授与研究，加强对物质的、非物质的文化遗产的利用，"古为今用，洋为中用"，是保证国家教育安全、文化安全的命脉所在。

文化遗产有助于保持文化的多样性。文化的多样性可以分为两个层面：世界文化的多样性、国内文化的多样性。世界上每一种文化都体现了民族的创造性，是一种不可重复的智慧的存在。当前经济全球化、文化全球化的趋势，使很多国家（特别是发展中国家）的文化主权受到严重挑战，文化的多样化面临前所未有的威胁。2001年联合国教科文组织大会通过的《世界文化多样性宣言》中说："文化在不同的时代和不同的地方具有各种不同的表现形式。这种多样性的具体表现是构成人类的各群体和各社会的特性所具有的独特性和多样化。文化多样性是交流、革新和创作的源泉，对人类来讲就像生物多样性对维持生物平衡那样必不可少。从这个意义上讲，文化多样性是人类的共同遗产，应当从当代人和子孙后代的利益考虑予以承认和肯定。"①

文化遗产可以为当前文化建设提供丰富的资源。不论是物质文化遗产还是非物质文化遗产,都蕴含着大量生活的、技艺的、审美的信息,可以成为宣传、娱乐的素材来源。因为文化遗产为民众喜闻乐见,对它们的合理利用可以使文化建设更加充实、更具韵味。特别是,文化遗产所蕴含的传统美德与审美趋向,是消解文化传播中庸俗主义等不良倾向的可靠依托。文化遗产也是促进地区之间、国与国之间文化交流的最佳媒介。

4. 历史文化遗产与社会建设

社会建设的一项重要内容是以人为本、构建和谐社会。我们的历史文化中富含缔造和谐社会的思想资源。特别是在现代的城市化进程中,传统人与人的紧密联系方式被破坏、被放弃,由此带来一系列的个体精神问题、群体关系问题。物质的、非物质的文化遗产可以成为我们反省和纠正这一系列问题的依托。

社会是以各种制度、各种运作模式相互配合才得以健康运转的,传统的姓氏制度、墓葬制度、社会救济制度等,都对今天的社会和谐具有重要意义。中国传统哲学中有丰富的重"和"的思想,不同哲学思想之间绝大多数时间也处于相辅相成的和谐状态,对和谐文化建设有深刻启示。我国 56 个民族都有各自值得骄傲的文化创造,这些文化创造是维系民族安定、和谐的精神基础。古代乡里社会的建设经验(如乡里的生产协作与互助、乡里文艺活动等),也可在今日社区建设过程中发挥作用。物质文化遗产与非物质文化遗产是融洽人际关系、丰富日常精神生活的良好场所或媒介,可以为社会建设增加亮点,并成为社会建设过程中的黏合剂。联合国《保护非物质文化遗产公约》中说:"非物质文化遗产是密切人与人之间的关系以及他们之间进行交流和了解的要素,它的作用是不可估量的。"②

---

① 联合国教科文组织世界遗产中心等:《国际文化遗产保护文件选编》,文物出版社 2007 年版,第 223 页。
② 联合国教科文组织世界遗产中心等:《国际文化遗产保护文件选编》,文物出版社 2007 年版,第 229 页。

5. 历史文化遗产与生态文明建设

对生态文明建设的重视是可持续发展的迫切需要，建设生态文明也离不开文化遗产资源。习近平总书记在 2018 年 5 月出席全国生态环境保护大会时说："生态文明建设是关系中华民族永续发展的根本大计。中华民族向来尊重自然、热爱自然，绵延五千多年的中华文明孕育着丰富的生态文化。"[①] 文化遗产与生态文明建设的关系可以从三个角度进行认识。

一是文化遗产保护能直接促进生态文明建设。我国风景优美的著名山岳每每为佛教、道教等宗教信徒所占、所建，这主要是因为佛、道等教派本就有避世修心、修身的追求，远离尘嚣的山林正提供了超脱修行的最佳场所。借助传统信仰的力量，保护自然环境容易取得事半功倍之效。二是文化遗产可以为生态文明建设提供理论资源。我国传统的哲学、宗教是主张顺应自然、人与自然和谐相处的。如孔子说："知者乐水，仁者乐山。"孟子也认为"仁民"与"爱物"是一个和谐的整体，他说："君子之于物也，爱之而弗仁；于民也，仁之而弗亲。亲亲而仁民，仁民而爱物。"三是"生态文明"之"生态"应加入文化因素，将自然生态建设与人文生态建设合而为一、协调推进，符合社会发展长远方向的生态文明才能真正建立起来。人文生态指的是大众知识状况、信仰状况、道德状况、教育状况等的综合表现。建设人文生态的过程中，许多传统美德都有进一步提倡的空间，无数文化遗产都有教化的功效。

历史文化遗产还在国土安全、军事安全、信息安全等许多方面有不可忽视的价值。

三、历史文化保护传承需重视的问题

（一）加强历史文化相关学科的基础研究和教育工作

了解是保护与传承的前提。如果没有对历史文化相关学科的基础研

[①] 习近平：《论把握新发展阶段、贯彻新发展理念、构建新发展格局》，中央文献出版社 2021 年版，第 246 页。

究和教育普及工作，保护与传承将是空中楼阁。数十年来，因为人文学科的基础研究很难直接转化为经济利益，所以社会上许多人轻视对历史文化的研究工作，与此相关，教育普及工作也相对滞后，并存在许多问题。如语言文字就出现了认知的危机，一方面，在电脑手机时代，手写输入淡化，人们的文字认写能力明显退化；另一方面，在消费社会的娱乐狂潮之中词汇和语言的严肃性不断受到挑战。文学艺术也存在浅薄化倾向，欲望化、快餐化的表达增多，真正反映生活的美文减少。近些年来，党和政府出台了一系列文件，推进历史文化的保护和传承工作。历史文化的相关研究和教育普及工作正开拓出全新的局面。

（二）建立超越于物质、非物质之分的文化遗产观

当前中国文化遗产保护事业的许多理念来源于联合国教科文组织。如把文化遗产主要分为物质文化遗产和非物质文化遗产两大类。我国文化遗产保护机构的设置也受到这种分类的影响。在我国，物质文化遗产一般指可移动文物、不可移动文物、历史文化名城（名镇、名村）等，非物质文化遗产主要指民间技艺。这种二分式保护的优点是有利于对一些具体项目进行快速保护和利用，其缺点是相当程度地破坏了文化遗产的整体性、圆融性。但物质文化遗产也具有精神指向，而非物质文化遗产也往往需要物质的载体，它们经常是你中有我、我中有你的。比如大家熟知的故宫，一方面是优秀的物质文化遗产，是古代皇宫建筑遗存；另一方面，它的身上又承载着儒家的等级观念，承载着传统的建筑理念。

建立具有中国特色的超越于物质、非物质之分的文化遗产观，将有利于对历史文化的保护与传承。2020年9月28日，习近平总书记在十九届中央政治局第二十三次集体学习时的讲话中强调，要"努力建设中国特色、中国风格、中国气派的考古学，更好认识源远流长、博大精深的中华文明，为弘扬中华优秀传统文化、增强文化自信提供坚强支撑"。

（三）正确定位历史文化遗产的自身价值

主要是对文化遗产精华与糟粕的定位、对文化遗产自身重要性的定位。

文化遗产也要遵循社会发展中新陈代谢的基本规律，对文化遗产全数保留既不可能，也不是科学的态度。但只要是对文化建设和社会发展有利的，就不要轻易进行否定和破坏。文化遗产是精华还是糟粕的定位如果出了偏差，就可能带来惨痛的教训。区分是精华还是糟粕，我们应当更多地依靠科学的法律法规、依靠专家的意见和人民的呼声去分辨，尽量避免依靠少部分人的好恶或简单的行政命令。

关于文化遗产自身重要性的问题，可以从两个角度来认识。一是不应简单地贵今薄古，为眼前的方便或者利益而毁坏历史文化遗产。数十年来，城乡建设过程中毁掉的文化遗产难以计数。忽视对文化遗产的保护，会造成历史性文化空间的破坏、历史文脉的割裂、社区邻里的解体，最终导致城乡记忆的消失。二是不能仅仅从体量大小或经济价值高低的角度去评判文化遗产。当前文化遗产保护方面最热闹的当数大遗址保护，与此形成鲜明对比的是小遗存的保护问题。大量的历史文化遗存散落于村镇或郊野，因得不到有效保护正逐渐损毁和湮灭。联合国教科文组织《文化多样性与人类全面发展》指出："在对文化遗产的理解上有一种……偏见，认为具有历史纪念意义的要比日常生活的重要，诉诸文字形式的要比口头的重要，宗教的要比世俗的重要。"非物质文化遗产被誉为历史文化的"活化石""民族记忆的背影"，但非物质文化遗产在表面的风光之下，也存在非遗生存环境遭受冲击、保护机制不够完善、缺少管理人员和研究队伍、财力支持不足、传承断代等问题。非物质文化遗产在丰富大众心灵、稳定社会族群、延续民族文化等方面居功至伟，理应受到更多重视。

按照国际社会公认的标准，威胁世界文化遗产安全的主要因素有四个：公共和私人工程的威胁；城市或旅游业迅速发展造成的遗产消失的危险；土地的使用变动或易主造成的破坏；武装冲突的爆发或威胁。对我国来讲，前三者已成为破坏文化遗产的主要因素。

（四）加强历史文化遗产保护机制建设

主要有法规的健全与细化、管理队伍与管理机构的建设、管理体制、保护方式、教育机制等问题。

我国在文化遗产保护方面已经有《中华人民共和国文物保护法》《中华人民共和国非物质文化遗产法》等，也加入了相应的世界公约，形成了有效的保护机制。但是在这方面我们还有较大的努力余地，和西方文物保护先进国家相比也还有一定差距。如《中华人民共和国文物保护法》第十条规定："国家发展文物保护事业。县级以上人民政府应当将文物保护事业纳入本级国民经济和社会发展规划，所需经费列入本级财政预算。""国家用于文物保护的财政拨款随着财政收入增长而增加。"这里提到的中央和地方用于文物保护事业的经费到底有多少，有很大弹性，不好操作。意大利、英国、日本、美国等国家这方面的立法就比较明确，保证了投入的稳定性、持久性。我国现有关于文化遗产的法令已经不能完全适应新时期的要求，如工业遗产是独特的文化资源，但目前有关工业遗产保护的法律条文几乎没有，使工业遗产的保护缺乏足够的保障。

随着认识的提高和保护力度的加大，当前我国文物保护和抢救的任务非常繁重，人民群众对文化遗产相关服务的要求也越来越高，各级文化遗产保护部门的管理队伍、专业队伍的建设也应及时跟上快速变化的社会形势。管理体制如果不顺也会给文化遗产的保护和利用带来许多难题：多头管理、各自为政、权责界限不清；部门之间观念与认识不统一，互相扯皮……结果是造成对文化遗产的伤害或破坏。2018年3月17日，十三届全国人大一次会议表决通过了关于国务院机构改革方案的决定，批准设立中华人民共和国文化和旅游部，这在理顺文化遗产管理体制方面又向前迈进了一大步。保护方式，则主要涉及维护和重建等问题。随着时间的流逝，很多文化遗产会逐渐自然地损坏或者消失，因此必须对它们进行适当维护，但这种维护需要尊重其承载的文化符号，尊重其历史本来面目。

教育方面，应借鉴意大利、法国等文化遗产保护大国的经验，使教育部门和文保部门深度结合，将历史文化遗产融入各层级的学校教育之中。目前这项工作正有序展开，许多大中小学都设置了有关文化遗产的课程。2021年8月，中共中央办公厅、国务院办公厅印发了《关于进一步加强非物质文化遗产保护工作的意见》，提出要"实施中国非物质文化遗产传承人研修培训计划，进一步提升传承人技能艺能"，目前全国已有100多所高校参与了这项研培计划。

（五）处理好历史文化遗产与发展经济的关系问题

1. 合理定位保护与利用的关系

当前我国文物保护的方针是："保护第一、加强管理、挖掘价值、有效利用、让文物活起来。"非遗保护的方针是："保护为主、抢救第一、合理利用、传承发展。"均以保护为第一要务。而长期以来，许多地方都存在在发展过程中过度利用文化遗产的问题。如文保单位的游客数量超标严重、许多非遗项目被拿来进行庸俗化的展演等。习近平总书记很早就对这一问题持有科学的、辩证的态度，他认为，在文化遗产保护和利用的关系中，保护是第一位的。2004年10月9日，时任浙江省委书记的习近平在《浙江日报》发表《发展"无烟工业"也要可持续发展》一文，文中说："生态资源、风景名胜、文物古迹都是不可再生的资源，生态资源遭到破坏，人类生存环境就会恶化；风景名胜受到破坏，观赏价值就大打折扣；文物古迹遇到破坏，人文价值就荡然无存。生态资源和人文资源是发展旅游的基础，一旦破坏，旅游经济也成了无源之水、无本之木。"[1] 2020年5月11日，习近平总书记在山西考察时强调："历史文化遗产是不可再生、不可替代的宝贵资源，要始终把保护放在第一位。发展旅游要以保护为前提，不能过度商业化，让旅游成为人们感悟中华文化、增强文化自信的过程。"[2]

以历史文化遗产为资源搞经济开发，如缺乏科学的论证和严谨的态度，很容易在利用的过程中造成实质性的破坏，从而对历史文化遗产造成不可逆的伤害。在经济价值和文化价值之间，文化遗产最重要的是文化价值。让文化遗产创造经济效益以服务于大众、服务于社会，不应以

---

[1] 习近平：《之江新语》，浙江人民出版社2007年版，第76页。
[2] 《全面建成小康社会 乘势而上书写新时代中国特色社会主义新篇章》，《人民日报》2020年5月13日。

损害其文化价值为代价。

2. 正确对待产业化问题

文化遗产的产业化是一个非常复杂的问题。特别是对于非物质文化遗产能否产业化，当前社会上有激烈争议。主张可以产业化的人认为"发展是硬道理"，文化遗产应加以产业化利用，形成品牌效应。持不可以产业化态度者认为应保持文化遗产的原生态，不要对其过分干扰。此问题的根本在于要正确认识文化遗产的属性与功能。文化遗产的种类异常丰富，不同属性决定了它的不同功能，不可一概而论。对于非物质文化遗产来说，适当产业化是社会发展的必然要求，但不应简单化对待。

（六）处理好历史文化遗产与当代生活的关系问题

对历史文化的保护与传承是为了人民更好地生存和发展，为了国家的繁荣昌盛。我们应注重历史文化遗产的创造性转化、创新性发展，以为今天社会的各方面建设服务。

以当下的生存环境与文化氛围，让我们去完全适应文化遗产很不现实。最好的办法是在传统和现代之间找到平衡，以充分发挥文化遗产的社会功用。如莫高窟壁画，历史上其主要功能是发挥宗教宣传的作用，但现在我们则是淡化其宗教功能，而发挥其文化的、审美的意义。对于民间艺术类遗产来说，若要保持生命力，就要在不扭曲其基本内涵的前提下，与时俱进进行现代调适。黄梅戏《徽州女人》是传统戏剧与现代生活相适应获得新生机的成功典型，它在演出时融入了许多现代的因素，如用灯光来构成街巷的虚拟空间，用人工喷雾技术构建江南水乡无锡的视觉印象，都给观众带来了前所未有的视觉享受，开创了黄梅戏舞台的新天地。

保护和利用历史文化遗产，发挥其在国家建设中的作用，还会不断有新问题新挑战等待我们去面对。我们任重而道远。

参考书目：

1. 单霁翔：《万里走单骑：老单日记》，中国大百科全书出版社2021年版。

2. 严龙华：《在地思考：福州三坊七巷修复与再生》，东南大学出版社 2023 年版。

3. 吴良镛：《中国建筑与城市文化》，昆仑出版社 2009 年版。

4. 梁思成、陈占祥等：《梁陈方案与北京》，辽宁教育出版社 2005 年版。

5. 陈志华：《文物建筑保护文集》，江西教育出版社 2008 年版。

6. 赖德霖：《中国近现代建筑史研究》，清华大学出版社 2007 年版。

7. 王军：《城记》，生活·读书·新知三联书店 2003 年版。

第九讲
推进人文城市建设

城市是人类文明演进、更新的重要标志。城市的发展也极大地推动了人类文明的进步，改变了世界的面貌和格局。这当中，文化的发展和传播是城市发展的重大成果。今天，中国正在经历快速的城镇化进程，城市文化也将发挥出更大的作用。把握好当前中国城市文化建设的各种机遇与挑战，领悟、顺应新时代历史方位下的城市特征和矛盾变化，提升理论认识，寻找实践途径，不断推进中国人文城市建设，是我们开展文化建设、城市建设，进而实现文明更新与民族复兴的重大使命。

一、中国当代城镇化进程与城市文化发展

改革开放以来，中国经济社会转型，城镇化快速推进，对城市文化发展形成了显著的激励带动作用，也创造了巨大的发展机遇；同时，城镇化进程中产生的大量新情况、新问题，也给城市文化建设带来了不小的压力和挑战，需要我们深入研判、切实把握。

（一）中国城市文化发展的总体背景

考察当代中国城市文化的建设和发展，离不开城镇化这个总的背景。城镇化带来的最显著、最核心的变化，是人口的大规模迁移和整个国家人口格局的改变。国家统计局数据显示，2023年中国城镇化率为66.16%，城镇常住人口近9.33亿人。[①] 用中国的城镇人口与世界几个

[①] 国家统计局：《中华人民共和国2023年国民经济和社会发展统计公报》，《人民日报》2024年3月1日。

主要国家的总人口进行比较，就可以看到中国城镇化的惊人规模：中国的城镇人口大约相当于 2 个多美国的全国人口、2 个多欧盟各国总人口、7 个多日本的全国人口。中国的城镇化可以说是人类历史上罕见的人口迁移现象，其规模前所未有，并且这一过程主要是在改革开放以来短短 40 余年间发生的，其发生之迅速和变动之剧烈也是空前的。而这种短时期内的人口大规模集聚，也难以避免地使各种社会发展和文化发展问题在中国城市中密集、突出地显现出来，很多问题的发生还呈现出叠加、重合、共生的态势，给中国的城市发展带来了资源、环境、社会、生活等诸多方面的压力。但如果从积极层面看，这些压力也能够转化为城市发展的正向动力。伴随着城镇化进程，中国已经或正在实现许多历史性的转变，例如从传统计划经济向社会主义市场经济转变、从乡土社会向城市社会（或城乡社会）转变、从传统文明形态向现代文明形态转变等。

城镇化进程的持续快速推进，还有赖于中国经济发展所提供的巨大动力支撑。改革开放以来中国经济的高速发展，极大地改变了中国城市的面貌，也改变了人们的生活状态，促进了文化变迁。据国家统计局统计，2023 年中国 GDP 总量为 126.06 万亿元人民币，全国人均 GDP 为 8.94 万元人民币，已突破 1.2 万美元水平。[1] 这种状况必然会深刻影响中国人的需求结构，进而为中国城市文化发展创造新的机遇。从 GDP 各分项数据来看，中国经济结构仍在持续调整变化。经济增长更主要得益于强劲的服务业和消费型行业的发展。2022 年全年，我国的第三产业增加值为 68.82 万亿元人民币，占国内生产总值的比重为 54.6%。[2] 第三产业占比的增长，从一个侧面表明文化产业、文化消费在今后的市场需求和经济增长中将占有更高的比重和地位。

---

[1] 国家统计局：《中华人民共和国 2023 年国民经济和社会发展统计公报》，《人民日报》2024 年 3 月 1 日。

[2] 国家统计局：《中华人民共和国 2023 年国民经济和社会发展统计公报》，《人民日报》2024 年 3 月 1 日。

（二）城市文化变迁的动力和压力

随着城镇化的推进，人们的生活状态和社会角色都在发生着明显的变化，从而引发了城市文化的变迁和转型。典型的当代城市（特别是大都市）社会具有人工环境、高度社会分工、市场经济、个体化社会等特质。在此影响下，当代城市文化也形成了多样性、公共性、系统性、传承性、发散性等主要特征。而就当今中国城市来看，这些特征又主要表现为：人们的社会身份变化显著，思想观念和价值认同的更新、多元、碰撞、融合态势明显；更频繁的人口流动使地域界限日渐模糊，区域间的文化交流更加频繁和密集；人们的文化消费需求迅速增长，且消费多样化趋势明显；更多、更新、更大的新型文化传播平台迅速成长扩展，网络等新媒体交流显著活跃；随着社会开放程度不断加深，人们的文化权利意识以及对良好社会文明秩序的需求均明显增长；等等。

由此可见，城镇化为文化变迁提供了强大的动力。美国著名城市学家刘易斯·芒福德就曾说过："城市通过它集中物质的和文化的力量，加速了人类交往的速度，并将它的产品变成可以储存和复制的形式。……（城市）能够把它复杂的文化一代一代的往下传，因为它不但集中了传递和扩大这一遗产所需的物质手段，而且也集中了人的智慧和力量。这一点一直是城市给我们的最大的贡献。"[①] 城市对于人类的文化贡献还不仅限于传承延续，更在于创新发展。特别是在现代社会，随着工商业文明、市场经济、人本思想的确立和发展，城市孕育、发扬了诸如进取、创新、开放、包容等新的城市精神。这些城市精神随着城镇化进程的推进，影响日益广泛，成为人类思想进步的重要成果。此外，就城市文化的具体实践来看，城镇化带来的激励效应也十分明显。文化需求的能量随着城镇化的推进被迅速释放出来，在需求规模、数量、品种上都出现了迅猛增长。人们的文化追求和旨趣趋于多样化，并在社会生活中

---

① 〔美〕刘易斯·芒福德著，宋俊岭、倪文彦译：《城市发展史——起源、演变和前景》，中国建筑工业出版社2005年版，第580页。

更为清晰地表达出来，人们对文化内容多样性和产品丰富性都有了更高的要求。

这些变化既是城市文化发展的机遇，同时也是挑战。改革开放以来，中国在大规模快速城镇化进程中取得了巨大的文化成就，但同时也显露出诸多的文化问题，这些问题集中表现在：人民群众精神文化生活不够充足，人文精神缺失，社会公德伦理失范，创意创新乏力，历史文化遗产流失严重，城市文化风貌断裂、模糊、雷同，不同地域、类型城市之间以及城乡之间发展失衡、失序，等等。这些问题干扰了城市的发展，损害了城市的品质，也让群众对城市和城市生活的希望与期待大打折扣。目前我国城镇化率已经超过 60%，就世界城镇化发展的一般规律看，已经进入城镇化进程的"下半场"，城镇化速度将从高速增长转向中高速增长，城市发展将转向规模扩张和质量提升并重。[①] 在这种情况下，继续一成不变地沿用过去的应对思路和管理方法，已很难成功、彻底解决城镇化进程中的矛盾和问题。在这个持续快速变革的城镇化进程中，人民群众新的文化需求正在生成，新的文化旨趣和文化习俗正在孕育，城市中新的文化发展动力模式正在出现。我们必须因应时代发展，寻找新的理念、方法和途径，处理好发展过程中出现的种种问题，不断催生新的文化能量，创造新的文化平台。而要达成这一目标，也就要求我们不断推进人文城市建设。

二、深入认识城市文化发展的规律与特征

推进人文城市建设，需要我们首先对城市发展的历史、特征、规律加以把握，并由此判明今后中国城市文化的发展定位。从文化研究的角度来看，通观人类历史，世界范围内的城市发展进程经历了两个主要阶段。

[①] 习近平总书记有关这一问题的论述，参见《习近平关于城市工作论述摘编》，中央文献出版社 2023 年版，第 30 页。

第一个阶段是传统城市时期，时间为约公元前3500年城市形态产生至18世纪中叶工业革命前。这是人类从原始聚落、群居形态向传统城市（即农业文明时代的城市类型）的转变时期，也是人类城市文明孕育生成、逐渐形成自身特质的时期。这一时期的主要城市文化现象有：城市的地域风格突出；居于主体地位的乡村文化是城市文化的重要支撑和重要来源；城市文化功能相对单一，构成不够丰富；城市的文化意义主要体现为文化的集纳平台（而非主动创造、强势输出）；等等。

第二个阶段是现代城市时期，时间从工业革命持续至今。在这个阶段，曾经由农业文明主导的传统城市，转变为近现代工商业经济主导下的功能型城市，即城市逐渐被（有意识地）赋予经济、政治、文化、生活等多方面特定的任务和作用，城市形态和城市中的社会文化生活也相应发生显著变化。这一时期，城市化进程在世界范围内大规模展开。城市开始取代农村，成为人类文明的主要生成场所和构成类型。新的城市文化现象也突出地表现出来：随着现代化（之后扩展为全球化）进程的不断推进，城乡之间、城市之间的地域边界日渐模糊，人口流动规模巨大，文化碰撞和交流日益加剧，文化冲突和文化激荡效应愈加明显；城市的文化功能迅猛扩展，城市在完善了文化集纳功能以后，开始更多地担当起文化的创造、展示、教育和传播平台功能，城市成为文化创新和文化财富创造的核心场地。就世界范围来看，现代功能型城市至今仍是一种广泛存在的主流城市形态，特别是在广大发展中国家，丰富和发展包括文化功能在内的各方面城市功能，对内提升城市品质，对外增强城市影响力，进一步合理有序推进城镇化进程，仍是城市乃至国家发展战略中的一大重点。

值得注意的是，尽管人类城市文明整体上仍处于现代功能型城市阶段，但从20世纪后期开始，特别是进入21世纪之后，世界范围内新的城市转型态势开始愈发明显地表现出来，以至于有学者认为人类城市文明正在或已经进入一个"后现代城市"时期。尽管学术界对此尚无定论，但不管是对功能型城市发展模式作出重大调整、发展，还是试图更为决然地扬弃功能城市而构建全新的城市形态，当前人类城市从理念和实践双重层面出现的新情况、新变化，都在预示着（也标志着）又一次大规模城市转型、重构的开始。

在这一进程中，构建以文化创意和人文关怀为核心的人文城市，成为今后城市新发展路径的重要探索方向之一。当前世界范围内，已经或正在涌现一批不同于传统功能型城市（它们主要由政治或经济因素直接主导），而是内涵更为丰富、更具人本价值追求和发展理念的人文城市。新的城市文化现象也更为广泛地出现，诸如：曾经被遗忘或损毁的地域风格重新得到重视，"文化传统"及其载体的价值被再次确认，并被赋予新的时代含义；基于经济社会发展的新需求，城市的文化功能更为凸显，文化价值优先的原则被广泛认可；在城市产业转型压力下，创意创新在城市文化建设中发挥出更为突出的引领作用；为化解功能城市时期出现的种种问题，实现城市新的全面发展，城市建设将更注重人文关怀，强调以人为本，追求更加生态宜居的空间环境、和谐安定的社会关系，以及富有凝聚力和活力的城市精神。

具体到中国来看，我们国家拥有非常悠久的城市营造历史，也取得过极为辉煌的城市建设成就。特别是在农业文明时代，中国发展出了优秀而独特的东方城市类型，影响远及海外，成为人类城市文明的代表样态之一。但由于向工业文明时代的整体转向乏力，中国没有出现由自身文化内生驱动的新城市发展实践，也没能发展出中国式的现代城市和城市文化类型。近代以来，中国是在学习借鉴西方，接受现代生产生活方式的情况下，才出现了新型的现代城市。外生、后发、赶超型的城镇化特征，导致了很多功能城市时代的要求和任务，至今仍需我们在城市建设、管理、运营中去实现和完成。而以文化创意和人文关怀为核心的人文城市时代又正在世界范围内加速到来，需要我们研判、应对。这种双期叠加并最终实现过渡、转型的时代特征，既是我国城市发展新的、重要的机遇，又给我们带来了很多未曾经历的压力、挑战和鞭策。党的十八大以来，党中央科学研判世界城市发展规律和我国城镇化形势，高度重视城市文化建设，将构建人文城市作为今后中国新型城镇化的重要发展目标。在 2014 年公布的《国家新型城镇化规划（2014—2020 年）》

中,"中国特色新型城镇化道路"的基本内涵就包括"文化传承",而"注重人文城市建设"也是"推动新型城市建设"的重要举措之一。[①] 在2022年7月国家发展和改革委员会印发的《"十四五"新型城镇化实施方案》中,也明确提出要"顺应城市发展新趋势,加快转变城市发展方式,建设宜居、韧性、创新、智慧、绿色、人文城市"[②]。同年8月中共中央办公厅、国务院办公厅印发的《"十四五"文化发展规划》同样要求要"综合城市功能定位和经济社会发展,建设传统文化和现代文化交相辉映、城市气质与人文精神相得益彰的现代城市文化"[③]。与此同时,很多中国城市也相继提出了自己的文化发展战略,确定了本城市在文化层面的建设目标和定位。这些都成为未来中国人文城市发展的重要契机,也更迫切地需要正确指导思想、科学发展理念和合理有效的措施方法加以推进落实。

同时我们还要充分认识到,中国城市有其自身发展的脉络、特征和走向,中国的人文城市也必须符合并体现"中国特色"。正如2023年6月2日习近平总书记在文化传承发展座谈会上所指出的:"只有全面深入了解中华文明的历史,才能更有效地推动中华优秀传统文化创造性转化、创新性发展,更有力地推进中国特色社会主义文化建设,建设中华民族现代文明。"[④] 传统中国城市作为中华文明特质与形态的重要载体和呈现形式,鲜明体现着中华文明连续性、创新性、统一性、包容性、和平性的突出特性,中国传统城市规划、建设、管理的思想和实践,是先人留给我们的重要历史经验和文明财富,值得我们不断发掘、深入研究、转化发展,以便更好地思考、应对现实城市发展中存在的各种问题。同时,我们今天所从事的人文城市建设,也应立足于建设中华民族现代文明的崇高境界和追求,树立为中华民族、中华文明"固

[①] 《国家新型城镇化规划(2014—2020年)》,《中华人民共和国国务院公报》2014年第9号。
[②] 《"十四五"新型城镇化实施方案》,2022年7月,国家发展和改革委员会网站 https://www.ndrc.gov.cn/fggz/fzzlgh/gjjzxgh/202207/t20220728_1332050_ext.html。
[③] 《中共中央办公厅、国务院办公厅印发〈"十四五"文化发展规划〉》,《中华人民共和国国务院公报》2022年第24号。
[④] 习近平:《在文化传承发展座谈会上的讲话》,《求是》2023年第17期。

本开新"的责任感和使命感。必须坚持中国城市（及其文化）在发展中的主体地位，坚定文化自信，正确、深入认识城市在中华文明中的地位和作用，进一步继承传统、开放包容、勇于创新，贯通起中国城市文明的"历史文脉"，不断构建当代中国特色城市文化发展道路与模式，完成好建设文化强国、建设中华民族现代文明的新时代文化使命，进而为中国式现代化的推进、为中华民族伟大复兴大业的实现提供有力的支撑。

三、坚持以人民为中心推进人文城市建设

要不断推进中国特色人文城市建设，必须树立正确的思维方法和立场观点。党的十八大以来，党中央针对中国城市建设和城镇化发展作出了一系列战略决策，特别是确立了以人民为中心的发展思想，体现了党中央对城市理论和历史的深刻把握，具有重大指导意义。

目前，学术界对人文城市的理论研究仍在不断深入。一般认为，人文城市应具有亲切的宜居环境、强固的精神认同、良好的文明习俗、清晰的文脉延伸、持续的创新能力、鲜明的文化特色、完善的文化传输等特征。而要正确把握这些特征，深入理解其内在价值意涵，进而以此为标准，充分、协调地开展城市文化建设实践，走好中国特色人文城市之路，就必须在更深层次上树立起正确、科学、权威的价值立场和指导思想。对中国城市而言，"以人民为中心"正是这个核心思想。

改革开放以来，我们党对城市和城镇化工作的重视程度不断加强，认识也不断深化。2013年中央城镇化工作会议高度评价了我国城镇化的历史意义和重要作用，指出城镇化"是我国发展必然要遇到的经济社会发展过程"[1]。2015年中央城市工作会议也指出："改革开放以来，我国经历了世界历史上规模最大、速度最快的城镇化进程，城市发展波澜

---

[1] 《十八大以来重要文献选编》（上），中央文献出版社2014年版，第590页。

壮阔，取得了举世瞩目的成就。"城市已经在党和国家工作全局中"具有举足轻重的地位"，是我们必须加以重视的。① 这些论断彰显了党中央对城市和城镇化工作的高度定位。

党的十八大以来，面对我国城镇化进程中出现的新情况、新问题，中央作出了一系列重大战略决策和部署。2013 年 11 月，党的十八届三中全会通过的《中共中央关于全面深化改革若干重大问题的决定》提出"坚持走中国特色新型城镇化道路"②，确立了中国城市发展新的内涵和方向。之后，2013 年 12 月中央城镇化工作会议、2015 年 12 月中央城市工作会议先后召开，城市和城镇化工作的思路更为清晰。党的十九大作出中国特色社会主义进入新时代的重大判断，继续强调"推动新型工业化、信息化、城镇化、农业现代化同步发展"③。党的二十大进一步要求深入实施新型城镇化战略，"推进以人为核心的新型城镇化"，"着力推进城乡融合和区域协调发展"，具有更为重大的战略意义和深远的影响。④ 就当代中国城市文化建设而言，这些战略决策提供了从宏观到具体的全方位指引。

其中，确立以人民为中心的发展思想，具有特别的指导意义。人是城市活动的根本和主体，"以人为本"是世界公认的城市发展基本理念。在此基础上，党中央以高度的政治意识，提出要"坚持以人民为中心的发展思想，坚持人民城市为人民"，强调"这是我们做好城市工作的出发点和落脚点"。⑤ 进而，党的十九大将坚持以人民为中心确立为新时代中国特色社会主义的基本发展思想，党的十九届六中全会通过的《中共中央关于党的百年奋斗重大成就和历史经验的决议》更将"坚持人民至上"作为我们党百年奋斗的一条重要历史经验。⑥ 这些思想、论断为

---

① 《习近平关于城市工作论述摘编》，中央文献出版社 2023 年版，第 7 页。
② 《十八大以来重要文献选编》（上），中央文献出版社 2014 年版，第 524 页。
③ 习近平：《决胜全面建成小康社会 夺取新时代中国特色社会主义伟大胜利——在中国共产党第十九次全国代表大会上的报告》，人民出版社 2017 年版，第 21—22 页。
④ 《习近平著作选读》第 1 卷，人民出版社 2023 年版，第 24、26 页。
⑤ 《习近平著作选读》第 1 卷，人民出版社 2023 年版，第 407 页。
⑥ 《中国共产党第十九届中央委员会第六次全体会议文件汇编》，人民出版社 2021 年版，第 95 页。

指导城市工作确立了更强大、更权威的政治思想引领。具体到城市领域，2019—2021年，习近平总书记在兰州、上海、林芝等地考察时，又曾多次强调"城市是人民的""人民城市为人民""城市的核心是人"等理念和要求。[①] 而党的二十大更进一步提出，要"坚持人民城市人民建、人民城市为人民，提高城市规划、建设、治理水平，加快转变超大特大城市发展方式，实施城市更新行动，加强城市基础设施建设，打造宜居、韧性、智慧城市"[②]。

以人民为中心，就人口集聚、复杂多样的城市而言，不仅仅是一种形而上的理念、原则，更是一种具体的实践要求。我们治理城市、建设城市，推进城镇化，必须站稳人民立场，坚持人民至上，彰显人文关怀，明确城市首先是人生存和发展的地方，而不是简单的"经济增长机器"或"钢筋水泥森林"，坚定地把人民对美好生活的向往作为我们的奋斗目标。我们要从人民的需要出发，因地制宜，积极稳妥地推进城镇化。从事各方面的城市建设，也都要以实现好、维护好、发展好最广大人民的根本利益为旨归，在寻求城市持续发展的同时，不懈维护和增进城市生活中民主、法治、公平、正义、安全、环境等要素，真正做到为了人民、依靠人民、建设人民城市，从而实现"以人民为中心"对一般、抽象意义上的"以人为本"的发展与超越，彰显中国特色社会主义的制度优势与思想力量。

坚持以人民为中心，还要求我们深刻认识新时代我国社会主要矛盾的变化。进入新时代，我国社会的主要矛盾已经转变为人民日益增长的美好生活需要和不平衡不充分的发展之间的矛盾，而当前城市发展中出现的矛盾和问题很大程度上就是当前社会主要矛盾的突出表现之一。中国城镇化经历多年高速发展之后，各种问题（"城市病"）集中表现出来，这些问题的出现大多和之前建设发展中未能很好重视新的矛盾，未能保证发展的充分、平衡有关。这就更加迫切地要求我们紧紧围绕矛盾

---

① 《习近平关于城市工作论述摘编》，中央文献出版社2023年版，第37—40页。
② 《习近平著作选读》第1卷，人民出版社2023年版，第27页。

变化的事实，以此为基础明确今后城市建设的工作方向、发展方向，着力平衡好质与量的关系。在城市工作中，继续深入贯彻新发展理念，转变城市发展方式，完善城市治理体系，提高城市治理能力，着力解决"城市病"等突出问题，不断提升城市环境质量、人民生活质量、城市竞争力，建设和谐宜居、富有活力、各具特色的现代化城市，同时切实推进以人为核心的城镇化，提高市民共同参与程度，提高城镇人口素质和居民生活质量，全面提高新型城镇化水平，走出一条中国特色城市发展道路。

在城市发展中贯彻以人民为中心的发展思想，文化建设作用重大。人的素质高低，决定着城市的走向。城市文化建设问题，核心是人的问题。人们生活在城市里，需要不断得到生活满足、身份确认、尊严保障、社会关怀、审美供给等力量的支撑。反之，城市的持续健康发展也有赖于城市人在价值观念、道德修养、行为方式等方面的普遍增进，亦即整个城市社会文明程度的不断提升。而不断满足城市人的精神需要，同时持续促进人们的心灵成长，正是城市文化建设的核心任务和目标，也是人文城市的一大标志性特征。因此，人文城市建设就成为落实以人民为中心、推进人民城市建设的内在要求、核心构成部分和重要体现形式，而人民城市思想则奠定了中国人文城市的基本性质和价值导向。我们的党委政府要对城市生活中人的价值、需求和行为，保有高度的敏感度和负责精神，以丰富多样的有效手段，调动社会一切力量，凝聚社会共识，共筑精神家园，形成合力，共同培育城市精神，养成现代文明习俗，引领人、塑造人，不断以人文城市建设促进城市人的全面成长，进而实现中国城市的高质量发展。

四、人文城市建设的实践探索

人文城市建设的最终落脚点，是具体的文化实践。也只有在实践中，我们对规律的把握和对理论的认识才能充分发挥效果，以人民为中心的发展思想也才能准确高效地落实。采取何种措施、方式，方能切实有效地提升城市人文精神、内容和品质？发挥文化动力、提高文明程度、加强城市历史文化保护、增强区域和城乡协调等，都是今后一段时期人文城市建设实践的重点。

（一）在城市发展中发挥文化动力

当前，文化对城市发展的作用和价值日益凸显，其中一个重要方面，就是文化日益成为城市产业发展和经济繁荣的重要动力。2015年中央城市工作会议就已提出要"统筹改革、科技、文化三大动力，提高城市发展持续性"，其中强调文化的驱动作用："推进城市科技、文化等诸多领域改革。要优化创新创业生态链，让创新成为城市发展的主动力，……释放城市发展新动能。"[1] 就文化自身而言，则要探索以文化产业作为城市重要先导产业，提升文化相关产业在城市产业结构中的比重，优化产业形态。2023年全国两会期间，习近平总书记在参加江苏代表团审议时提出："上有天堂下有苏杭，苏杭都是在经济发展上走在前列的城市。文化很发达的地方，经济照样走在前面。可以研究一下这里面的人文经济学。"[2] 进一步提示我们要通过科学规划和精心营造，实现文化与经济的共生共荣，推动我国城市不断实现高质量发展。进而，我们还要从全局上把握文化对城市发展的动力作用和机制。习近平总书记指出："以文化人、以文惠民、以文润城、以文兴业，展现城市文化特色和精神气质，是传承发展城市文化、培育滋养城市文明的目的所在。"[3] 发达、良性的文化产业，不但会带来经济效益的增长，还将创造显著的社会效益——它能更好地满足城市居民多方面的需求，彰显城市特色，激扬城市精神，有利于生态环境的保护与改善，更有利于市民生活质量的提升，可谓一举多得、利在长远。

---

[1]《习近平著作选读》第1卷，人民出版社2023年版，第415—417页。
[2] 杜尚泽、潘俊强：《总书记关注的这个题目，有中国的未来》，《人民日报》2023年7月10日。
[3]《习近平春节前夕赴天津看望慰问基层干部群众，向全国各族人民致以美好的新春祝福，祝各族人民幸福安康，祝伟大祖国繁荣昌盛》，《人民日报》2024年2月3日。

为此，我们需要高度重视包括文化产业发展在内的城市文化建设，重视文化在城市发展中的动力作用，深入体察一座城市的文化生态，从历史传统、当代文化、建设环境等多个维度，充分认识城市的文化资源。要在党委政府的宏观决策、科学领导、统筹推进下，全面调动企业、专业技术人员、一般市民群众等多种社会力量，积极有序地参与城市文化事业和文化产业发展，不断激发全社会文化创造动力和活力。要持续提升城市文化发展能力和经营治理水平，正确处理经济效益与社会效益、长期利益与短期利益的关系，科学深入发掘运用城市文化底蕴，有针对性地进行产业定位和规划设计，充分展现城市社会风情、人文气质和个性特色，为城市发展带来持久显著的效益。要深入认识文化与创意、文化与旅游、文化与城市更新等的关系，不断发现、创造提升文化动能的新结合点、增长点，积极开展新业态培育和人文空间再造，提升文化产业发展品质。要运用好城市的文化集聚效应，进一步加强文化服务设施建设和文化活动空间营构，利用城市区位和空间优势，塑造内容丰富的文化场景，不断强化城市的文化集纳、创新、展示和辐射效应，最终形成人文城市显著的"文化增值"现象。

（二）提高城市社会文明程度

对于高度个体化、多样化的城市社会而言，在市民中形成广泛而强大的思想认同和精神共识，是促成城市社会和谐安定、文化健康繁荣、发展持久有力的基本保证。因此必须发挥好文化建设在树立价值导向、培育城市精神、增强文化自信方面的作用，"要结合自己的历史传承、区域文化、时代要求，打造自己的城市精神，对外树立形象，对内凝聚人心"[1]。党的十九大提出要加强思想道德建设，"提高人民思想觉悟、道德水准、文明素养，提高全社会文明程度"[2]。党的二十大报告专论"提高全社会文明程度"，其中再次强调要"推动明大德、守公德、严私

---

[1] 《习近平著作选读》第 1 卷，人民出版社 2023 年版，第 419 页。
[2] 习近平：《决胜全面建成小康社会　夺取新时代中国特色社会主义伟大胜利——在中国共产党第十九次全国代表大会上的报告》，人民出版社 2017 年版，第 42 页。

德，提高人民道德水准和文明素养"[1]。人文城市建设必须结合城市特点，在不断满足市民文化需求的同时，通过人文教化的力量，持续提高城市社会文明程度，营造良好的社会规范和文化氛围。

具体而言，要通过精细化、生活化、人性化的宣传引导，高水平推进践行社会主义核心价值观，弘扬城市精神，强化市民的主人翁意识、共同体意识和家园感，在精神层面持续巩固思想共识，在社会层面积极养成市民文明行为和习惯，形成良好社会风尚，营造包容关爱、向上向善的人文社会环境，不断增强城市的文化亲和力与凝聚力。要不断提升文化服务（及其他关乎社会文明育成的城市公用设施和公共服务）的供给能力与水平，在持续丰富市民精神文化生活的同时，营造良好人文环境与氛围，激发市民形成更高层次的道德意识和文明素养，引导市民个体行为更好地符合社会文明规范。要不断推进与提升社会文明程度相关的制度和法规建设，加强对不文明行为的监管与整治，同时对文明行为及其实施个体加以有效激励，为思想道德建设和文明行为引导提供刚性的制度保障；要认识到公共政策的价值属性，注重发挥公共政策在道德引领和维护公平正义与文明秩序等方面的作用，不断彰显公共政策的价值导向。要加强人文城市建设中的市民参与，支持鼓励市民自觉践行文明友善行为，参与健康有益的文化活动，积极参与公益志愿服务，有序参与社会公共事务，不断拓宽和畅通市民参与的方式和渠道，为人文城市建设和城市文明提升提供不竭的强大力量。

（三）加强城市历史文化保护

城市发展自有其历史根脉和文化个性。要在城市中保护和弘扬优秀传统文化，延续城市历史文脉。正如习近平总书记指出的："历史文化是城市的灵魂，要像爱惜自己的生命一样保护好城市历史文化遗产。"[2]同时也要"处理好历史文化和现实生活、保护和利用的关系，该修则

---

[1] 《习近平著作选读》第1卷，人民出版社2023年版，第37页。
[2] 《习近平关于城市工作论述摘编》，中央文献出版社2023年版，第100页。

修，该用则用，该建则建，做到城市保护和有机更新相衔接"[①]。党的十九大以来，中央明确提出要推动中华优秀传统文化创造性转化、创新性发展，又为城市历史文化的保护、传承和发展提出了新的要求和方向。

加强城市历史文化保护，应着力构建中国特色城市文化识别体系，以彰显中国文化的独有魅力为依归。所谓中国特色城市文化识别体系，是指一种由内而外的形态体系，其内核是人们的精神气质和文化修养，中介是制度设计与实施途径，城市的风貌形态、地貌景观、建筑风格、城市构成肌理及相关细节，则是构成中国特色的外在形态。我们要充分运用好这些要素，着力发掘蕴含其中的文化效应，切实构建好古今贯通、体用结合、风格鲜明的中国特色城市文化。在城市建设中既不能一味地简单模仿洋人、古人，也不能异想天开、毫无文化依据地凭空臆造。只有如此，才能更好地传承历史文化精华，形成中国城市独有的文化魅力和吸引力，使中国城市成为人们尊重、喜爱，愿意前往和长久居住的处所。

对于城市历史文化，我们应采取"有机保护"的做法，让文物古迹、文化遗产既得到有效保护，又得到合理利用，使之成为今后城市发展、文化繁荣、社会文明进步的有机成分，其自身也能藉由功能更新而焕发出新的生命力。文化遗产保护不是要让这些历史文化精华封闭、割裂、呆板地成为文化"遗体"，而是要真正成为有价值、"活起来"的文化"遗产"。我们要遵从世界公认的文化遗产保护准则，将文化遗产视为前辈先人对我们的托付，我们有责任和义务将它们保护好，并完整地传承给我们的后人。同时，我们也要通过深入分析和认真辨别，将文化遗产合理地、有机地融入当代生活，推动城市优秀传统文化创造性转化、创新性发展，使之更好地满足新时代城市发展的要求，成为今后人们文化生活中一个鲜活的成分，一个文化认同、家园认同的重要载体。

[①] 《习近平关于城市工作论述摘编》，中央文献出版社2023年版，第100页。

（四）推进文化领域的城际协调和城乡融合

城市的发展不是孤立的。一座城市的发展，有赖于其他城市及周边区域的协调配合，而城市的发展更离不开乡村的支撑。同样，发展良好的城市，也应该向其周边区域，特别是乡村地区提供各方面的支持和帮助，以实现国家整体的进步和发展。党的十九大提出实施乡村振兴战略和区域协调发展战略的要求，党的二十大强调"着力推进城乡融合和区域协调发展"，为中国城镇化进程进一步指明了方向。乡村振兴与区域协调发展战略内涵丰富，涉及领域众多，文化建设也是其中不可或缺的组成部分。

在推进区域协调发展方面，党的二十大提出要"以城市群、都市圈为依托构建大中小城市协调发展格局，推进以县城为重要载体的城镇化建设"[①]。理想的城镇格局应该是规模均衡适度、空间布局合理、联系密切、协调高效、集群发展的，其中大中小城市皆不可孤立、偏废。在城市之间（特别是不同层级城市之间）加强文化交流互通，推进区域内文化协同发展，从而在城市群内部形成区域精神纽带、增长动力和发展共识，无疑对强化城市群内部的联系凝聚、提升城市群发展软实力具有重要战略意义。而协同有力的城市（群）体系也将进一步推进中国城镇化的整体、健康、有序发展。

在全面推进乡村振兴的进程中，构建科学合理的城乡文化关系同样意义重大。党的十九大提出要"建立健全城乡融合发展体制机制和政策体系"[②]，党的二十大进一步强调要"坚持城乡融合发展，畅通城乡要素流动"[③]，城乡关系定位不断明确。党的二十大还提出要"推进城乡精神文明建设融合发展"[④]，对文化领域推进城乡融合提出了具体要求。为此，我们应在观念上破除城乡二元对立的固有思维，消除"城市一定

---

① 《习近平著作选读》第 1 卷，人民出版社 2023 年版，第 26—27 页。
② 习近平：《决胜全面建成小康社会 夺取新时代中国特色社会主义伟大胜利——在中国共产党第十九次全国代表大会上的报告》，人民出版社 2017 年版，第 32 页。
③ 《习近平著作选读》第 1 卷，人民出版社 2023 年版，第 25 页。
④ 《习近平著作选读》第 1 卷，人民出版社 2023 年版，第 37 页。

压倒农村、取代农村"的不恰当发展观。要树立城乡一体、城乡等值的观念,打破城市强势文化对乡村的隔膜、偏见和扭曲的想象,在城乡居民之间加强互动、沟通和理解,不断从观念和实践上消除城乡差别。要推动形成工农互促、城乡互补、协调发展、共同繁荣的新型工农城乡关系,积极促进城乡要素和资源,包括文化和精神要素、资源的双向流动。城市要发挥助推器作用,利用自身的经济、技术、理念、人才优势,在助力乡村振兴方面积极作为,帮助乡村实现更有特色的、符合自身规律的发展;乡村也将成为承载城市"乡愁"的"故土家园",为化解"城市病"作出贡献。最终则是城乡形成共进合力,促成中华文明的整体发展。

总之,人文城市建设是一个长期的系统性工程,需要我们不断从理论和实践各个维度来加深认识并切实推行。我们要充分认识到文化在未来中国城市发展中的巨大作用,把握城市发展规律,认清新时代中国城市的基本特征、基本矛盾,顺应时代要求和人民期望,抓住机遇,迎接挑战。要端正以人民为中心的发展思想,以人文价值为精神内涵,以人的生活需求、社会需求、精神需求和美感需求为出发点,以历史文化遗产保护和文脉延续为基础、纽带,以文化创造、创新为拓展空间,以文化再生要素的激发为主要手段,最终建成具有当代文化价值、彰显中国气派的人文城市模式和体系,为国家发展、民族复兴提供支持和力量。

参考书目:

1.《习近平关于城市工作论述摘编》,中央文献出版社2023年版。

2. 刘士林:《都市文化原理》,东方出版中心2014年版。

3. 薛凤旋:《中国城市文明史》,九州出版社2022年版。

4.〔美〕刘易斯·芒福德:《城市发展史——起源、演变和前景》,中国建筑工业出版社2005年版。

第十讲
扎实推进乡村文化建设

党的二十大就构建新发展格局，推动高质量发展，提出要"全面推进乡村振兴""加快建设农业强国，扎实推动乡村产业、人才、文化、生态、组织振兴"，持续深化党的十九大以来推进乡村振兴的战略举措。乡村文化建设和振兴，是全面推进乡村振兴的灵魂和总纲，新时代必须扎实推动乡村文化建设。

一、文化建设为乡村振兴铸魂

乡村是具有自然、社会、经济特征的地域综合体，兼具生产、生活、生态、文化等多重功能，与城镇互促互进、共生共存，共同构成人类活动的主要空间。

（一）乡村文化建设：功能与价值

2020年9月22日，习近平总书记在教育文化卫生体育领域专家代表座谈会上的重要讲话中指出，"统筹推进'五位一体'总体布局、协调推进'四个全面'战略布局，文化是重要内容；推动高质量发展，文化是重要支点；满足人民日益增长的美好生活需要，文化是重要因素；战胜前进道路上各种风险挑战，文化是重要力量源泉"。如今中国城镇化率已经超过65.22%（2022年），城镇化进入"下半场"，中国式现代化高质量发展进入新阶段，推动区域、城乡一体化协调发展是推动高质量发展的重要内容，乡村文化建设是乡村振兴的灵魂。

整体而论，乡村文化建设主要有这样一些功能和价值：一是留存乡村记忆。铭记乡愁，传承手艺，实现社区认同。乡村本质上仍是一个以乡风、乡情、乡习为纽带的生产生活集合体，一个融合了血缘、亲缘、业缘的生活和文化共同体。乡村文化发展的价值起点，是保护利用包括传统民居村落、传统艺术、民俗礼节、宗教信仰、节庆习俗、民间约定、家训家风家教等乡村文化资源，推动乡村文化在再生产中实现文化传承、乡风文明塑造、生态保护、产业发展、村民增收和谐统一。二是树立文明乡风。乡村文化建设可以提升村民精神面貌与乡风文明建设，淳化风俗，厚植美德，凝聚人心。随着乡村文化活动开展，乡村生活空间美化、生态环境优化、历史建筑活化，可以显著提高村民收入，同时教育、文化供给也会不断获得提升。例如在河南修武县大南坡村的乡村文创探索中，随着村庄基层建设的推进、"美学经济"的发展，村民素质也有了显著提升，南坡讲堂里定期开放的讲座总是座无虚席。村民们从"要我发展"变成了"我要发展"，开始不仅追求物质生活水平的提高，对精神文化需求也在不断增长。通过乡村文化建设，推动了乡村传统文化在新时代的创新，在坚守文化精神本真的同时，追求时尚化、潮流化、通俗化，以乡村文创再造文明乡风从根本上提升了乡村居民的文化涵养，活化乡村精神文明增强了文化生命力，丰富了乡村新的文化内涵，铸牢了乡村文化之魂。三是改进乡村治理。通过整合价值，规范行为，保障乡村有序治理。乡村文化建设可以把群众组织起来实施乡村民主治理，激发村庄发展的内生动力，提高村民的参与意识，使村庄的硬件改造、公共文化服务的完善与村庄治理、乡风文明建设、村民素质提升相互配合，同步推进。四是发展特色文化产业。特别是休闲农业、乡村旅游、特色文化产业发展。通过乡村美化和产业转化，推动乡村文化资本转化，创造乡村特色文化产品和文化服务，推动形成特色文化产业，为乡村振兴筑牢物质基础。

（二）乡村文化建设：范围与重点

乡村文化建设内容丰富、形式多样，根据党的十九大以来出台的一系列政策文件和《中华人民共和国乡村振兴促进法》第四章的要求和乡村文化振兴实践,把乡村文化建设的重点概括为如下几个关键词:一是乡村文明建设。继承和挖掘乡土文化资源,要把文明乡风建设作为首要内容,文明乡风建设要和朴素家风、清朗民风一体推动,注重在具体的日常生活和点点滴滴中培育。二是乡村公共文体设施建设。特别是通过配置文体活动设施,组织村民开展健康文体活动,活跃乡村文化生活,尤其是注重和传统民俗节日结合起来,借助具有鲜明地方性特质的文化节日活动,加深彼此的感情,夯实乡村社会资本。三是开展文化遗产保护。特别是注重传统村落、特色村寨、农业遗产、各类非遗的保护和利用。四是发展特色文化产业。重点推动特色文体产业、传统工艺、农文旅(休闲农业)融合型产业等。以重点文化产业业态和项目为载体,促进乡村文化再生产,推动村民素质提升和就业增收,激发乡村发展活力。近年来,地方实践探索风生水起,如河南修武县乡村"美学经济"、浙江德清县"洋家乐"乡村旅游新业态等美誉鹊起,乡村特色文化产业正以蓬勃的生命力和巨大的发展潜力,成为乡村全面振兴的助推力量。

(三)乡村文化建设:主导与参与

党的十六大以来,我国文化建设领域进入了快速发展阶段;党的十八大以来,党和国家把文化建设摆在更加突出的位置。乡村文化建设更加丰富多样,体现在政府主导的乡村文化服务不断升级,从"2131工程"、送戏下乡、农家书屋到综合文化活动中心、新时代新文明实践中心建设,主流文化依托这些制度化的形式导入乡村,同时各种企业机构、社会主体也以多种形式介入乡村文化建设服务。特别是乡村居民本身也成为开展乡村文化建设的多方合作力量的重要一支,以强烈文化自觉不断传承弘扬乡土文化和老手艺,延续乡土文脉。其实早在2005年11月7日中共中央办公厅、国务院办公厅印发的《关于进一步加强农村文化建设的意见》中就有"大力发展农村民办文化"的内容,倡导通过民办公助、政策扶持,鼓励农民自办文化,开展各种面向农村、面向农民的文化经营活动,使农民群众成为农村文化建设的主体。

乡村文化建设是乡村全面振兴的灵魂,可以发挥多方面的价值和功能，这就要求必须以新的理念去全面理解乡村文化建设的地位和作用。正如习近平总书记在 2022 年 12 月的中央农村工作会议的讲话中所指出的："全面建设社会主义现代化国家，出发点和落脚点是让人民生活越过越好。现代化越往前走、物质生活越丰富，人民群众越喜欢山清水秀的田园风光，农业除了保障粮食和重要农产品供给，其生态涵养、休闲观光、文化传承的功能就越能发挥积极作用。"[1]

二、高质量供给乡村公共文化服务

公共文化服务体系建设是我国不断深化文化领域改革的创新性举措，是有效落实人民文化权益的保障。"现代"公共文化服务更是成为党的十八届三中全会以来深化文化领域改革的主要任务之一，也是不断接受当今世界政府管理改革新趋势与新理念的生动实践。乡村公共文化服务，不论是内容还是形式，不论是政府供给还是社会性机构提供，都推动了乡村社会建设和现代文明生活。"十四五"以至未来一段时期，与人民更丰富精神需求相适应，乡村公共文化服务也必须落实高质量发展的内在要求。

（一）升级政府供给的公共文化服务

乡村公共文化服务如何开展、文体设施如何建设、文化如何更好地助力乡村振兴需要推动理念、主体、业态、空间等创新，打好"组合拳"？一是更新文化理念，实现文化综合价值功能，全面认识文化综合功能和价值，避免简单化、工具化。乡村公共文化服务，必须着眼于乡村文化的精神回归和复活，不能将以往城市公共文化服务的组织化思路和模式，直接移植到乡村社区。乡村社区公共文化服务要对标国家乡村振兴战略规划、政策提出的各项"目标"要求，注重发挥文化综合功能。二是引入新参与主体，服务乡村文化建设。发挥好新乡贤带动引领

---

[1] 习近平：《加快建设农业强国　推进农业农村现代化》，《求是》2023 年第 6 期。

作用。不论乡村能人、精英回流还是新外来精英，都会把一些新的文化带到乡村，成为传统更新的外来刺激和文化建设内容。引导不同类型的社会组织参与乡村文化服务和生产。鼓励合作社、社会企业等直接参与乡村发展，尤其是新经济业态中的公益组织，发挥其包含乡村文化更新在内的综合功能。

（二）立体化、活化呈现在地文化符号

乡村文化资源类型多样、丰富多彩，传统村落、民族村寨、手工技艺、古建遗存、民族服饰、民俗活动、节庆仪式、传说故事等都是乡村文化资源，不论是有形无形、是物质文化遗产还是非物质文化遗产，都可以成为今天乡村振兴活化的重要内容和依托，是培育"文化生产力"的最大来源。新时代弘扬中华优秀传统文化，"要处理好继承和创造性发展的关系，重点做好创造性转化和创新性发展"[1]。特别是适应数字经济时代文化发展要求，把价值内容与技术元素融合再炼，推动乡村文化创新发展，塑造具有鲜明特色的文化产品，赋予传统文化精当表达，向世界准确传达中国文化的当代性。比如深圳客家甘坑小镇，依托在地文化资源创生文化 IP"凉帽宝宝"，堪称文化转化呈现的典范，以亲切、萌态的形象代言甘坑，通过动漫产业和旅游产业相结合等途径，助推甘坑客家小镇全新发展。

（三）注重营造乡村新文化空间

中国乡村社会不仅是生活共同体，也是文化共同体。这些年城乡差距持续拉大，大量人员外流，农村凋敝问题严重。乡村振兴过程中要以新的认知高度再造乡村空间，比如乡村记忆馆、博物馆、图书馆、美术馆等不同类型的新文化空间。不仅要承续历史文化脉络，也要尊重自然地理肌理；不仅要考虑整体乡村建筑的风貌特点，还要拓展整合新公共空间，为重塑现代乡村生活共同体奠定文化空间之基。乡村振兴是一个

---

[1]《习近平关于社会主义精神文明建设论述摘编》，中央文献出版社2022年版，第214页。

整体再造过程，要根据发展需要创建新的文化空间，比如乡村博物馆、乡土景观群、农业遗产带等，激活其文化价值内涵，成为乡村居民新乡村社区认同的物理空间载体。也可能会因设计助力，成为乡村新经济发展的物理空间载体。"十三五"时期，各地科学发掘、保护和利用乡村文化资源，成效显著。例如，2013年《山东省城镇化发展纲要（2012—2020年）》提出，打造一批"活态化"乡村博物馆；北京市"十三五"规划中提出，新建100家社区（乡村）博物馆；2016年吉林省启动"吉林印记——乡村博物馆"项目建设，先后建成乡村博物馆91处。与纯粹的城市文物类、综合类或主题类博物馆不同，乡村博物馆源于乡村，生长于乡村，既承载着在地文化保护与传承的使命，又肩负着乡村公共文化服务与产业融合等职能。这些乡村文化新空间位于乡村范围内，传承中华优秀传统文化，弘扬社会主义核心价值观，重点展示、传播、收藏和传承地域历史文化、特色文化、革命文化及乡村生产生活、非遗保护、产业发展见证物，在向公众开放中很好地实现了教育教化功能。

（四）艺术乡建：把"艺术形式"转化成"生活样式"

推动乡村公共文化服务，借助外来创新创意力量振兴乡村，要结合乡村整体性活化复兴，借助组织力量把不同类型创意人才吸引到乡村、服务于乡村建设。特别是吸引文化艺术人才，让文化艺术助力乡村审美化环境营造、建设新型文化空间。特别是此轮乡村振兴战略实施中，借助乡村移民搬迁、危旧房改造等新机遇，复现文化乡村生命个性，再现乡村存在的"原生状态"。民居建筑的民族和地域色彩、公共空间的营造，甚至是乡村建筑小品、公共景观等，都要体现出艺术性品位和创意。比如浙江桐庐的"猪圈"转身成了咖啡馆、台南后壁区的土沟村成为台湾第一座农村美术馆。当艺术与乡村产生连接与共鸣，让乡村美术馆成为村民的美育新课堂，通过名家大师、艺术地标的加持，将"流量"引入乡村，通过艺术的力量助推乡村振兴，实现乡村价值再发现、社会资本再集中、文化景观再生产。

此外，乡村公共文化服务和活动举办，还要结合乡土文化资源和传统，搭建乡村治理新的文化平台，开展多样化文化节庆活动。乡村振兴不是在孤立封闭中实现，必须在区域协同、城乡融合发展视域中展开。在活化乡村资源的过程中，艺术类节庆的价值和作用独特且巨大，依托节庆活动平台孵化培育乡村农林文旅融合发展业态，对活跃社会生活、促进文化发展、激发产业活力作用突出，能够促进资源、信息、资本等跨域流动交换，给乡村发展提供更多的文化内容消费品和发展机会。

三、文化产业赋能乡村振兴

近年来，国家高度重视乡村特色文化产业发展，通过出台扶持政策和发展规划，引导文化产业机构和从业者深入乡村对接帮扶、投资兴业，以重点文创产业业态和项目为载体，促进乡村文化再生产，推动村民素质提升和就业增收，激发乡村发展活力。通过繁荣发展乡村特色文化产业，提升乡村文化对乡村经济社会发展的综合带动作用，以文化产业赋能乡村振兴，搭建了一个实现共同富裕的重要途径。

（一）更新认知理念：文化产业的赋能价值

第一，乡村文创是推动乡村振兴战略的助推器。乡村文创的本质是基于乡村生态资源、地理环境、文化资源、特色产业、乡村生活等要素展开的跨界创意。乡村振兴必须发挥好文创的综合带动功能。通过乡村文创，农产品能够被创意包装和文化营销，农业附加值进一步提升；破旧废弃的村居老宅、单调平淡的农业景观能够化为时尚民宿和优美景观，进一步优化村容村貌，营造休闲农业。以乡村文创的发展为契机，"用文化唤醒乡土、以创意激活乡村、让宜居重归乡村"，以文化再生产全面振兴乡村，使其在后工业社会焕发光芒，补齐乡村发展短板，实现高质量发展。第二，乡村文创助力提升村民精神面貌与乡风文明建设。随着乡村文创的开发与活动的开展，乡村生活空间美化、生态环境优化、历史建筑活化，村民收入有了显著提高，同时教育、文化供给也不断获得提升。乡村文创再造文明乡风从根本上提升了乡村居民的文化涵养，增强了文化生命力，丰富了乡村新的文化内涵，铸牢了乡村文化之魂。第三，激活乡村文化再生产是乡村文创发展的根本旨归。乡村文创发展不能仅仅关注产业经济层面的发展，因为乡村本质上仍是一个以乡风、乡情、乡习为纽带的生产生活集合体，特色文化产业虽对其产生较大影响，但文化再生产才是其中的灵魂与源动力，要实现文化传承、乡风文明塑造、生态保护、产业发展、村民增收和谐统一。第四，乡村文创要向融合发展要动能。文创赋能乡村振兴不仅需要多层功能渗入，也需要打破观念藩篱，在推动乡村公共文化服务高质量发展方面，向三种"融合"趋势要动能，即文化事业和文化产业融合、文化和旅游融合、城乡融合。

（二）突出重点文化产业业态

从文化产业赋能乡村振兴的八个重点领域发力，即创意设计、演出产业、音乐产业、美术产业、手工艺、数字文化、其他文化产业、文旅融合，根据国家的规划到2025年基本建立文化产业赋能乡村振兴的有效机制。文化创意、设计服务在文化更新和产品生产制造、创造新型消费过程中，具有巨大推动作用和创生价值。作为创意产业和生产性服务业的主体业态类型，创意设计行业可以更好地服务于乡村振兴，提高整个乡村经济社会全面发展质量，中国化乡土设计若能够植根乡村文化传统，也将在更高层面上实现文化更新，促进乡村空间文化生产，推动一种新乡村传统的建设创造。比如各种新型农业经济业态、新型农林景观、新型乡村休闲旅游业，都离不开设计服务业所成就的新文化空间；就是单纯农业生产也需要融入创意设计，让创意设计成为服务乡村新生活的新途径。要深化设计驱动乡村文化再生产，以创意设计服务民生，乡村引入建筑师、设计师嵌入设计服务业，依托传统乡土建筑特点个性，把现代设计理念带进来，设计好既能够保留本乡本土特色又能够凸显现代文明精神更高时代内核的民居建筑，把历史文化底蕴、地方特色与现代文明融合在一起，推动乡村旅游业发展，创造新文化业态。

（三）数字文化赋能

数字经济深度改变中国传统经济结构形态，正成为我国经济发展的新动能新引擎。互联网和数字化潮流推动着传统经济向互联网经济转型升级。乡村振兴必须搭上数字经济增长的快车，乡创发展实践已经在与虚拟经济融合中获得良性成长。数字技术正为乡村文创插上腾飞"翅膀"。一是数字网络平台赋能乡村居民，提供了新的文化空间和创业机会。村民永远是乡创的主角，网络及平台为乡村居民提供了更多的参与机会，推动乡村社会跨越式发展。互联网普及率提高迅速缩小了城乡间的"数字鸿沟"，为乡村社会培育和发展提供前所未有的支撑和条件。特别是国家积极推动的"数字乡村"建设成效显著，智能手机的普及提高了乡村社会信息服务和发展水平，为实现"人的现代化"创造了前所未有的条件。信息化服务普及、公共信息服务水平通达、网络扶贫开发，让广大乡村居民实实在在共享了互联网发展成果。二是数字经济发展为乡村产业振兴提供了新型电子商务平台，为文化创意企业、个人工作室创业提供了平台。互联网为乡村各类产品市场提供了一个不受时间和地域限制的"24小时市场"，从早期政府资助扶持的农商网到各种农产品电子商务平台，如阿里巴巴、京东、苏宁等各大电商，集中发力农村市场，带动了农村电子商务发展。三是网络平台企业给小型文化工作室、文化个体创业型就业提供了新平台，催生了"创意者经济"模式，短视频平台快手、抖音、火山等，汇聚了海量农村艺人，成为他们创业就业致富的重要载体平台。四是数字经济赋予老手艺以"新生命"，为乡村创意活动提供新的文化场景和传播机会。数字经济带给涉农产业更大的影响与推动体现在重组产业组织系统、升级产业链条、提高农业产业的能级和效率等方面。作为一种融合性经济，数字技术具有天然的渗透性、融合性和赋能性。数字经济为新的农业产业发展模式和组织形态重塑带来了新的机会，给高品质生态和有机农业增添了生产的"数据"生产力，提升了产品的高附加值。很多传统的农村生产生活中的老手艺，作为一种长期传承的历史信息载体和生活记忆，依然存在于都市与乡村生活中。另外，现如今数字经济给予了老手艺以"新生命"，借助互联网平台，老手艺人甚至实现了成功创业，在虚拟空间里建立了自己的众创空间，老手艺与新创意结合获得了新生。线上与线下联结不同社区，实现老手艺乃至于各种工艺品生产、展示、传播、销售一体化，社区活动又成了大家交流心得的场所，促进了手艺文化的传承发展。数字经济赋予传统文化行业以新的生命，给乡村振兴提供了新的历史机遇。未来随着乡村文创行业发展，完全可以依托网络平台构建乡村文创发展联盟以及信息流通与服务平台，培育各种类型的乡创服务型机构和组织。

（四）创生乡村文创发展新模式

乡村文创发展需要多方合力，政府支持是关键引力，企业参与是市场动力，乡村居民是发展主力，社会帮扶是外在助力，因此，需要构建一个合作共赢的机制和平台，建立政府、市场、社会协同的乡村文创发展新模式，寻求合力推动乡村文创发展。一是基层党组织是推动引领乡村文创发展的引导力量。开展乡村文创活动，较多缺少充足的实践和经验，基层党组织和政府的引领作用极为重要。基层党组织和基层政府的统筹规划是推动乡村文创高质量发展的根本保证。例如，福建省屏南县龙潭村的乡村文创的兴旺发展，离不开屏南县委、县政府作出的统筹规划和基金引导。县委、县政府因地制宜，拓展乡村文创新思路，明确发展新方向，科学规划各村的特色文创发展路径，引入相关文创人才，精准选派高素质驻村干部，提高基层党组织的发展眼光、政治素质和办事效率。推动制度创新，为乡村文创发展提供资金、人才、土地等领域的政策支撑，创新组织制度、完善投融资机制和文创产业合作社管理制度，提高基层党组织的乡村治理能力，加强基层党组织发展乡村文创的内生动力培育，将各种外部支撑转化为促进村庄发展的内生性要素。二是多主体力量合作带动要素向乡村文创流动。在谋划乡村文创发展中，坚持文化引领、产业带动，农民主体、多方参与，政府引导、市场运作，科学规划、特色发展，促进政府与高校、文创企业、社会组织等形成合力。围绕演艺、创意设计、音乐、美术、手工艺等重点领域，吸引资金、汇集人才、深化创意。政府积极引导文化产业机构、文化工作者和文创人才深入乡村对接帮扶。各文创企业、文创人才、高校等社会力量积极呼应，创造出一批有益的实践探索。例如，广东通过开办旅游产业投融资对接会，推介乡村文创旅游项目，以其兼备经济效益、环境效益和文化效益的优势，探索投融资机制创新以吸引社会投资。清华大学建筑学院在全国首创"乡村振兴工作站"模式，通过在全国不同地区针对性布点，设计改造闲置房屋，充分挖掘本地的资源禀赋和历史文化，与地方政府共建实体工作站，打造公益性、开放性、长效性的服务平台，探索创意人才引进和创意培育孵化路径。北京大学乡创团队在"白马花田营地"项目运营中，设置"乡村运营官"制度，实现城乡联结、人才联结和教育联结，吸引外乡人才深入扎根土地，推动本地乡民自主性、能动性地参与新乡村创建工作。此外，还有高校和地方政府合作，推出了"文化特派员"等制度，以文化助力乡村建设。这些探索依托政府、企业、高校等社会力量共同合作，推动要素向乡村文创流动。三是探索共建共享共治的乡村文创发展新模式。推动乡村文创发展，需要多元主体共同参与，发展过程要始终秉持以村民为中心的发展原则，推动新村民与老住户互助融合，共创共享幸福美丽新乡村。例如，四川蒲江县明月村坚持"政府搭台、文创撬动、产业支撑、公益助推、共创共享"的发展模式与发展理念，探索出一条以当地村民为本，政府、企业、社会组织共建共治共享的乡村文创发展路径。首先，政府负责牵头项目建设，并提供良好的政策环境；其次，构建高品质文创项目集群。依托本地陶艺资源，引入艺术家、文创企业和文创项目。文创项目落地首要考虑对明月村的长期影响，以文创带动第一、第二、第三产业的深度融合，构建立体完整的产业架构。此外，积极发挥"3+2读书荟"、明月乡村研究社等公益组织作用，借助民间力量和专业力量，提升明月村治理水平，推动乡村经济和社会文化协调发展。这种共建共治共享的乡村文创发展新模式无疑是成功的探索，不仅激活了乡村经济、文化与生活，也推动了乡村文创高质量发展。

总之，在数字经济蓬勃发展的时代环境下，借助乡村文创赋能乡村振兴，使乡村经济、产业、生态、文化、社会、治理等的发展质量和水平全面提升，就必须变更工具性、片面性、短视化理念，重新审视文创赋能的价值功能，以新思路谋求乡村文创发展，借助乡村文创激活乡村振兴的动能，努力实现乡村特色文化产业、文化空间场景更新、文化再生产、乡村治理等全面进步。

参考书目：

1. 王先明：《走近乡村：20世纪以来中国乡村发展论争的历史追索》，山西人民出版社2012年版。

2. 费孝通：《乡土中国》，天津人民出版社2022年版。

3. 吴理财等：《中国公共文化服务体系建设的实践探索》，高等教育出版社2017年版。

4. 戴维·思罗斯比著，王志标、张峥嵘译：《经济学与文化》，中国人民大学出版社2015年版。

第十一讲
提高舆论引导能力

习近平总书记指出,"党的新闻舆论工作是党的一项重要工作,是治国理政、定国安邦的大事",强调"做好党的新闻舆论工作,事关旗帜和道路,事关贯彻落实党的理论和路线方针政策,事关顺利推进党和国家各项事业,事关全党和全国各族人民凝聚力和向心力,事关党和国家前途命运"[①]。

随着以互联网为代表的信息革命成为当代中国社会生活的"最大变量"[②],给中国的舆论生态、继而给国家与社会治理带来了深刻影响与挑战,中国共产党作为执政党能否适应与回应这些问题,是关系到党和国家前途命运的大事,"过不了互联网这一关,就过不了长期执政这一关"[③]。尤其是十年前,我们在这一领域面对的形势是拜金主义、享乐主义、极端个人主义和历史虚无主义等错误思潮不时出现,网络舆论乱象丛生,严重影响人们思想和社会舆论环境。党的十八大以来,我们确立和坚持马克思主义在意识形态领域指导地位的根本制度,新时代党的创新理论深入人心,社会主义核心价值观广泛传播,中华优秀传统文化得到创造性转化、创新性发展,文化事业日益繁荣,网络生态持续向好,意识形态领域形势发生全局性、根本性转变。

现在,党带领全国各族人民进入全面建设社会主义现代化国家的新征程,党的新闻舆论工作要围绕不断变化的新情况、新问题,进一步"高举旗帜、引领导向,围绕中心、服务大局,团结人民、鼓舞士气,

---

① 《习近平谈治国理政》第 2 卷,外文出版社 2017 年版,第 331—332 页。
② 习近平:《论党的宣传思想工作》,中央文献出版社 2020 年版,第 339 页。
③ 习近平:《论党的宣传思想工作》,中央文献出版社 2020 年版,第 354 页。

成风化人、凝心聚力，澄清谬误、明辨是非，联接中外、沟通世界"①，增强实现中华民族伟大复兴的精神力量。

一、国际视野下的中国舆论场与执政新课题

新时代的中国舆论场呈现出哪些基本特征？我们可以从国际与国内两个舆论场、技术、民心三个维度来理解。

（一）国际与国内两个舆论场之间的关联日益紧密，考验政府统筹两个舆论场的综合治理能力

互联网技术具有去中心化和超越主权国家边界进行信息传播的特点，从而使之成为一些西方国家进行资本与权力扩张的重要手段。少数跨国资本同时掌握着军事、工业、传播、娱乐等重要体系的资源，形成庞大的权力复合体，媒介和互联网等传播体系是这一庞大体系的组成部分。西方国家通过掌握话语权、传播渠道、传播政策与规则制定权等多种方式创造出全球不平等的信息传播秩序，以此建立有利于自身的全球政治、经济和文化秩序，在关键时刻则通过认知战等方式来扰乱对方社会秩序、瓦解人心与士气。

近年来，随着中国国家实力的提升，美国逐渐将中国视为主要敌人，并凭借手中掌握的国际传播秩序的主导权与话语权，从国际和国内两个舆论场加剧对中国的围攻。在国际舆论场中，美国及其盟友通过其主流媒体与通讯社在经济、人权、疫情防控等领域全方位唱衰和抹黑中国，封杀支持中国的西方媒体人与学者，同时封堵中国政府与媒体在国际上的发声。在互联网上，美国的主要社交媒体平台均把中国媒体的身份标识为"国家代理人"，从而难以获得公众信任，并利用限流、删帖等方式防止中国官方的声音传播。

在国内舆论场上，美国等西方国家则通过所谓"公共外交"计划和

---

① 《习近平谈治国理政》第 2 卷，外文出版社 2017 年版，第 332 页。

NGO组织在中国扶持代理人，通过境外账号制造谣言、国内代理人账号联动配合的方式，在一些公众广泛关注的社会热点事件中挑动和放大社会矛盾，炒作热点舆情，制造分裂，破坏团结。

在这种形势下，国内与国际舆论场已成为不可分割的整体：国内舆论场成为国际传播与舆论斗争的前沿阵地，国际舆论场则成为国内舆论场的参照系与热点舆论的重要源头。这一变化对党和政府提出新的考验，即能否以宽广的国际视野、敏锐的战略思维对国内和国际两个舆论场予以统筹治理。

（二）新技术条件下舆论场"虚火"过旺，考验政府高浓度舆论中的执政能力

根据中国互联网中心（CNNIC）2023年3月发布的第51次《中国互联网络发展状况统计报告》，截止到2022年12月，中国网民总数为10.67亿，互联网普及率达75.6%。信息技术的发展与普及为公众随时随地了解、交流信息和交流意见提供了物理基础。除此之外，互联网应用经历了从门户网站（Web 1.0）、论坛博客（Web 2.0）到社交网络（Web 3.0）的变迁，实时交互功能日益完善，逐渐凸显出泛舆论化和泛社交化趋势，使真正和充分意义上的舆论场得以形成。这些技术条件的成熟，进一步将公众的权利意识和表达诉求空前释放出来，使舆论规模呈井喷式爆发。

由此带来的结果，一方面给党和政府的执政带来巨大压力，政府的一言一行、一举一动无不暴露在公众的注视、议论和监督之下，这已经成为党和政府的执政常态。另一方面，也给社会带来"信息恐慌病"，即大规模信息的迅速传播，以与现实完全不相称的方式引发社会恐慌，从而影响国家政治、经济和社会安全，信息与舆论治理成为考验党和政府现代国家治理能力的重要组成部分。

（三）舆论场多元价值交织，公众情感复杂多变，考验我们党新时期走群众路线的能力

社会学家往往把舆论比作"社会的皮肤"，可以通过舆论感知公众内在的情感与价值趋向。而"引导舆论",其实质也就是引导公众内在的情感与价值。经过抗击新冠疫情的考验之后,爱国、爱党与"四个自信"的主流价值情感已经成为民意的基本底色,但西方一些有害思潮与意识形态长期渗透的负面影响还需要进一步消除。此外,在舆论基本盘保持稳定的基础上,由多元价值、文化、利益、生活方式等带来的多元立场也交织在一起,体现为舆论的复杂多变。这既有技术发展的原因,也有舆论自身的规律在起作用。

在互联网出现之初,很多技术乐观主义者认为,随着人们接触各种信息的途径越来越多,人与人之间的观点会相互碰撞融合,从而凝结为更多共识。但信息与对话的增多也可能导致相反结果——持有某种观点的人只愿意接触相同观点的人与信息,如同封锁在"信息茧房"中,使原有观点不断得到强化。这种"信息茧房"同时也是"情感茧房""价值茧房",导致不同立场和价值的人群之间越来越难以沟通。

此外,在所谓"后真相"时代,对舆论能够起到更大影响作用的已经不再是客观事实与真相,而是情感。这并非说事实与真相不再重要,而是说每个受众所看到的事情"真相",其实只是经过其情感和价值筛选过的部分真相。面对同样一个新闻"事实",不同媒体(包括自媒体)选择符合各自价值与立场的角度来予以解读,从而折射出不同的事实光谱。

由于舆论是群体心理的反映,而群体心理的特点决定了舆论具有情绪化、反复无常、容易传染、易走极端等特点。这也使舆论场整体多变且缺乏理性。党和政府可以通过舆论及时了解、体察和疏导社会情绪与心理,从这个角度说,做好网上舆论工作是新时期做好群众工作的重要途径。反之,做好舆论引导工作的本质就是党和政府做好群众工作,走好群众路线。

国内外两个舆论场交织联动、互联网技术革命带来舆论生态巨大变迁、公众情绪复杂多变这三个维度交织在一起,带来中国舆论场的巨大变迁,并相应地给执政带来一系列新的课题:如何促进主流媒体的融合与创新，进一步提高在国内国际两个舆论场的话语权与影响力？新形势下意识形态、宣传工作与群众工作该如何展开？这些课题综合起来，对党的舆论引导与国家治理能力都提出了新的课题。

二、理解舆论、宣传、意识形态、文化之间的本质关系

习近平总书记把党的新闻舆论工作看作"党的一项重要工作，是治国理政、定国安邦的大事"。为什么他将新闻舆论工作的重要性提到如此的高度？舆论和新闻宣传、意识形态等其他重要工作之间的关系是什么？

（一）舆论与宣传、意识形态的关系及其双重属性

1. 舆论、宣传、意识形态之间的内在关系

根据马克思的界定，意识形态是宗教、道德、哲学、艺术、法律、政治等观念形态的统称。也就是说，意识形态是人脑中对世界所形成的基本观念与认识框架，或者说图景。这个认识图景在古典哲学中被描述为"意见"，也就是"舆论"，与真理或者"理念"相对。而所谓"宣传"，就是对这种意识形态图景所进行的塑造或改造。由此可见，"舆论"是"意识形态"的表达与显现形式，而"宣传"的目标则是对两者的塑造，三个观念之间具有深刻的内在关联。

2. 舆论的双重属性

就舆论而言，它具有双重属性。一方面，舆论很重要：它是不成文法，拥有强大的力量。历代的哲学家与政治家都非常重视舆论所拥有的强大力量。现代契约论的奠基人约翰·洛克就把法律分为三种：第一种是神授的法律，第二种是世俗的法律，而第三种就是舆论和声望。[1] 后来大卫·休谟进一步认为，唯有在舆论的基础上，政府才能建立。[2] 关于

---

[1] 〔德〕伊丽莎白·诺尔—诺依曼著，董璐译：《沉默的螺旋：舆论——我们的社会皮肤》，北京大学出版社2013年版，第67页。
[2] 〔法〕伊丽莎白·诺尔—诺依曼著，董璐译：《沉默的螺旋：舆论——我们的社会皮肤》，北京大学出版社2013年版，第71页。

舆论的这种重要性谈得更加彻底和清楚的是法国启蒙思想家卢梭。他在《社会契约论》中谈道，习俗、风尚，尤其是舆论，是一种不成文的法律，是铭刻在公民们心里的真正宪法。真正伟大的立法家和政治家永远不会去关注那些成文的具体法律怎么撰写，他关心的是这些不成文的法，也就是如何移风易俗。① 习近平总书记也专门谈到毛泽东思想当中的一笔重要遗产，即对于舆论的高度重视："'知政失者在草野。'任何政党的前途和命运最终都取决于人心向背。'人心就是力量'。"② 从这个方面去看，舆论非常重要，它拥有强大的力量，它是整合、建立和维系社会秩序的重要纽带和桥梁。

如果说前面各位哲学家和政治家的论述表明，无论中国还是西方国家，无论是过去还是现在，舆论都是政治的重要基础，那么，进入现代之后，舆论就变得更加重要，因为现代政治的显著特征之一，就是群体的力量被释放出来，形成一股新的力量，并且非常强大。正如勒庞所说："我们就要进入的时代，千真万确将是一个群体的时代。"③

但是另一方面，舆论本身又具有非常危险的倾向，如果不善加疏导，很容易走到破坏社会秩序的方向上去。马克思指出："如果从观念上来考察，那么一定的意识形式的解体足以使整个时代覆灭。"④ 毛泽东说过："凡是要推翻一个政权，总要先造成舆论，总要先做意识形态方面的工作。革命的阶级是这样，反革命的阶级也是这样。"⑤ 舆论作为意识形态工作的重要方面，是最前沿、最直接、最有影响力的意识形态工作，直接关系到国家和社会的稳定安全。

---

① 〔法〕卢梭著，何兆武译：《社会契约论》，商务出版社1980年版，第73页。
② 习近平：《论党的宣传工作》，中央文献出版社2020年版，第45页。这是习近平总书记2013年在纪念毛泽东同志诞辰120周年座谈会上的讲话。后来习近平总书记在多个场合，特别是宣传工作座谈会上都引用过这句话。
③ 〔法〕古斯塔夫·勒庞著，冯克利译：《乌合之众：大众心理研究》，中央编译出版社2017年版，第68页。
④ 《马克思恩格斯文集》第8卷，人民出版社2009年版，第170页。
⑤ 《建国以来毛泽东文稿》第10册，中央文献出版社1996年版，第194页。

（二）以人民为中心的舆论观解读：引导舆论是党性与人民性的统一

为什么有的时候舆论明明反映了公众的意见，却会违背人民的根本利益？如果舆论代表了民意，为什么还需要加以引导？这些舆论引导工作中的悖论可以借助卢梭对"公意"和"众意"这对概念的辨析来加以理解。卢梭认为，公意是永远公正的，而且永远以公共利益为依归。换句话说，公意就是我们所说的人民群众的根本利益，而我们党代表的正是人民群众的根本利益，所以党性与人民性当然是统一的，而且必须要统一起来。习近平总书记指出，党的新闻舆论工作必须始终坚持党性和人民性相统一。[①] 而"众意"只是个别意志的总和，着眼于私人利益，我们所说的舆论就属于众意。"人民是决不会被腐蚀的，但人民却往往会受欺骗。"[②] 人民的根本利益虽然永远是对的，但是舆论所反映的则是部分群体的利益，是一时一地的一部分人对于某件事情的看法，这种看法有可能违背了人民群众根本利益，所以我们党作为人民根本利益的代表者，有责任、有义务把这些舆论引导到符合人民群众根本利益上来。所以，党性与人民性的统一与舆论引导是辩证统一的关系。

通过前面的讨论可以看到：舆论既重要又危险、既真实又不真实。舆论的这种双重属性既能维持社会稳定、维护道德秩序，又能破坏社会秩序、引发社会动荡，至于最终带来哪种结果，完全取决于舆论被引到哪个方向上来。

三、建构统筹国内、国际两个舆论场的综合治理体系

对于现有的舆论格局而言，政府仅仅将关注点放在负面舆情发生后的应急处置上是远远不够的，而是应当具备全球视野，统筹考虑国内国

[①] 《习近平新闻思想讲义》，人民出版社、学习出版社2018年版，第58页。
[②] 〔法〕卢梭著，何兆武译：《社会契约论》，商务出版社1980年版，第39页。

际两个舆论场，走好网上群众路线，了解社情民意，回应群众关切，疏导公众情绪，立足常态化的日常引导，辅之以恰当的危机处置，从而建构一个舆论引导的综合治理体系。

（一）以人民为中心，走好网上群众路线

1. 突破信息茧房，从少数平台转向全平台精准引导

由于今天的互联网平台具有受众细分或社区化运营的特点，使价值观、兴趣爱好相同的人聚合在一起，不断进行信息与情感交流，从而形成某种"信息茧房"或信息圈层，不同圈层之间很难进行有效沟通，更别提形成价值共识。走好网上群众路线，就要尽可能地入驻所有的媒体平台，进入到具体的圈层之中，这样才能根据不同平台受众的情感喜好和价值立场，进行精细化的分众引导，从而尽可能多地覆盖和引导更多人群，尽可能地在一切平台中传播正能量的声音。

2. 建立广泛网络爱国统一战线

今天在互联网如此庞杂的舆论场中，单单靠主流媒体来发声，力量十分有限。党的一个法宝、一个传统，就是建立爱国统一战线，这个思路在网络舆论场中同样适用，可以团结一切可以团结的力量，将群众当中的创造力和正能量纳入党的新闻舆论工作中来。这样在浩如烟海的互联网舆论场当中，党和政府的声音就不会那么单薄了。

3. 学会用文化的方法解决意识形态问题

意识形态领域的斗争形势既严峻又激烈，很多时候也会涉及敏感话题和领域。但这并不代表意识形态问题只能用枯燥或者干巴巴的方式来解决。很多时候需要用文化的方式云淡风轻地予以解决，以达到"四两拨千斤"的效果。尤其是需要调动人民群众的创造力和丰富的想象力参与到意识形态斗争中来。

4. 切断西方意识形态中的标签式联想

在中国舆论场中往往会有一种现象：无论中国发生了什么事情，无论这件事是属于哪一个具体领域，都会有一股势力将具体问题政治化，上升到制度等层面来予以批评谴责，久而久之会形成一种负面标签与刻

板印象。对这种情况需要在每一件具体事件的舆论中加以修正与引导，在细节中不断地重复，才能重建新的正面标签。

(二) 形象修复与危机处置：重要原则与案例分析

1. 官方发声要务必把准舆论中的公众情绪脉搏，找准心理痛点予以回应与共鸣

舆论的兴起，本质上是公众对于所关注之事的表达与聚集，而这种表达与聚集的核心是情绪。反之，如果希望相关舆论弱化或消失，就必须使公众的关注点得到回应、解释，相关的情绪得到释放与消解。因此，危机事件发生后对舆情的处置与回应中，首要的一点就是要准确把握公众情绪的脉搏与关注点，有针对性地予以发声和回应。纵观当前各级政府部门对危机事件的处置，第一时间处置与发声基本都已经是常规操作，但偏差与效果不理想往往由于发声内容未能完全切准公众心理的关切痛点，导致回应"脱靶"现象时有发生。

2. 对于政府的责任要及时承担与道歉，不要一味辩解或"甩锅"

在很多舆情事件的官方通报中，都会出现相关部门自我辩解或者"甩锅"的情况，比如将责任归因于临时工、西方势力等。这种回应无论讲的是否为事实，就其发声效果而言，往往非但不会缓解公众的负面情绪，反而会进一步激化公众不满，认为政府部门在推卸责任。相反，在不少政府坦诚承担责任或主动道歉的公共事件中，公众情绪会很快平息下来，事件也会较为顺利地解决。

3. 不回应则已，回应必须一锤定音

每一次回应都是给原来的关注提供了新的链接点，理论上都是加大了关注。反之，如果没有新的舆论链接点形成，舆论将迅速归于平静。因为舆论的本质就是公众的情绪，而任何一种激烈的情绪都不可能持久。

4. 政府在舆论场中与公众的沟通交流不要逞强

政府部门在现实社会中虽然属于"强势"，但是在舆论场中往往属于"弱势"，不容易引起舆论的同情，而天然就是容易被怀疑和挑剔的

对象。因此，在与公众对话的过程中，政府切忌高高在上或态度强硬，这种姿态更加容易引发公众的反感。

从上面的分析中可以看出，从表面看来，互联网技术的兴起给舆论场带来了很多新的特点，但是，这些"新"的出现无非是技术的发展迎合了人作为社会人的本质特征，是两者相结合而形成的。因此，对于舆论引导而言，最重要的仍然是要把握好舆论作为群体心理的本质特征。在这个基础之上，再结合新媒体平台的特点善加使用，从而构建出舆论引导的新格局，并完成习近平总书记所提出的新闻舆论工作的职责和使命：高举旗帜、引领导向，围绕中心、服务大局，团结人民、鼓舞士气，成风化人、凝心聚力，澄清谬误、明辨是非，联接中外、沟通世界。

参考书目：

1.《习近平关于网络强国论述摘编》，中央文献出版社 2021 年版。

2. 郑保卫：《中国共产党新闻思想史》，福建人民出版社 2004 年版。

3.〔加〕哈罗德·伊尼斯著，何道宽译：《传播的偏向》，中国人民大学出版社 2003 年版。

4.〔美〕曼纽尔·卡斯特：《网络社会的崛起》，社会科学文献出版社 2006 年版。

5.〔美〕赫伯特·席勒：《大众传播与美利坚帝国》，世纪出版集团 2006 年版。

第十二讲
提升国际传播能力

——以"英国广播公司"(BBC)与"今日俄罗斯"(RT)的传播机制与策略为例

党的二十大报告对"推进文化自信自强,铸就社会主义文化新辉煌"作出重要部署,强调要"增强中华文明传播力影响力",凸显了国际传播工作的重要性和紧迫性。

中国共产党历来高度重视对外传播工作。毛泽东早在 1955 年就曾指示新华社要"把地球管起来,让世界都能听到我们的声音"[1]。拥有强大话语权的外宣旗舰媒体对日益走近世界舞台中央的新时代中国来说意义尤为重大。习近平总书记高度重视打造"外宣旗舰媒体"[2] 的建设工作。党的十八大以来,我们大力推进国际传播守正创新,打造具有国际影响力的媒体集群,有效开展国际舆论引导和舆论斗争,初步构建起多主体、立体式的大外宣格局,我国国际话语权和影响力显著提升,同时也面临着新的形势和任务。

为了进一步提高我国在全球舆论斗争中的能力和水平,我们需要加强国际传播的理论研究,掌握国际传播的规律,构建对外话语体系,提高传播艺术。我们尤其需要做到知彼知己,全面深入细致地了解我们在国际舆论场中的竞争对手和斗争对象。在此,选取了以"英国广播公

---

[1] 《毛泽东新闻工作文选》,新华出版社 2014 年版,第 226 页。
[2] "外宣旗舰媒体"这一理念最早见于 2013 年,最初只是提出将国际传播能力建设和新兴媒体相结合。在党的新闻舆论工作座谈会上,习近平总书记提出了加快走出去步伐、打造"外宣旗舰媒体"的要求。随着国际传播工作的深入开展,各家旗舰媒体、传播机构定位日渐清晰,国际传播布局进一步明确。参见《把握好政治家办报的时代要求》,《人民日报》2016 年 3 月 21 日。

司"（BBC）为代表的西方老牌媒体和以"今日俄罗斯"电视台（RT）为代表的媒体"新贵"作为案例，了解它们各自的历史发展和传播机制，尤其是剖析它们在争夺话语权的激烈竞争和斗争中所采用的传播策略，为我们全面提升国际传播效能与提高国际舆论斗争能力提供参考和借鉴。

一、BBC 的传播机制与策略

过去百年，英国的国家实力和全球地位相比 18、19 世纪发生了根本性变化，其政治、经济和文化的全球影响力都严重衰退。面对严酷现实，英国国际传播策略被迫进行重大调整，其面临的最大课题是如何充分利用有限资源来维护国家形象并实现国家利益。

经过多次机构改革，目前英国国际传播工作主要由英国外交、联邦和发展办公室（FCDO）承担，下设的英国广播公司（BBC）国际业务部分和英国文化和教育协会（BC）各自发挥着重要作用。

（一）BBC 概况

BBC 作为世界上规模较大、历史悠久的公共广播机构之一，是英国国家品牌中心，也是英国国际传播最大特色所在。成立于 1922 年的 BBC 既是一个主要面向英国国内的媒体机构，也是有相当影响力的全球性媒体。BBC 国际业务部分的目标主要有两个：确保世界能够及时、迅速地了解英国对世界重大时事的看法和解读；确保有关英国的发展信息准确传达到世界各地。

BBC 是一个异常庞大和复杂的媒体机构，经营着 40 种语言的全球广播电视业务，同时提供各种以新媒体为载体的新闻服务。它的内容除最为核心的新闻业务以外，还制作题材广泛的纪实类节目、知识类节目、喜剧、电视剧和儿童节目等。

与 20 世纪 20 年代 BBC 刚成立时相比，今天的英国本土和世界媒体环境已发生翻天覆地的变化。曾经处于垄断地位的 BBC，如今面对的是与国内外难以计数的广播、电视频道、互联网和社交媒体同台竞技的局面。面对激烈竞争,BBC在全球的影响力并没有减退,相反,BBC的全球受众在过去几年仍成功实现增长,目前大致维持在每周4.68亿人次的水平。[①]

(二) BBC的历史发展

近百年来,BBC经历了广播时代、电视时代与数字时代三个阶段的发展。

1922年成立之初,BBC不过是一个由数家无线电设备生产商联合出资的广播公司。1922年BBC首次在伦敦的录音间"2LO"定时播出节目。1922年底,年仅33岁的苏格兰工程师里思被任命为BBC的首任总经理。1926年12月,BBC获颁首个"皇家宪章",被赋予独享民众广播执照费(后改为电视执照费)的特权。1927年1月1日起,BBC成为英国公共广播机构,这种身份一直保留到今天。1932年,BBC开办对外广播并命名为"帝国广播",其初衷是团结当时生活在英联邦内的英国国民和其他说英语的人群。

1937年以后,BBC初步进入电视时代。其年5月,观众首次通过BBC的镜头看到了英王乔治六世的加冕典礼。1938年,"帝国广播"开通了阿拉伯语广播,这是BBC外语广播的开端。同年3月,为了清晰发出英国的立场和声音,在浓厚的对抗氛围中BBC开通了德语广播。1948年,BBC的新闻播放进入电视时代,同年伦敦奥运会实现全面电视化,成为当时全球技术最先进的外部广播。1962年,BBC首次通过美国Telstar卫星接收图片。1965年,BBC的"对外广播"更名为"世界服务"。在冷战期间,BBC国际电台成为对外宣扬英国价值观的重要媒介,苏联等国家称其为"英国政府的喉舌"。1991年,BBC世界新闻电视频道开办。

1995年以来,伴随着数字广播技术的初步推广,BBC进入了数字时

---

① 此数据来源于BBC于2020年7月23日发布的《BBC2019/2020年度报告》。

代。1997年,新闻24小时频道开播。2001年,BBC完成全球覆盖。2007年,BBC的首个流媒体应用上线,初步实现"随时随地想看就看"。2008年,随着广播的逐渐式微,BBC开办了阿拉伯语和波斯语两个电视频道。2011年,BBC国际电台关闭了五种语言广播(包括普通话),被关闭业务转移到互联网。2012年10月,BBC内容覆盖所有终端。[①]

(三) BBC的传播策略

对海外受众来说,提起BBC,人们首先想到的可能是它的新闻报道。正是其有影响力的新闻报道为BBC塑造了"专业和权威"的品牌形象。BBC的国际传播策略聚焦"提高影响力"目标,主要围绕深耕新闻主业、公共广播定位和理顺协调机制三个方面展开。

1. 深耕新闻主业

BBC在全球的影响力源于其新闻业务,它迄今仍然是BBC履行其全球使命的核心。BBC强调:"我们应该见证新闻事件和采集第一手的信息。"从这种理念出发,BBC在全球范围内建立了一个庞大的新闻采集网络。BBC宣称在全球广播机构中其海外新闻采集力量的规模是最大的。BBC自己的官方文件《尼尔报告》披露:BBC新闻记者的数量至少是英国一份全国性报纸的十倍。

准确性和时效性对新闻来说都极为重要。而对BBC来说,时效性固然重要,但确保报道的准确性更为重要。早在2003年,针对一些竞争对手的BBC新闻频道的报道经常比它们要慢的言论,BBC回应说:"我们不会为了(追求时效)而牺牲我们在准确性上的标准;同样,我们也不会放弃追求最快的决心。"不仅如此,在实际运作中,BBC有意在美西方媒体集群中树立自身的独特性和差异性,以彰显自己的存在价值和影响力。这已经成为BBC舆论斗争传统和技巧的一部分,并得到了长久的坚持。

---

① 此部分参考王菊芳:《BBC之道——BBC的价值观与全球化战略》,生活·读书·新知三联书店2013年版。

2. 公共广播定位

BBC存在的法律基础、资金来源、复杂的组织和管理架构都是围绕公共广播的定位展开的。此举在战略和战术上有效地淡化了BBC背后真实的国家属性,助力BBC实现其使命——通过千方百计吸引全球受众来争夺全球话语权。

1922年12月,来自苏格兰的33岁工程师里思被任命为成立还不到两个月的BBC的总经理。在里思看来,广播就应该被用来提供公共服务,不仅为公众提供信息,还应该担负起提升民众的知识水平和修养的责任。因此,里思提出了BBC提供"信息、教育和娱乐"的设想,而这日后成为BBC的"三大使命"。

BBC成立之初,世界无线电广播行业刚刚起步。在美国,商业广播电台为私人所有,虽然独立于政府,但却很容易受广告商左右;在苏联,刚组建的电台处于国家的严格控制之下。针对以上两种当时主流的无线电广播发展路径,里思对BBC进行了独特的顶层设计:BBC虽然是一个公共广播机构,但又并非一个普通的公共机构,为应对各种质疑,它必须通过精心设计,对外表现出超然于政府控制和商业利益的姿态。正是里思的这一理念,引导BBC走上了与当时的美国和苏联的广播电台完全不同的发展道路。

里思创造的"公共广播机构"概念和一整套运行机制不仅有助于彰显自身的公共服务宗旨,也成为日后英国批评攻击其他国家媒体的"利器"。虽然BBC仍然是英国政府在全球实现其政治意图的重要工具,但至少在表面上,所谓的"公共广播制度"成功地塑造了BBC既独立于政府行政结构、又独立于商业利益的身份与品牌形象。

3. 理顺协调机制

BBC以与政府长远目标相一致的方式向海外的个人和机构提供信息,以增进外界对英国的了解和增强英国在国际上的影响。

在全球化时代,多部门复杂协同已经成为BBC成熟的传播机制,其核心的原则是:尽量摒弃部门私利,让专业的人去干专业的事情,共同提高BBC的声望,以符合英国的整体国家利益。在此理念下,外交部提供充足资金，BBC自行决定最具传播效果的方式，让处在新闻一线的人来进行新闻报道的议题决策。作为义务的一部分，BBC要接受评估机构对其传播效果的严格考核。英国皇室、议会、各个相关政府部门都形成了共同维护BBC全球声望的传统。比如，英国议会认为，BBC国际电台应该被视为整个英国而不仅仅是英国政府的一项资产，如果BBC国际业务沦为政府公共外交的工具，那么其国际影响力会受到致命的损害。

正因为BBC国际业务的成功，BBC赢得了全球影响力，并使其成为能对外传播英国价值观的媒介工具。

二、RT的传播机制

"今日俄罗斯"电视台（RT）成立至今还不到20年，它的发展十分迅速，先后覆盖了100多个国家和地区，拥有全球超7亿受众，成为以电视频道为主体，互联网、社交媒体等全面发展的多语种国际重要媒体。"今日俄罗斯"电视台短时间内就让自己与BBC、CNN等老牌西方媒体共同跻身于行业领导者地位，引起国际社会高度关注。

由于RT的扩张速度快、宣传攻势猛、斗争能力强，西方政府和媒体不得不对其采取打压和制裁措施。时至今日，美西方对RT的制裁已经不是什么新闻。

（一）RT概况

苏联解体以后，俄罗斯媒体国际传播能力一落千丈，话语主动权被西方媒体长期把持，而美西方媒体报道中的俄罗斯国际形象以负面为主。普京就任俄罗斯总统以后，俄罗斯国际传媒业迎来重大变革，通过几次重组逐渐形成了以国有媒体为主、其他商业媒体共存的媒体结构。

2005年俄罗斯政府斥资3000万美元成立了"今日俄罗斯"电视台（Russia Today）。"今日俄罗斯"电视台建立的初衷就是向西方媒体和受众提供有关俄罗斯的真实信息和画面。2009年，"今日俄罗斯"电视台将其英文名"Russia Today"改为 RT，以淡化俄罗斯国家意识形态的痕迹，尽量避免海外受众做出政治化的解读。2013 年底，为进一步延伸"今日俄罗斯"电视台的品牌效应，普京签署总统令整合"俄罗斯之声"和"俄罗斯国际新闻通讯社"，组建全新的"今日俄罗斯国际新闻通讯社"。

RT 主要面对海外受众，因此俄罗斯政府给予了 RT 较为宽松的报道政策。目前，这家以"非国有面目"出现的国际电视台逐步发展为全数字化国际电视网，并以 7 种语言全天候播报全球新闻、时事和纪录片。RT 在全球 19 个国家 22 个重要城市设立分支机构，包括华盛顿、纽约、巴黎、新德里、开罗、巴格达、基辅等全球重点城市，拥有超过 2000 人以上的媒体专业人员。根据益普索（Ipsos）市场研究集团的调查，到 2017 年底，RT 每周的电视观众有 1 亿人次。[①]

从成立之初，RT 就被美西方贴上了俄罗斯"政府喉舌"的标签，RT 对此从容应对。RT 的宗旨是为那些愿意"更多提问"（Question More）的全球受众提供具有不同视角的新闻。RT 重点报道那些被美西方主流媒体刻意忽视的事件，提供有关时事的另类观点，并让全球受众了解俄罗斯对重大全球事件的看法。[②]

2005 年至 2006 年，RT 每年都会收到俄罗斯政府 3000 万美元拨款。随着经济的复苏，俄罗斯政府逐渐加大对 RT 的拨款力度，2007 年后达到年均 1 亿美元，2011 年 RT 的年支出超过 2 亿美元，2014 年 RT 得到了 3 亿美元的政府资金，这一数字大致与 BBC 国际业务的年度支出持平。

RT 是唯一一个 11 次入围艾美奖（美国广播电视界最高奖项）决赛的俄罗斯媒体机构。十几年来，RT 因报道伊拉克城市摩苏尔人道主义危机、关塔那摩监狱囚犯的绝食抗议、"占领华尔街"运动等事件而被多次提名艾美奖。RT 还因其虚拟现实节目"奥斯维辛的教训"入围艾美奖，此档节目同时也纪念了苏联军队解放奥斯维辛集中营 75 周年。

---

① 参见龚灿：《今日俄罗斯崛起之路》，《看世界》2017 年第 24 期。
② 参见龚灿：《今日俄罗斯崛起之路》，《看世界》2017 年第 24 期。

RT 杰出的脱口秀主持人、普利策奖得主克里斯·赫奇斯则为 RT 美国频道赢得了日间节目艾美奖的首次提名。

RT 的发展速度令人瞩目。前美国国务卿希拉里曾对 RT 的扩张步伐发出感叹:"我们在打一场信息战,而我们正在输掉这场战争","我在多个国家看到过这个频道,它的做法非常值得借鉴"。

事实上 RT 扩张最明显的领域并非其电视频道,而是其社交媒体。RT 在 Youtube 上拥有多个外语频道并开设了免费的视频网站 Ruplty。2013 年,RT 成为 Youtube 第一家播放量超过 10 亿的新闻媒体。2020 年,RT 成为全球首个在 Youtube 上播放量达到 100 亿次的电视新闻网络。截至 2022 年 3 月,RT 在全球拥有超过 170 亿次观看次数和 3000 万订阅者。[①]

(二) RT 的历史发展

成立于 2005 年的 RT 用不到 20 年时间完整展示了一家国际媒体反思、摸索、改革、学习、赶超的全过程。

1. 深度反思与顶层设计

俄罗斯在冷战后期和冷战结束后的相当一段时期,在国际传播上一直呈现经费不足、组织涣散、能力不济、效率低下、士气低落的形象。

21 世纪初,俄罗斯政府发展出一套新的俄罗斯战略传播的顶层设计,明确要通过对美西方政府政策的评价,在全球范围内吸引人们的关注。2000 年 9 月,俄罗斯政府通过了《俄罗斯联邦信息安全声明》,特别强调了提升俄罗斯国际形象的极端重要性。这份声明对俄罗斯国际传播使命宗旨进行了清晰的定位:在国际舆论场域中阻断负面和非客观的俄罗斯信息。RT 的使命是借助媒体巧妙地反映俄罗斯对全球政治的理性思考和表现俄罗斯重要事务的优先排序。[②]

2005 年 12 月 10 日,"今日俄罗斯"电视台正式开播。除了大胆起用 25 岁总编玛格丽塔·西蒙尼扬以外,刚成立的 RT 还邀请了 70 多位

---

① 以上相关数据参见 RT 官网主页自我介绍,https://www.rt.com/about-us/.
② 参见《俄罗斯联邦信息安全纲要》(Information Security Doctrine of the Russian Federation),此文件于 2000 年 9 月 9 日为时任俄罗斯总统普京通过。

英美面孔的主持人、评论员，并大规模起用国内有英美留学背景的新闻专业大学生，在岗位中培养自己的媒体工作人员。一时间 RT 朝气蓬勃、气象为之一新。

2. 学习摸索、锐意改革

RT 最初引起世界的关注是其报道了 2008 年俄罗斯与格鲁吉亚的冲突，其将格鲁吉亚描述为入侵者，称俄罗斯坚持干涉是出于人道主义原因，与 CNN 针锋相对。这种用美西方的话语解释自身行动合法性的策略日后成为 RT 的一大特色。当然此时的 RT 仍无法与美西方媒体全面对抗，但 RT 确实表现出了一些与以往俄罗斯媒体不一样的特质。

经过几年发展，RT 逐步摸索出以频道为单位的分散运营方针以及鼓励各频道因地制宜、独立开拓本地新闻资源的政策，这使它获得了较强的独立性和新闻采编的自主权，保证了专业化运营的水准。RT 在新闻报道中坚持自采，很少传播西方媒体的电视画面。他们还不惜重金邀请优秀的主持人、编辑、记者及知名制作人加盟，其中包括曾为 CNN 服务 25 年的美国著名节目主持人拉里·金。

在不断的学习、探索中，RT 内外进行着一次次重大改革。为应对西方对俄罗斯媒体领域的渗透，俄罗斯政府着手整顿国内舆论秩序，相继修改和完善了一系列法律。早在 2001 年，俄罗斯国家杜马就通过了《大众传媒法》，清算媒体中的寡头资本，增加媒体国有化比重，打击境外资本对俄媒体和非政府组织的渗透，并逐步将原本掌握在寡头手中的媒体重新控制在俄政府手中。2013 年 12 月，普京签署总统令，撤销存在半个多世纪的"俄罗斯新闻社"与"俄罗斯之声"广播电台，将以上两家新闻单位与 RT 重组，成立综合性的国有大型对外传播媒体集团——"今日俄罗斯"国际新闻通讯社。这一改革的目的在于进一步统筹国家对外宣传资源，更好地发挥国家投入媒体财政资金的效率，提高国际传播效能。普京总统同年还签署了一项法令，禁止削减 RT 的预算。[1]

---

[1] Jakub M. Godzimirski and Malin Stevik, *How to understand and deal with Russia strategic communication measures?*, Norwegian Institute of international affairs. 2008/1.

3. 高歌猛进、遭遇围堵

RT新闻议程设置的目标就是平衡、对抗欧美信息垄断权，揭穿美西方政府、政客和媒体的丑恶嘴脸。与此策略相适应，RT的新闻记者和节目主持人的主要目标就是找到被西方主流媒体故意忽视的新闻素材，通过高质量的制作，在RT的各种平台上传播并吸引全球受众，从而增加RT在全球范围内的影响。

2014年后，RT在很多具有争议性的国际事件中，提供了与美西方媒体不同的视角，特别是在冲突性比较强、话题比较敏感的新闻事件中，RT更是以强硬的姿态主动与以英美为代表的西方主流媒体展开了激烈的交锋。针对RT在国际舆论场中的突出表现，西方政府和媒体开始加紧对其采取限制和反制措施。

美国在将RT列为"代理人"之前，美国官方多次以"不遵守规则"为借口，私下威胁关闭RT。美国参议院讨论资助波罗的海三国成立三家以俄语播送节目的电视台，并动员欧洲各国情报部门参与其中。美国广播理事会在2016年宣布，其将推出一个全新的俄语电视频道，对抗来自俄罗斯的舆论攻势。这个俄语频道的最主要对手就是RT。2017年11月13日，美国司法部将RT列入外国"代理人"名单。

谷歌（Google）、推特（Twitter）、脸书（Facebook）等社交平台也被要求对怀疑与俄罗斯有关的社交媒体账户进行调查。Google创始人埃里克·施密特宣布计划制定一种特别的算法，降低RT和Sputnik（卫星通讯社）在搜索结果中的排名，尽力防止上述媒体传播资讯。Facebook实施了更严格的政治广告发布规则。Twitter则禁止RT和Sputnik的账户在其平台发布广告。

RT英国频道2014年问世后不久，英国主流媒体就掀起了一场批评潮。《观察家报》指责RT是一个散布阴谋论的频道。《泰晤士报》呼吁英国广播电视监管机构（OFCOM）对RT采取行动。OFCOM也多次裁定RT违规，向RT发出警告。2015年英国巴克莱银行冻结了RT英国频道的账户。2016年10月英国国民威斯敏斯特银行也冻结了RT的账户。至此，RT在英国的所有账号都被冻结。

欧盟理事会2015年9月通过一份秘密文件，欲对俄罗斯宣传进行全面反攻。2016年11月，欧洲议会通过了《欧盟反击第三方宣传的战略传播》决议案。该决议案指出了三个具体对象：恐怖主义、犯罪组织和俄罗斯媒体。俄罗斯媒体中首当其冲的显然就是RT，它已经成为欧盟第二大影响力的外国媒体，被称为最危险的"俄罗斯宣传工具"。

2022年俄乌冲突爆发后，美西方对RT的围堵打压达到了新高潮。冲突发生当日，澳大利亚宣布禁止RT频道在该国的落地播出。2月27日，欧盟委员会主席发布声明，公布对俄罗斯的最新制裁措施，其中就包括对RT展开制裁。包括RT在内的多家俄罗斯媒体被西方社交媒体"制裁"，许多与俄罗斯媒体合作的当地记者都被贴上了"俄罗斯政府关联媒体"的标签。Google的欧洲用户无法访问这些媒体的页面，YouTube对涉俄罗斯的内容多次审查。2月28日，旗下拥有社交媒体平台Facebook和Instagram的元宇宙公司宣布了与Youtube类似的措施。3月31日，根据英国外交部发布的公告，英国将RT纳入制裁清单。4月，英国外交部又在一份声明中号召，社交网络、互联网服务和应用商店应采取行动封锁RT的内容。类似打压和制裁一直延续到2023年初，根据欧盟最新宣布的制裁措施，RT法国网的资产遭受冻结，被迫关闭。

三、RT的传播策略

虽然目前遭受沉重的挫折，但助力RT成功的国际传播策略至少有以下三个方面值得我们分析探讨。

1. 树立反对西方霸权、伸张人类正义的道义形象

RT背后的智囊团坚定地认为：全球大部分人群特别是亚非拉地区人民都特别讨厌美国霸权和西方中心论；同时，西方自身也并非铁板一块，甚至一些西方精英也会默默支持俄罗斯在反美领域的媒体行动，RT敏锐地发现并紧紧抓住这一点，加以充分思考和利用。

RT的国际传播策略直接挑战美西方自由主义叙事在全球舆论场中

的话语霸权。RT将俄罗斯直接与美国放在并列的位置,将俄罗斯塑造成挑战美国领导的"新世界秩序"的第三世界国家的发言人和伸张正义者。RT这种公开对抗由西方政策制定者和商业精英控制的西方主流媒体的姿态有助于RT扮演"要求公布真相"的正义角色。这种主动扮演伸张正义者的策略被RT总编辑反复重申。RT美国频道的旗舰节目"打破陈规"和"真相追踪者"的节目命名本身也体现了这一策略。

2. 巧借西方话语

RT采用贴近不同区域、不同国家、不同群体受众的精准传播方式宣传自己的反美、反霸权理念。RT精心将美国描绘为对欧洲宏观和微观政策颐指气使、指手画脚的干涉者,通过相关报道突出欧洲各国领导人公开的不满和彼此的分歧,凸显各国之间、各国民众之间甚至国家内部精英与普通民众之间的不满情绪,从而削弱欧洲内部各层级之间的互信。这些传播策略可以有效搅乱、削弱作为俄罗斯竞争对手的欧盟的内部关系。

过去十年,美西方因金融危机、难民危机、恐怖袭击频发导致民粹主义思潮兴起、社会动荡。RT抓住欧洲民粹主义情绪、支持右翼党派的新闻报道与那些破坏欧盟统一的舆论,诸如财政紧缩政策、欧美民主缺陷、美式全球监控、难民潮、移民政策等,而且对这些问题的批判在西方内部本身就有充足的话语供给,可以使RT更好宣传自己的理念。

同时,RT也树立了在国际传播媒体中唯一允许另类叙事和各种异议观点得以充分表达的平台形象。RT节目主持人是一群非常具有"独立见解"的个体,他们的很多观点绝不会被美西方主流媒体所允许。其中,像拉里·金、埃德·舒尔茨,托姆·哈特曼等都是名副其实的媒体评论界大腕。这一批重量级的"媒体难民"在RT的横空出世,本身就是对美西方各种虚伪和荒谬的审查制度的讽刺,对标榜言论自由的美西方产生巨大冲击。

3. 深耕社交媒体

回顾互联网发展史,2006年是个重要的年份。随着Web 2.0的到来,互联网技术的发展使国际舆论斗争进入一个新的阶段。研究表明,年轻一代人很少通过电视收看新闻节目，他们更喜欢从互联网或社交媒体中获取新闻时政信息。

RT顺应形势，并没有将卫星和有线电视当作唯一的传播途径，他们也知道自己是无法在这些渠道与美西方主流媒体竞争的，并且随时可能会被美西方政府部门找麻烦。于是RT调整战略，投入大量资源在新媒体领域。其制作的许多节目，都只在数字媒体中播放，观点也更鲜明和激进。早在2012年，RT就在YouTube上创立了自己的英文新闻频道，2014年该频道的点击量已经超过20亿，订阅量是CNN和半岛英文台的两倍多，更远高于BBC，成为当之无愧的YouTube第一新闻频道，每年还能从YouTube处拿到数百万美元的广告费分成。RT也是Twitter最大的新闻供应方，每年可以拿到150万美元左右的收入。[①]

2022年3月，牛津大学的学者收集了RT在英国、法国和德国的受众数据，发现RT在社交媒体上的影响力惊人。RT在社交媒体上巨大影响力与其十几年如一日深耕大众社交平台的努力有关，积极主动做到了能战、善战、巧战。

四、小结

党的二十大报告不仅提出了"加强国际传播能力建设，全面提升国际传播效能"的要求，更为国际传播的发展指明了方向："增强中华文明传播力影响力""坚守中华文化立场""深化文明交流互鉴，推动中华文化更好走向世界"。

加强国际传播能力建设，不仅是维护中国现实经济利益和长远发展利益的需要，也是实现"两个一百年"奋斗目标的必然要求，是实现中华民族伟大复兴必须过的关、迈的坎。

纵观世界大国兴衰史，经济实力增强是话语权提升的必要条件，但

---

① Lt Col Jarred Prier, USAF, *Commanding the trend: social Media as Information Warfare*. Strategic Studies Quarterly, Winter 2017.

不可能实现即时和自然转换，同时美西方也不会主动放弃话语霸权。通过分析研究 BBC 与 RT 的舆论斗争策略可知，老牌媒体 BBC 并不是不能赶超，因为它自己也绝非无懈可击；而 RT 的横空出世，虽然不应该被过分夸大，但也有很多值得借鉴的思路与经验。特别是两者的实战较量，为我们的研究工作提供了重要标本。后冷战时期国际传播格局正在重构过程之中，这对我们既是机遇也是挑战。

当下，要争取国际话语权，我们必须主动作为，积极塑造可信、可爱、可敬的国家形象，同时，也要讲究舆论斗争的策略和艺术，耐心积累斗争经验。我们需要展现实事求是和自我革新的勇气，在充分知彼知己的基础上，不断优化战略布局和战术应对，形成同我国综合国力和国际地位相匹配的国际话语权。

参考书目：

1. 〔英〕汤姆·米尔斯：《英国广播公司：公共广播机构的迷思》，维尔森出版社 2016 年版。

2. 王菊芳：《BBC 之道——BBC 的价值观与全球化战略》，生活·读书·新知三联书店 2013 年版。

3. 〔日〕渡边靖著，金琮轩译：《美国文化中心：美国的国际文化战略》，商务印书馆 2020 年版。

4. 〔美〕赫伯特·席勒等：《形象的胜利：全球视野下的媒体战争》，劳特利奇出版社 2018 年版。

5. 张毓强、于运全等：《从形象到战略——中国国际传播观察新视角》，外文出版社 2022 年版。

第十三讲
文化认同与边疆稳定

"认同"是一个人选择情感依附对象的过程，从父母、家庭、社群、民族到国家，从一个人的自我范畴延伸到特定的社会团体。而文化认同指的是"个人自觉投入并归属于某一文化群体的程度"，是"个人接受某一族群文化所认可的态度与行为，并且不断将该文化之价值体系与行为规范内化至心灵的过程"，是"将关于个人的思考、知觉、情感与行为，归属于某一文化团体中"（陈枝烈，1997）。文化是一个民族的灵魂，对于一个民族来说，对文化的认同是保持民族特性、维系民族情感的精神纽带，对于一个国家来说，对文化的认同是维护国家统一的思想基础。

一、什么是文化

无论在日常生活中，还是在人文社会学科研究中，"文化"都是最为常用的词之一。文化究竟是什么？自19世纪中叶出现文化概念以来，尽管各学派的主要代表人物大都曾给文化下过各自的定义，也对文化的内涵和外延做了大量的探讨，并做出了不同的界定，但是在专业领域，至今仍然没有一个被普遍认可的文化概念。

"文化"一词真正的本质含义，是19世纪以来随着民族学、人类学的产生而赋予的。泰勒在1871年出版的《原始文化》一书中，首次把文化作为一个中心概念提出来："文化就其广泛的民族学意义来说，是作为社会成员的人所习得的包括知识、信仰、艺术、道德、法律、习俗以及任何其他能力和习惯的复合体。"泰勒的文化定义是学术界第一次给文化的一个整体性概念，其影响重大而深远。时至今日，有关文化定义的研究和争论仍在继续。目前按照中国学术界多数人的意见，文化有广义和狭义之分。广义的文化是指人类社会历史实践过程中所创造的物质文化、制度文化和精神文化。狭义的文化则仅指精神文化。

文化由哪些要素构成？各要素之间关系如何？它的结构是如何划分的？理解这些问题有助于我们全面把握文化的含义。英国民族学家、人类学家马林诺夫斯基在《文化论》一书中，根据文化功能，将文化分为四个方面：物质设备、精神文化、语言、社会组织。[①] 美国社会学家W. F. 奥格本在《社会变迁》一书中，从文化功能与文化起源相结合的角度，把文化分为物质文化和非物质文化，然后再将非物质文化分为宗教、艺术一类的精神文化和规范人类行为的制度、习惯一类的调适文化。[②] 在20世纪70年代以前，苏联学术界从马克思主义的唯物史观出发，普遍采用将文化分为物质文化和精神文化的两分法。国外学术界的上述种种观点，在不同时期，对我国学术界都产生过不同程度的影响，并因此出现了对文化结构的众多分类法。归纳起来，主要有物质文化与精神文化二元结构说，物质、制度、精神三元结构说，物质、精神、行为、制度四元结构说。我们在这里主要以大文化概念为范畴，以三元结构说为基础展开论述。文化的三个方面是有机结合、不可分割的，存在着相互联系和相互制约的关系。物质文化具有基础意义和决定作用，精神文化作为核心层也受到物质文化、制度文化的影响和制约。

由于文化内部领域各要素之间在文化变迁过程中以不同的速度发展变化，因此导致文化要素的变化也不协调。最容易变化的是物质文化，最不容易则是精神文化。由于文化的各部分之间是相关并相互依赖的，所以当文化的一部分已经变化时，需要其他各部分做相应的变化。但非物质文化的发展常常滞后，以致引起物质文化与非物质文化失调的

---

① 〔英〕马林诺夫斯基著，费孝通等译：《文化论》，中国民间文学出版社1987年版，第1页。

② 〔美〕威廉·费尔丁·奥格本著，王晓毅、陈育国译：《社会变迁——关于文化和先天的本质》，浙江人民出版社1989年版。

现象。这种文化滞后的范围依文化本身的性质而异，滞后的时间也正是文化失调的时期。在社会急速变迁的今天，如何使文化协调发展，已经成为各部门、各学科共同关注的问题。我们经常提到的解放思想，就是出于这一考虑，这是文化变迁研究中需要特别关注的问题。

文化的总体结构可分为物质、制度和精神三个层次，因而在我国现代化进程中应该重视与经济技术引进、制度改革紧密相关的思想观念问题，即如何正确对待我国传统文化中的心理结构、思维方式、价值观念、道德规范、宗教信仰、审美情趣等在现代化进程中的积极因素和消极因素。凯恩斯曾经指出，一个国家变革的阻力来自两个方面，即既得利益和人的观念，后者是最主要的阻力。党的二十大提出的以中国式现代化全面推进中华民族的伟大复兴，不仅具有深刻的历史意义，更具有十分重要的现实意义。

二、什么是文化认同

"认同"一词最初是在哲学和心理学领域中使用的，后来在社会学领域中使用并发生了意义的转换。在哲学领域之外，弗洛伊德最先使用该词。他认为，所谓认同是指个人与他人、群体或模仿人物在感情上、心理上趋同的过程，也即社会群体成员在认识和感情上的同化过程。在个体层面，认同是指个人对自我的社会身份的理性确认，是个体社会行为的持久动力；在社会层面，认同是指社会共同体成员对自己所属群体的一定信仰和情感的共有与分享。

美国学者亨廷顿也曾指出，不同民族的人们常以对他们来说最有意义的事物来回答"我们是谁"的问题，即用"祖先、宗教、语言、历史、价值、习俗和体制来界定自己"，并以某种象征物作为标志，如旗帜、十字架、新月形等，来表示自己的文化认同。他认为"文化认同对于大多数人来说是最有意义的东西"。文化认同是人们在一个民族共同体中长期共同生活所形成的对本民族最有意义的事物的肯定性体认，其核心是对一个民族的基本价值的认同，是凝聚这个民族共同体的精神纽带，是这个民族共同体生命延续的精神基础。因而，文化认同是民族认同、国家认同的重要基础，而且是最深层的基础。

文化认同指个体对于所属文化以及文化群体内化并产生归属感，从而获得、保持与创新自身文化的社会心理过程。文化认同包括社会价值规范认同、宗教信仰认同、风俗习惯认同、语言认同、艺术认同等。文化认同是形成"自我"的过程，蒙田说过："世界上最重要的事情就是认识自我。"自我是个体心理结构深层的构造，也是探寻一种文化时所能进入的最核心部分。

文化认同的心理机制包括文化比较、文化类属、文化辨识和文化定位四个基本过程（Turner，1987；Hogg，1990）。在个人层面上，文化认同影响着个人的社会身份认同和自我认同，引导着人们热爱和忠实于民族文化，从而保存和光大民族文化，并最终将其纳入个人的价值观这一深层心理结构之中。在社会层面上，文化认同以民族文化为凝聚力整合和辨识着多元文化中的人类群体，成为群体构成的一种类型——文化群体。

社会心理学家发现，人类在社会生活中有两种认同的需要。其一是通过寻找"我"与"我群"的差异而获得"自我认同"，它使个体获得一种与众不同的独特性和唯一性；其二是通过寻找"我群"与"他群"的差异而获得"社会认同"，它使个体获得一种与众相同的一致性和同一性。为了同时满足这两种需要，个体总是在寻找二者之间的平衡（Breakwell & Lyons，1996）。文化认同也是一种社会认同，是个体获得文化群体的"我们感"的途径和过程。

文化认同对于维护国家安全和统一具有特殊的功能：标识民族特性，塑造认同心理。文化是一个民族和国家区别于其他民族和国家的基本特质和身份象征。在一定民族地域内形成和发展起来的共同文化传统，塑造了该民族成员的共同个性、行为模式、心理倾向和精神结构，并表现为一定的民族心理或我们通常所说的国民性。中华文化是中华民族身份认同的基本依据，"崇尚统一"是这个文化价值体系中最显著的特征之一。文化认同指个体对于所属文化的归属感及内心的承诺，从而获得保持与创新自身文化属性的社会心理过程。一般来说，祖籍地认同、国家认同、民族认同与文化认同之间是相互依附着的。

中国有56个民族，每一个民族文化都是在特定的历史条件下发展和延续的，每一个时期都会产生新的文化特质，特别是在现代文化传播中，封闭的、单一的文化类型已不复存在，取而代之的是多元的文化交融，每一民族都不可避免地面临着多元文化的格局。但从另一个角度看，各民族的根本文化精神和历史个性依然在群体的思维方式、社会心理、价值观念等深层结构中保留下来，形成文化认同并影响着文化发展的未来可能性。在全球化的时代背景下，从历史上就形成的"中华民族多元一体格局"的更高层次的文化认同，在近代抗击外来侵略的过程中不断突显并从自在走向自觉。正是这种中华民族的文化认同，形成强大的凝聚力，当国家和民族处于生死存亡的关头时，就会发出同一个心声，万众一心，团结一致，迸发出巨大的力量。1931年从东北开始的全民族抗日战争是这样——地不分南北、人无分老幼，同仇敌忾、一致对外。而在1998年的长江抗洪和2008年的汶川抗震救灾中，这种中华民族的"文化认同"则在新的历史条件下，以一种磅礴的精神力量更加集中地体现出来。

三、铸牢中华民族共同体意识

从历史的发展来看，中国的历史是一部维护国家统一的历史。在历史的长河中，坚持统一、反对分裂，始终是中华民族的光荣传统。究其根源，就在于中华民族在经济、政治、文化、血缘上有着密不可分的联系。国家的统一、民族的团结，已成为中华民族的共识，这种共识深刻地影响着中国历史发展的进程，形成了今天大一统的历史局面。国家统一才有民族的发展，国家强盛才有民族的尊严。团结是福，分裂是祸；稳定是福，动乱是祸。正如习近平总书记总结的那样："中华民族具有五千多年连绵不断的文明历史，创造了博大精深的中华文化，为人类文明进步作出了不可磨灭的贡献。经过几千年的沧桑岁月，把我国五十六个民族、十三亿多人紧紧凝聚在一起的,是我们共同经历的非凡奋斗,是我们共同创造的美好家园,是我们共同培育的民族精神,而贯穿其中的、最重要的是我们共同坚守的理想信念。"①

在大力推进社会主义现代化建设,实现中华民族伟大复兴的中国梦的新时代,"实现中国梦必须弘扬中国精神。这就是以爱国主义为核心的民族精神,以改革创新为核心的时代精神。这种精神是凝心聚力的兴国之魂、强国之魄。爱国主义始终是把中华民族坚强团结在一起的精神力量,改革创新始终是鞭策我们在改革开放中与时俱进的精神力量。全国各族人民一定要弘扬伟大的民族精神和时代精神,不断增强团结一心的精神纽带、自强不息的精神动力,永远朝气蓬勃迈向未来"②。在当代中国,爱国行为的主旨就是要使我们伟大的祖国全面建成社会主义现代化强国,实现中华民族的伟大复兴。而要实现这一伟大目标,就必须坚持中国共产党的领导,坚定不移地走中国特色社会主义道路。

"严密防范和坚决打击各种渗透颠覆破坏活动、暴力恐怖活动、民族分裂活动、宗教极端活动。"③弘扬爱国主义,必须坚持各民族的团结,维护边疆稳定,加快西部民族地区的发展步伐。在第四次中央民族工作会议上,习近平总书记指出:"加强中华民族大团结,长远和根本的是增强文化认同,建设各民族共有精神家园,积极培养中华民族共同体意识。要把建设各民族共有精神家园作为战略任务来抓,抓好爱国主义教育这一课,把爱我中华的种子埋在每个孩子的心灵深处,让社会主义核心价值观在祖国下一代的心田生根发芽。弘扬和保护各民族传统文化,要去粗取精、推陈出新,努力实现创造性转化和创新性发展。要积极做好双语教育、信教群众工作和少数民族代表人士和知识分子工作。"④

---

① 习近平:《论坚持人民当家作主》,中央文献出版社 2021 年版,第 20 页。
② 习近平:《论坚持人民当家作主》,中央文献出版社 2021 年版,第 21 页。
③ 习近平:《决胜全面建成小康社会 夺取新时代中国特色社会主义伟大胜利——在中国共产党第十九次全国代表大会上的报告》,人民出版社 2017 年版,第 49—50 页。
④ 习近平:《论坚持人民当家作主》,中央文献出版社 2021 年版,第 107—108 页。

党的十九大报告进一步要求我们："要高举爱国主义、社会主义旗帜，牢牢把握大团结大联合的主题，坚持一致性和多样性统一，找到最大公约数，画出最大同心圆。……深化民族团结进步教育，铸牢中华民族共同体意识，加强各民族交往交流交融，促进各民族像石榴籽一样紧紧抱在一起，共同团结奋斗、共同繁荣发展。全面贯彻党的宗教工作基本方针，坚持我国宗教的中国化方向，积极引导宗教与社会主义社会相适应。"[1] 我国是一个统一的多民族的社会主义国家，是由56个民族组成的大家庭。各族人民相互团结，相互学习，用自己的勤劳和智慧共同开发了祖国的大好河山，创造了灿烂的中华文明，形成了伟大的中华民族。党的二十大报告明确要求要牢牢把握团结奋斗的时代要求，2022年10月17日，习近平总书记在参加党的二十大广西代表团讨论时指出："全党全国各族人民要在党的旗帜下团结成'一块坚硬的钢铁'，心往一处想、劲往一处使，推动中华民族伟大复兴号巨轮乘风破浪、扬帆远航。"整篇报告贯穿团结的红线和中华民族的主题，全文约3.26万字，团结一词使用了28次，中华民族一词使用了26次。

四、确保新疆的稳定和发展

在2020年召开的第三次中央新疆工作座谈会上，习近平总书记总结道：党的十八大以来，党中央深化对治疆规律的认识和把握，形成了新时代党的治疆方略，坚持从战略上审视和谋划新疆工作，坚持把社会稳定和长治久安作为新疆工作总目标，坚持以凝聚人心为根本，坚持铸牢中华民族共同体意识，坚持我国宗教中国化方向，坚持弘扬和培育社会主义核心价值观，坚持紧贴民生推动高质量发展，坚持加强党对新疆工作的领导。实践证明，新时代党的治疆方略完全正确，必须长期坚持。[2]

---

[1] 习近平：《决胜全面建成小康社会 夺取新时代中国特色社会主义伟大胜利——在中国共产党第十九次全国代表大会上的报告》，人民出版社2017年版，第39—40页。
[2] 《坚持依法治疆文化润疆富民兴疆长期建疆 努力建设新时代中国特色社会主义新疆》，《人民日报》2020年9月27日。

习近平总书记指出，保持新疆社会大局持续稳定长期稳定，要高举社会主义法治旗帜，弘扬法治精神，把全面依法治国的要求落实到新疆工作各个领域。要全面形成党委领导、政府负责、社会协同、公众参与、法治保障的社会治理体制，打造共建共治共享的社会治理格局。① 面对宗教极端势力、民族分裂势力、暴力恐怖势力"三股势力"的现实威胁，新疆采取果断措施，依法开展反恐怖主义和去极端化斗争，有效遏制了恐怖活动多发频发势头，最大限度保障了各族人民群众的生存权、发展权等基本权利。按照"保护合法、制止非法、遏制极端、抵御渗透、打击犯罪"原则，既充分尊重和保障公民宗教信仰自由等权利，保护合法宗教活动，满足信教群众正常宗教需求，维护公民和组织的合法权益，又严厉打击各种形式的恐怖主义，禁止利用宗教传播极端思想、煽动民族仇恨、分裂国家等违法犯罪行为。

习近平总书记指出，发展是新疆长治久安的重要基础。要发挥新疆区位优势，以推进丝绸之路经济带核心区建设为驱动，把新疆自身的区域性开放战略纳入国家向西开放的总体布局中，丰富对外开放载体，提升对外开放层次，创新开放型经济体制，打造内陆开放和沿边开放的高地。要推动工业强基增效和转型升级，培育壮大新疆特色优势产业，带动当地群众增收致富。要科学规划建设，全面提升城镇化质量。要坚持绿水青山就是金山银山的理念，坚决守住生态保护红线，统筹开展治沙治水和森林草原保护工作，让大美新疆天更蓝、山更绿、水更清。②

习近平总书记指出，我们党的初心使命就是为包括新疆各族人民在内的中国人民谋幸福，为包括新疆各民族在内的中华民族谋复兴。他格外强调，要以铸牢中华民族共同体意识为主线，不断巩固各民族大团结。新疆自古以来就是多民族聚居地区，新疆各民族是中华民族血脉相

---

① 《坚持依法治疆文化润疆富民兴疆长期建疆　努力建设新时代中国特色社会主义新疆》，《人民日报》2020年9月27日。
② 《坚持依法治疆文化润疆富民兴疆长期建疆　努力建设新时代中国特色社会主义新疆》，《人民日报》2020年9月27日。

连的家庭成员。要加强中华民族共同体历史、中华民族多元一体格局的研究，将中华民族共同体意识教育纳入新疆干部教育、青少年教育、社会教育，教育引导各族干部群众树立正确的国家观、历史观、民族观、文化观、宗教观，让中华民族共同体意识根植心灵深处。要促进各民族广泛交往、全面交流、深度交融。要坚持新疆伊斯兰教中国化方向，实现宗教健康发展。要深入做好意识形态领域工作，深入开展文化润疆工程。①

我们要认真学习贯彻第三次中央新疆工作座谈会会议精神，切实把思想和行动统一到党中央关于新疆工作的决策部署上来，进一步按照第五次中央民族工作会议精神要求，准确把握和全面贯彻我们党关于加强和改进民族工作的重要思想，以铸牢中华民族共同体意识为主线，坚定不移走中国特色解决民族问题的正确道路，构筑中华民族共有精神家园，促进各民族交往交流交融，推动民族地区加快现代化建设步伐，提升民族事务治理法治化水平，防范化解民族领域风险隐患，推动新时代党的民族工作高质量发展，动员全党全国各族人民为实现全面建成社会主义现代化强国的第二个百年奋斗目标而团结奋斗。以习近平新时代中国特色社会主义思想为指导，增强"四个意识"、坚定"四个自信"、做到"两个维护"，坚定不移抓好各项任务落实，推动新疆社会稳定和长治久安，努力建设团结和谐、繁荣富裕、文明进步、安居乐业的中国特色社会主义新疆。

参考书目：

1. 费孝通：《中华民族多元一体格局》，中央民族大学出版社 2018 年版。

2. 费孝通：《费孝通论文化与文化自觉》，群言出版社 2005 年版。

3. 〔美〕塞缪尔·亨廷顿著，周琪等译：《文明的冲突与世界秩序

---

① 《坚持依法治疆文化润疆富民兴疆长期建疆　努力建设新时代中国特色社会主义新疆》，《人民日报》2020 年 9 月 27 日。

的重建》,新华出版社1999年版。

4. 国务院新闻办公室:《新疆的文化保护与发展》白皮书,2018年11月发布;《新疆的反恐、去极端化斗争与人权保障》白皮书,2019年3月发布;《新疆各民族平等权利的保障》白皮书,2021年7月发布;《新疆的人口发展》白皮书,2021年9月发布;中华人民共和国外交部:《关于美国国家民主基金会的一些事实清单》,2022年5月7日发布。

5. 方金英:《穆斯林与激进主义》,时事出版社2016年版。

6. 〔美〕威廉·恩道尔著,戴健、顾秀林、朱宪起译:《目标中国:华盛顿的"屠龙"战略》,中国民主法制出版社2013年版。

7. 马大正等:《新疆史鉴》,新疆人民出版社2009年版。

8. 王怀超、靳薇、胡岩:《新形势下的民族宗教理论与实践》,中共中央党校出版社2013年版。

第十四讲
新时代中国文化软实力建设

"软实力",一个源自20世纪90年代的西方词语,于2007年首次被写入了中国共产党全国代表大会的报告中,体现了中国共产党的兼收并蓄、开放包容。在党的十七大报告第七部分"推动社会主义文化大发展大繁荣"中指出,"当今时代,文化越来越成为民族凝聚力和创造力的重要源泉、越来越成为综合国力竞争的重要因素,丰富精神文化生活越来越成为我国人民的热切愿望。要坚持社会主义先进文化前进方向,兴起社会主义文化建设新高潮,激发全民族文化创造活力,提高国家文化软实力,使人民基本文化权益得到更好保障,使社会文化生活更加丰富多彩,使人民精神风貌更加昂扬向上。"[①]

2020年10月29日,党的十九届五中全会会议公报指出,繁荣发展文化事业和文化产业,提高国家文化软实力。2021年11月,《中共中央关于党的百年奋斗重大成就和历史经验的决议》强调,加快国际传播能力建设,向世界讲好中国故事、中国共产党故事,传播好中国声音,促进人类文明交流互鉴,国家文化软实力、中华文化影响力明显提升。

2022年10月16日,党的二十大报告强调,我们要坚持马克思主义在意识形态领域指导地位的根本制度,坚持为人民服务、为社会主义服务,坚持百花齐放、百家争鸣,坚持创造性转化、创新性发展,以社会主义核心价值观为引领,发展社会主义先进文化,弘扬革命文化,传

---

① 胡锦涛:《高举中国特色社会主义伟大旗帜 为夺取全面建设小康社会新胜利而奋斗——在中国共产党第十七次全国代表大会上的报告》,人民出版社2007年版,第33—34页。

承中华优秀传统文化，满足人民日益增长的精神文化需求，巩固全党全国各族人民团结奋斗的共同思想基础，不断提升国家文化软实力和中华文化影响力。

目前，在世界百年未有之大变局的历史节点，文化软实力竞争更加激烈，日益成为影响国际关系和国家综合国力的重要因素。

一、"软实力"的基本内涵

长期以来，主宰国际关系的主要是政治、军事、经济等传统实力因素。但文化软实力要素始终是影响国际关系和世界格局演变的重要变量。古典现实主义学派代表人物汉斯·摩根索在经典著作《国家间政治：权力斗争与和平》中提到，"优越文化和更富有吸引力的政治哲学的说服力显然要比诉诸军事、经济手段更有效，因为它的目的不是征服领土和控制经济生活，而是征服和控制人民的心灵，以此作为改变国家之间权力关系的手段"。[①]

1990年，约瑟夫·奈在《注定领导世界？——美国权力性质的变迁》一书中及同年在《对外政策》杂志上发表的题为《软实力》文中，最早明确提出并阐述了"软实力"概念。"软实力"随即成为冷战后使用频率极高的一个专有名词。

"软实力"概念为国际关系研究带来了新的变化：第一，首次将"软实力"提高到与"硬实力"并驾齐驱的位置，明确地将文化、价值观念、外交政策等因素视为"力量的另一面"。过去人们习惯于按政治、经济、军事、科技、文化等排序来划分实力，物质性的硬实力因素总是占据首位。软实力概念改变了人们对实力构成要素的认识，软实力不仅是手段，也是目的。第二，提出了"软实力"的运用方式及其作用效果。约瑟夫·奈指出"胡萝卜和大棒政策"都不是软实力（威胁和利

[①] 〔美〕汉斯·摩根索著，〔美〕肯尼思·汤普森、戴维·克林顿修订，徐昕、郝望、李保平译，王缉思校：《国家间政治：权力斗争与和平》，北京大学出版社2006年版。

诱，都是要迫使或诱使对方屈服），而软实力要发挥"同化式实力"，即文化观念的吸引力或国际舞台上的政治导向能力。以家长教导孩子为例，与其粗暴或利诱式地管教孩子做你想让他做的事，不如巧妙地影响和确立孩子的信念与价值观。同样，一个国家的强盛如果能够让人钦羡、仿效而不是引起敌视、畏惧，那么实现本国利益时就不必消耗过多的硬实力。

（一）综合国力与"软实力"

中国在新时代已经开启由富变强、日益走近世界舞台中央、不断为人类作出更大贡献的新征程，与之相应，中国外交需要有新定位、新主题。在国际上，中国的治理理念和外交实践受到高度赞赏和广泛认同，国际影响力、感召力、塑造力进一步提高。

1. 综合国力：美国模式、日本模式与冰山模式

美国乔治城大学的战略与国际研究中心主任 R. S. 克莱因（Ray S. Cline）在 1975 年出版的《世界权力的评价》和 1981 年写的《80 年代的世界国力趋势与美国对外政策》中，论述了国家实力的概念。他指出，"在国际舞台上的所谓实力，简言之，乃是一国影响他国去做本来不愿意为之的某一事情之能力，或是使他国不敢去做本来跃跃欲试的某一事情之能力，而不论其影响方式是利用说服、威胁，或明目张胆地诉诸武力"。测算综合国力的方程为：

PP＝（C+E+M）×（S+W），即综合国力为物质力量和精神力量的乘积。

式中，PP 是指现实的国力而不是潜力；C（Critical Mass）为基本实体，E（Economic Capability）为经济实力，M（Military Capability）为军事实力，S（Strategic Purpose）是指战略目标，W（Will to Pursue National Strategy）为追求战略目标的国家意志。各要素的指标体系和所规定的标准得分如表 1 所示。

表1 克莱因综合国力方程的指标体系和标准得分

一级指标	二级指标	三级指标	四级指标	五级指标
物质要素（C＋E＋M）共计500分	C（Critical Mass）基本实体100分	人口50分，国土面积50分	将人口数量划分为三个等级：1500万、5000万和2亿以上。人口数量在2亿以上的国家计为满分50分，但如果人口过多以至于超过了国家的经济负担能力，则要适当减分。就领土而言，将领土面积在800万平方公里以上的国家计为满分50分。面积较小但战略位置特别重要的国家可适当加分，面积虽大但可耕地所占比例较小的国家则适当减分	
	E（Economic Capability）经济实力200分	国民生产总值100分，其他经济指标100分	其他经济指标包括：能源20分，关键性非燃料能源20分，工业生产能力20分，食品生产能力20分，按小麦、玉米、稻谷的净进出口量计算的对外贸易总额20分	能源20分；石油10分、煤2分、天然气4分、核能4分；关键性非燃料能源20分；铁矿8分、铜矿3分、铝土矿3分、铬矿3分、铀矿3分；工业生产能力20分；钢10分、铝5分、水泥5分
	M（Military Capability）军事实力200分	核力量100分，常规军力量100分	核力量的评估包括攻击性核力量的结构、核弹头的数量与运输、核防御能力等内容 常规力量的评估包括武器效能、军队素质、后勤保障等内容	
精神要素（S＋W）共计2分	S（Strategic Purpose）战略目标标准系数为1		大多数国家的战略目标都是自卫性和保护性的，这类国家的得分居中（约为0.5分）；战略目标非常明确和坚定的国家得分大于0.5分；战略目标模糊和摇摆的国家得分则小于0.5分	
	W（Will to Pursue National Strategy）国家意志标准系数为1		贯彻战略目标的国家意志反映了国内可动员的民众对国防政策和政府外交的信心大小和支持程度，其最高值也为1分。具体而言，取决于三方面的因素：一是被评估国的民族凝聚力强弱（约占33%），二是政府首脑的领导水平和效率高低（约占34%），三是人民大众对国家战略与国家利益的关心程度（约占33%）	

1987年5月，日本经济企划厅综合计划局委托日本综合研究所进行综合国力基础调查，最后发表报告《日本的综合国力》一书。有别于克莱因国力方程的五大构成要素，该书从日本所处的国际环境出发，提出了测定各国综合国力的三大要素：国际贡献能力、生存能力和强制能力。如表2所示。

表2 日本综合国力的要素与标准值

指标	基本内容	子要素	标准值
国际贡献力 标准值10分	指促进国际组织的建立、发展，并为国际社会的进步做出贡献的能力	经济实力 金融实力 科技实力 财政实力 对外活动的积极性 在国际社会中的活动能力	3 1.5 1.5 1.5 1 1.5
生存能力 标准值10分	指一个国家应对国内外危机的能力	地理 人口 资源 经济实力 防卫实力 国民意志 友好同盟关系	1 1 1 1 2 2 2
强制能力 标准值10分	指一个国家按照本国的意愿强迫他国改变行动的能力	军事实力 战略物资和技术 经济实力 外交能力	4 2 2 2

2. "冰山模式"

从某种意义上讲，无论科技类因素和经济类因素，还是政治类因素和军事类因素，都与人以及思想、文化息息相关，即一国的综合实力深植于一定的文化土壤。正如劳伦斯·珀文所说："文化实际上影响着我们人格机能的每个方面。我们选择追求的目标和我们如何努力实现它们都受着文化的影响。"这意味着，前述综合国力的构成因素中，少了一条隐性但深刻的逻辑脉络：文化实力。

据此，可以将综合国力的整体结构描述为一座"冰山"（见图1）：关乎综合国力的资源类因素、科技类因素、经济类因素、政治类因素和军事类因素是最容易被观察和度量的物质性因素。但这仅仅是可见的浮于水面之上的冰山一角。容易观察到的综合国力因素之所以呈现出这般面目，在很大程度上还取决于影响人类意识和行为但处于水面之下、体积庞大得多的冰山部分——文化类因素。

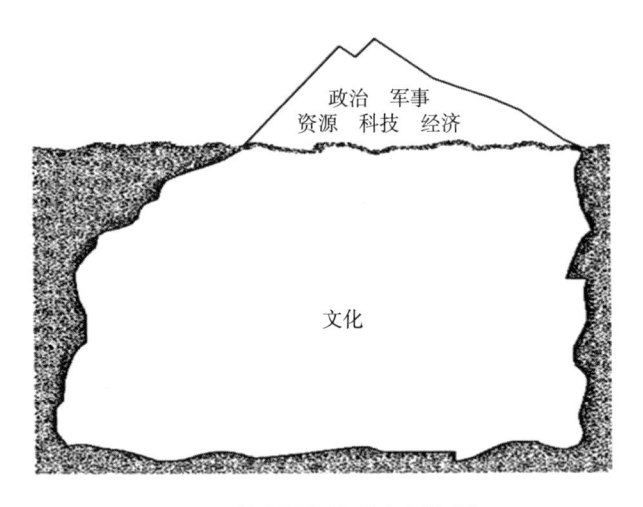

图 1 综合国力的"冰山模式"

（二）"软实力"的构成要素

"力量"不同于"实力"。力量通常指自身的物质和非物质属性，即"拥有什么"；"实力"则意指一种能力，它关乎到双方或多方之间的关系，即"影响力"。一般而言，大家所重视的是如何增强力量和扩充资源，而忽视了如何将这些力量和资源转化为实力。"软实力"是在国际事务中通过吸引力、而不是通过威胁或诱惑来实现自己所期望目标的能力。用一句简单的话概括，"软实力"就是吸引力。对中国而言，习近平总书记将软实力上升到"塑造力"，是更高层次的吸引力。

自约瑟夫·奈 1990 年发表《软实力》一文之后，软实力的构成要素不断扩展，如文化（在能对他国产生吸引力的地方起作用）、价值观念（当在国内外能真正实现或有人不懈追寻这些价值时）、外交政策（当政策被视为有合法性及道德威信时）、意识形态、社会制度、制定国际规则的权力（是 power，而不是 right）、决定国际议程的能力、国家形象，等等。根本而言，软实力的核心要素是文化，文化的核心要素是价值。

经过多年的努力，中国"软实力"正处于上升势头，具体表现为：世界对中国文化，特别是汉语、民俗的兴趣在增长；中国已经参加了几乎所有重要的政府间国际组织，中国还进行了制度创新，比如上合组织、"17＋1"、亚投行等，中国的很多想法通过制度得以实现；中国的国家形象发生了比较大的改变，从"中国威胁论""中国崩溃论"到"中国责任论""中国贡献论"，客观反映中国形象的变化；中国提供了一系列新的理念性公共产品，如"一带一路"倡议、人类命运共同体理念；华为、Tiktok等中国企业国际化程度日益提升；等等。

中国站在新的历史起点上将进一步走向世界，世界将更加关注中国。"软实力"对中国的和平发展以及国家安全的影响比以往任何时候都更大、更深刻、更直接，国家必须从战略高度重视"软实力"的建设工作。

二、"软实力"建设的主要架构——"四大努力"

价值观念、中华文化、国家形象、国际话语权四大要素是中国软实力建设的基本架构。具体而言，相应的工作重点依次是：努力传播当代中国价值观念、努力展示中华文化独特魅力、努力塑造良好的国家形象、努力提高国际话语权。

（一）努力传播当代中国价值观念

提高国家文化软实力，要努力传播当代中国价值观念。当代中国价值观念，就是中国特色社会主义价值观念，代表了中国先进文化的前进方向。我国成功走出了一条中国特色社会主义道路，实践证明我们的道路、理论体系、制度是成功的。要加强提炼和阐释，拓展对外传播平台和载体，把当代中国价值观念贯穿于国际交流和传播的方方面面。

文化自信是一个国家、一个民族发展中更基本、更深沉、更持久的力量。必须坚持马克思主义，牢固树立共产主义远大理想和中国特色社会主义共同理想，培育和践行社会主义核心价值观，不断增强意识形态领域主导权和话语权，推动中华优秀传统文化创造性转化、创新性发展，继承革命文化，发展社会主义先进文化，不忘本来、吸收外来、面向未来，更好构筑中国精神、中国价值、中国力量，为人民提供精神指引。

对内，社会主义核心价值观是当代中国精神的集中体现，凝结着全体人民共同的价值追求。对外，2015年9月，国家主席习近平在第七十届联合国大会一般性辩论时的重要讲话中首次明确提及"全人类共同价值"这一概念。他指出："和平、发展、公平、正义、民主、自由，是全人类的共同价值，也是联合国的崇高目标。"

需要强调的是，社会主义核心价值观以及全人类共同价值是典型的文明型力量，不同于西方的范式性力量。

表3 美、欧、苏、中外交理念与价值观差异

国家	代表性理念	评价	定位
美国	民主和平论 文明冲突论	简单的机械二元对立思维模式，非此即彼，零和博弈	范式性力量
欧洲	价值观外交	自恃意识形态的优越感，改造落后	范式性力量
苏联	推动世界革命	备战型发展模式，埋葬资本主义	军事型力量
中国	人类命运共同体	相互欣赏、相互理解、相互尊重	文明型力量

（二）努力展示中华文化独特魅力

提高国家文化软实力，要努力展示中华文化独特魅力。在5000多年文明发展进程中，中华民族创造了博大精深的灿烂文化，要使中华民族最基本的文化基因与当代文化相适应、与现代社会相协调，以人们喜闻乐见、具有广泛参与性的方式推广开来，把跨越时空、超越国度、富有永恒魅力、具有当代价值的文化精神弘扬起来，把继承传统优秀文化又弘扬时代精神、立足本国又面向世界的当代中国文化创新成果传播出去。要系统梳理传统文化资源，让收藏在禁宫里的文物、陈列在广阔大

地上的遗产、书写在古籍里的文字都活起来。要以理服人、以文服人、以德服人，提高对外文化交流水平，完善人文交流机制，创新人文交流方式，综合运用大众传播、群体传播、人际传播等多种方式展示中华文化魅力。

首先，要注重"宣传"与"传播"的区别。宣传重时机，传播重时效；宣传重观点，传播重事实；宣传可重复，传播讲新意；宣传讲重点，传播讲平衡。美国传播学者霍夫兰在研究"劝服理论"时曾得出结论：如果受众群体从一开始就倾向于反对传播者的观点，那么将正反两面的意见都提出来比只谈一面内容更为有效。

其次，重视文化产业发展，积极推动中华文化走出去。在输出精英文化之前，要长期耐心地做好大众文化、流行文化的传播与铺垫。2011年2月，美国参议院公布了前外交委员会主席卢格的报告，卢格认为，"中国在传播文化时仍然以四大发明、长城和儒学为核心，这种方式过分强调传统，忽视现状，很难在流行文化当道的国际文化传播竞争中形成竞争力"。

（三）努力塑造良好的国家形象

提高国家文化软实力，要注重塑造我国的国家形象，重点展示中国历史底蕴深厚、各民族多元一体、文化多样和谐的文明大国形象，政治清明、经济发展、文化繁荣、社会稳定、人民团结、山河秀美的东方大国形象，坚持和平发展、促进共同发展、维护国际公平正义、为人类作出贡献的负责任大国形象，对外更加开放、更加具有亲和力、充满希望、充满活力的社会主义大国形象。

国家形象本身就是国家安全的核心内容，特别是对世界大国而言。在全球化时代，国家形象不仅具有"得道多助，失道寡助"等政治或外交功能，还具有商业功能，即影响别国的投资与采购。

如何有针对性地做工作、切实提升国家形象，就成为关乎中国复兴的大事，因为历史上没有一个大国是在"千夫所指"的环境下崛起的，反而在多数情况下都是"众望所归"。为此，我们要做的工作主要有两点：

第一，刷新国家形象，为中国"解密"。长期以来，我们在国际传播中，过于强调中国的历史久远、博大精深、神秘古老。这会给外国人造成中国"难解之谜"的印象，神秘化就意味着会被边缘化。因此，我们要为中国"解密"。在这方面英国的经验值得我们借鉴。在英国访问期间，英国外交部官员告诉我，他们希望将"傲慢""呆板""过时""冷漠"的老英国，转变为"开放""紧密联系""创造性""充满活力"的新英国。他们认为，如果总是强调英国的传统形象——历史主题公园，那么英国现代企业就不能从英国形象中获得促销资本。鉴于此，中国也应该将一个开放现代的、朝气蓬勃的国家呈现在世人面前。

第二，在宣传国家大事的同时，也应关注民生问题。我们不仅要搞好奥运会、世博会、冬奥会等大项目，也要关注民生、环保等普通民众的细节问题。总体来说，外国人更注重生活细节，他们认为四年一次的奥运会、五年一次的世博会离他们太远，而每天的空气质量、衣食住行才是他们关注的重点。因此，我们在国际传播的时候要多介绍丰富多彩的百姓生活，而不仅仅是国家大事。

（四）努力提高国际话语权

提高国家文化软实力，要努力提高国际话语权。要深刻认识新形势下加强和改进国际传播工作的重要性和必要性，下大气力加强国际传播能力建设，形成同我国综合国力和国际地位相匹配的国际话语权，为我国改革发展稳定营造有利的外部舆论环境，为推动构建人类命运共同体作出积极贡献。

2012年10月，美智库发表的《中国急需增强国际话语权》文章指出，"随着中国势力范围的继续扩大，中国越来越对话语权的缺乏感到忧虑"，"北京缺乏话语权表现在其国内和国外受众对中国成就与政策的不同解读。在国内，人们抱怨中国的外交政策太软弱；在国外，外国政府抱怨中国的外交太强硬。所以北京必须让国内外受众清楚地知道，中国将如何利用其日益增强的实力，中国想要什么样的世界。而做到这一点的关键在于增强中国的话语权"。

目前，不少关键领域有"卡脖子"的隐忧；中国文化要素的跨国指数还比较低；在全球布局、整合国际资源、打造全球公共产品方面尚处于起步阶段。制度性话语权不仅事关国家综合实力，也事关给国际秩序和国际体系"定规则、定方向"。在国际社会，唯一持久的竞争优势，就是比你的竞争对手拥有更快的学习能力。

从根本上讲，在全球博弈场域，话语权离不开教学、科研、企业等扎扎实实的基础性工作。

三、案例分析——"一带一路"的三个联通

2013年9月和10月，中国国家主席习近平在出访中亚和东南亚国家期间，先后提出共建"丝绸之路经济带"和"21世纪海上丝绸之路"（即"一带一路"）的重大倡议，得到国际社会高度关注。

"一带一路"的基本内涵有三点：一是我国扩大对外开放的重大战略举措和经济外交的顶层设计；二是践行人类命运共同体的重要实践；三是中国参与全球治理的公共产品。

其中，在全球治理层次上，"一带一路"具有公共产品属性。公共产品至少包含物质性公共产品、理念性公共产品、制度性公共产品。长期以来，中国在物质性公共产品上的贡献巨大，如帮助其他发展中国家修路、造桥、供电等，提供人、财、物等物质性需求层面的供给，但短板是"利尽则散"。"一带一路"建设则凸显中国在理念性公共产品、制度性公共产品上的作为。"一带一路"是对传统理念的一种超越，路、带、廊、桥等中国式话语开始崛起，代表着国际社会"消除边缘"的发展潮流。以政策沟通、设施联通、贸易畅通、资金融通、民心相通为主要内容的互联互通伙伴关系建设开始备受瞩目。在制度性公共产品层面，"一带一路"所推崇的游戏规则更加强调公平、开放、包容，具有西方国家俱乐部化、排他性游戏规则无法比拟的道义优势，亚洲基础设施投资银行、丝路基金、金砖国家新开发银

行、"17＋1"合作机制、上海国际进口博览会等一系列制度性供给纷纷孕育而出。

2016年12月5日,中央全面深化改革领导小组第三十次会议审议通过了《关于加强"一带一路"软力量建设的指导意见》。会议指出,软力量是"一带一路"建设的重要助推器。要加强总体谋划和统筹协调,坚持陆海统筹、内外统筹、政企统筹,加强理论研究和话语体系建设,推进舆论宣传和舆论引导工作,加强国际传播能力建设,为"一带一路"建设提供有力理论支撑、舆论支持、文化条件。

2021年11月19日,习近平主席在出席第三次"一带一路"建设座谈会并发表重要讲话时强调,把基础设施"硬联通"作为重要方向,把规则标准"软联通"作为重要支撑,把同共建国家人民"心联通"作为重要基础。

在实践中,"一带一路"软联通建设包括两大发力点,即规则、标准和机制层面的对接,以及文化、理念和价值层面的对接。在"一带一路"建设中,政府是主导,企业是主体。中国企业不仅要"走出去",更要"走进去",还要"走上去"。总谈"走出去",常常给国际社会留下这样的印象,即"中国人来了,中国人走了;中国人又来了,中国人又走了",这样的反应是物理反应而不是化学反应。"一带一路"需要中国企业"走进去",要在标准、技术、品牌、资质、知识产权等高附加值方面发力,真正扎根国际市场。比"走进去"还难的是"走上去",即中国企业要在文化、理念、价值观等方面形成国际共振,最终实现产业化、品牌化、国际化,真正成长为世界一流企业。

中国特色社会主义进入新时代,意味着近代以来久经磨难的中华民族迎来了从站起来、富起来到强起来的伟大飞跃,迎来了实现中华民族伟大复兴的光明前景。我们有本事做好中国的事情,也要有本事讲好中国的故事,更要有本事讲好世界的故事。从历史来看,大国竞争的胜负不仅取决于谁的军队会赢,而且取决于谁的"世界叙事"会赢。简而言之,硬实力是确保国家强大的,软实力是确保国家伟大的。

参考书目：

1.《习近平谈"一带一路"》，中央文献出版社2018年版。

2.《论坚持推动构建人类命运共同体》，中央文献出版社2018年版。

3.〔美〕约瑟夫·S.奈著，门洪华译：《硬权力与软权力》，北京大学出版社2005年版。

4.〔法〕葛兰言著，杨英译：《中国文明》，中国人民大学出版社2012年版。

5.彭新良：《文化外交与中国软实力：一种全球化的视角》，外语教学与研究出版社2008年版。

第十五讲
中国式现代化创造人类文明新形态

习近平总书记在庆祝中国共产党成立 100 周年大会上的讲话中指出，走自己的路，是党的全部理论和实践立足点，更是党百年奋斗得出的历史结论。中国特色社会主义是党和人民历经千辛万苦、付出巨大代价取得的根本成就，是实现中华民族伟大复兴的正确道路。我们坚持和发展中国特色社会主义，推动物质文明、政治文明、精神文明、社会文明、生态文明协调发展，创造了中国式现代化新道路，创造了人类文明新形态。[1] 党的十九届六中全会审议通过的《中共中央关于党的百年奋斗重大成就和历史经验的决议》指出，党领导人民成功走出中国式现代化道路，创造了人类文明新形态。[2]

在党的二十大报告中，习近平总书记庄重提出中国式现代化的本质要求，即坚持中国共产党领导，坚持中国特色社会主义，实现高质量发展，发展全过程人民民主，丰富人民精神世界，实现全体人民共同富裕，促进人与自然和谐共生，推动构建人类命运共同体，创造人类文明新形态。[3]

中国式现代化不是简单延续我国历史文化的母版，不是简单套用马克思主义经典作家设想的模板，不是其他国家社会主义实践的再版，也不是国外现代化发展的翻版。中国共产党带领中国人民英勇探索现代化

---

[1] 习近平：《在庆祝中国共产党成立 100 周年大会上的讲话》，人民出版社 2021 年版，第 13—14 页。

[2] 《中共中央关于党的百年奋斗重大成就和历史经验的决议》，人民出版社 2021 年版，第 64 页。

[3] 《高举中国特色社会主义伟大旗帜　为全面建设社会主义现代化国家而团结奋斗——习近平同志代表第十九届中央委员会向大会作的报告摘登》，《人民日报》2022 年 10 月 17 日。

道路的百年奋斗历程，是把马克思主义基本原理同中国具体实际相结合、同中华优秀传统文化相结合，不断推进马克思主义中国化的百年历程。

一、理论逻辑：现代化是人类文明的必由之路

（一）"现代化"的概念

关于"现代化"语词的出现及其概念以及在中国的最早出现与最初流行，有学者做了初步的梳理[①]，兹不赘言。费正清对如何定义"现代化"一词表示担忧，认为"这个术语有可能成为一只方便的篮子，像'生活'这个字眼那样拿来盛放许许多多基本上不知其为何物的东西，未经诠释的信息和没有解答的玄理"[②]。

亨廷顿认为，现代化包括工业化、城市化，以及识字率、教育水平、富裕程度、社会动员程度的提高和更复杂而多样化的职业结构。它是始于18世纪的科学知识和工程知识惊人扩张的产物，这一扩张使人类可能以前所未有的方式来控制和营造他们的环境。仅以人类的生活水平为例，1820年，地球上94％的人陷于极端贫困之中，即根据通货膨胀和当地购买力调整后，每天生活费不足1.90美元。这一比例在1981年下降到44.3％，1999年下降到29.1％，2015年下降到9.6％，不能不说是人类发展的奇迹，这正是现代化的结果之一。[③] 现代化是一个革命进程，唯一能与之相比的是从原始社会到文明社会的转变，即文明本身的出现，它发端于大约公元前5000年的底格里斯河和幼发拉底河流域、尼罗河流域和印度河流域。现代社会中人的态度、价值、知识和文化极大地不同于传统社会。[④]

[①] 黄兴涛、陈鹏：《民国时期"现代化"概念的流播、认知与运用》，《历史研究》2018年第6期。
[②] 费正清：《剑桥中国晚清史》下卷，中国社会科学出版社1985年版，第6页。
[③] Norberg, Johan., Progress：Ten Reasons to Look Forward to the Future. London：Oneworld, 2016, pp.75—76.
[④] 〔美〕塞缪尔·亨廷顿著，周琪等译：《文明的冲突与世界秩序的重建》，新华出版社1998年版，第58页。

西里尔·布莱克认为,"现代的开端可以追溯到十二世纪的文艺复兴,更直接的根源则可以追溯到17世纪的科学革命"[①]。文艺复兴所"复兴"的是人文主义价值理念及其内蕴的科学精神;科学革命之"革命"则为人类现代化道路提供了强大的物质形式的力量。

现代化既包含物质文明或工业化的内涵,亦有精神文明或人类道德价值普遍提升的含义,是一个发展过程与价值提升的融合体。马克思、恩格斯在《共产党宣言》中指出,未来的社会,"将是这样一个联合体,在那里,每个人的自由发展是一切人的自由发展的条件"[②]。马克思、恩格斯认为:"人是本质、是人的全部活动和全部状况的基础。"[③] 诺贝尔经济学奖获得者阿马蒂亚·森批评了以往单纯的经济发展观,在发展中赋予人类自由价值,提出"以自由看待发展"的新理论,认为"发展可以看作是扩展人们享有的真实自由的一个过程"[④]。现代化的目的就是实现人的全面发展、自由发展,当然,这一价值尺度需要物质文明的支撑。人的全面发展、自由发展,究其实质来说,就是通过人的本质力量的对象化不断发展和完善自身,即"人以一种全面的方式,就是说,作为一个完整的人,占有自己的全面的本质",并显示其"人的本质客观地展开的丰富性"[⑤]。随着现代化的发展、人类文明的进步,我们希望能够实现恩格斯的憧憬:"人终于成为自己的社会结合的主人,从而也就成为自然界的主人,成为自身的主人——自由的人。"[⑥]

所谓现代化,是自18世纪中叶英国工业革命爆发以来,人类社会在以科技进步和工业化为代表的不断发展的生产力基础之上,持续走向人的自由全面发展的历史进程。其"有两点。一个是科学,科学造成了工业革命,工业革命就是近代科学的应用。另一个是民主,民主制规定

[①] 〔美〕西里尔·E.布莱克著,杨豫、陈祖洲译:《比较现代化》,上海译文出版社1996年版,第12—13页。
[②] 《马克思恩格斯选集》第1卷,人民出版社2012年版,第422页。
[③] 《马克思恩格斯文集》第1卷,人民出版社2009年版,第295页。
[④] 〔印〕阿马蒂亚·森著,任赜、于真译:《以自由看待发展》,中国人民大学出版社2002年版,第30页。
[⑤] 马克思:《1844年经济学哲学手稿》,人民出版社2014年版,第81、84页。
[⑥] 恩格斯:《社会主义从空想到科学的发展》,人民出版社2018年版,第81页。

人人平等，人人享有一系列的民主权利——生存权、自由权和追求幸福之权"①。即现代化的标识是工业化和民主化。一般认为，"工业革命"最早是由恩格斯于《英国状况·十八世纪》中使用。②

（二）"现代化"的起源

现代化起源于西欧，研究西欧现代化，一般是从文艺复兴讲起。这是因为，在欧洲，人们的思想不从神学的禁锢中解放出来，树立人文主义世界观，现代化将无从谈起。③

恩格斯指出："从15世纪中叶起的整个文艺复兴时期，本质上是城市的从而是市民阶级的产物。"④他认为，文艺复兴"摧毁了教皇的精神独裁，重新展现了希腊的古代，同时展现了新时代的最高度的艺术发展，打破了旧世界的界限，并且第一次真正地发现了地球"⑤，"是人类以往从来没有经历过的一次最伟大的、进步的变革，是一个需要巨人并且产生了巨人的时代"⑥。恩格斯认为，正是因为文艺复兴，"旧世界的界限被打破了……教会的精神独裁被摧毁了，日耳曼语各民族大部分都直截了当地抛弃了它，接受了新教，同时，在罗曼语各民族那里，一种从阿拉伯人那里吸收过来并从新发现的希腊哲学那里得到营养的开朗的自由思想，越来越深地扎下了根，为18世纪的唯物主义做了准备"⑦。高扬的人文精神、开朗的自由思想，使得"自然科学在这场革命中也生机勃勃"⑧。恩格斯高度评价文艺复兴对欧洲经济发展的巨大推动作用："直到这个时候才真正发现了地球，奠定了以后的世界贸易以及

---

① 何兆武：《何兆武思想文化随笔》，科学出版社2012年版，第9页。
② 〔英〕约翰·德斯蒙德·贝尔纳著，伍况甫、彭家礼译：《历史上的科学（卷二）：科学革命与工业革命》，科学出版社2015年版，第399页。
③ 吴承明：《现代化与中国十六、十七世纪的现代化因素》，《中国经济史研究》1998年第4期。
④ 《马克思恩格斯全集》第28卷，人民出版社2018年版，第363页。
⑤ 《马克思恩格斯全集》第26卷，人民出版社2014年版，第461页。
⑥ 《马克思恩格斯全集》第26卷，人民出版社2014年版，第466页。
⑦ 《马克思恩格斯全集》第26卷，人民出版社2014年版，第466页。
⑧ 《马克思恩格斯全集》第26卷，人民出版社2014年版，第461页。

从手工业过渡到工场手工业的基础,而工场手工业则构成现代大工业的起点。"① 以文艺复兴为代表的一系列思想变革导致了启蒙运动的产生。②

启蒙运动的学者们相信,思想自由和言论自由是进步的条件,人的发明和智力是钥匙,科学经验则是最有力量的触媒剂。他们相信,进步是可能的,即使不是肯定的,而进步的可能性不在莫测高深的天意,也不在无法捉摸的命运,而在人自己手中。这些学者们对科学所抱的信心,由 18 世纪每一个科学部门所取得的进步和一系列技术发明证实了。比如作为 19 世纪工业革命基础的詹姆斯·瓦特发明的蒸汽机。③ 启蒙运动中的人文主义思想对工业革命的巨大威力,随着瓦特蒸汽机的发明,在火车和蒸汽轮船的轰鸣中向世界做出了一个全新的展示。正如布洛克所说:"造成英国产生第一个工业社会的那些变化,人们往往将之与一定的思想联系起来。但是这些思想并没有什么新鲜之处,它们都是来自十八世纪的启蒙运动。……这些思想的核心是对自由的信念,还有对人类精力从迷信的桎梏、传统的重压以及政府干预所加的限制下解放出来后会产生的好处,所抱的信念。"④

尽管学者们对"思想"等非实物因素在推动经济增长进而推进工业化、现代化过程中的重要作用从理论上高度重视并进行充分的论证也仅仅是最近的事情,但马克思、恩格斯文献中提供给我们的某种直觉的认知,恰恰反映了马克思主义创始人对人类社会发展进程的充分的理论把握。

以色列著名学者什洛莫·阿维内里在其《马克思与现代化》一文中也认为,"马克思论述欧洲现代化的重要之处,在于他没有把欧洲的现

---

① 《马克思恩格斯全集》第 26 卷,人民出版社 2014 年版,第 466 页。
② 〔美〕乔尔·莫基尔著,胡思捷译:《增长的文化:现代经济的起源》,中国人民大学出版社 2020 年版,第 276 页。
③ 〔英〕阿伦·布洛克著,董乐山译:《西方人文主义传统》,生活·读书·新知三联书店 1997 年版,第 89 页。
④ 〔英〕阿伦·布洛克著,董乐山译:《西方人文主义传统》,生活·读书·新知三联书店 1997 年版,第 133 页。

代化归因于工业革命和技术变革……而是认为技术的变化与革新乃是由社会制度、习俗和社会行为的变化所引起的"[①]。而后者的"变化"恰恰激发于伟大的文艺复兴运动和启蒙运动。可以说，思想的变迁所引发的制度及文化的演化推动了技术革命和工业的发展。乔尔·莫基尔总结了启蒙运动所塑造的文化观念，他认为这些特殊的文化观念为后来科技的进步乃至工业起飞提供了坚实的思想基础。[②]

二、历史逻辑：工业革命引致东西方"大分流"

（一）"大分流"的出现

"大分流"一词，源于美国学者彭慕兰 2000 年出版的著作《大分流：欧洲、中国及现代世界经济的发展》。[③] 该书甫一出版，即引起国际经济史学界的极大关注与讨论。有学者甚至认为，关于大分流的辩论动员了大量学术精力，可以毫不夸张地称之为当今全球史中最核心的辩论。[④] 该书的核心观点是：18 世纪以前，东西方处于基本同等发展水平，西方并没有任何明显的和独有的内生优势；18 世纪末 19 世纪初，历史来到了一个岔路口，东西方之间开始逐渐背离，分道扬镳，此后距离越来越大。造成这种背离（即西方走向了现代化而中国却没有）的主要原因，一是美洲新大陆的开发，二是英国煤矿优越的地理位置。彭慕兰这种观点隐含的思想很明确，如果中国有了同样优越地理位置的煤炭资源和殖民地，一样会走向现代化或工业化。

以佩尔·弗里斯为代表的学者对这种观点提出了严厉的批评，并坚

[①] 〔美〕塞缪尔·亨廷顿等著，罗荣渠主编：《现代化：理论与历史经验的再探讨》，上海译文出版社 1993 年版，第 9—10 页。

[②] 〔美〕乔尔·莫基尔：《李约瑟之谜与东西方分途——从科技史视角看大分流》，《量化历史研究》2017 年第 Z1 期。

[③] Kenneth Pemeranz. 2000. The Great Divergence：Europe，China，and the Making of the Modern World Economy，Princeton University Press.

[④] Middell，Matthias.，Philipp R. Rössner. The Great Divergence Debate，Comparativ. 2016, vol. 26，issue 3. pp. 7－24.

持认为社会基于其政治制度安排和各自的行动文化方面做出了选择。弗里斯甚至指出:"坦率地说,如果中国有煤和殖民地,也不会先于英国实现工业化。"① 因为相应的技术和技术驱动力根本就不存在。之所以如此,作者认为,是因为中国的政治体制并不适应经济发展的结构性变化,而往往是处于对立面。此处的"对立面",我们认为意即政治体制对经济的结构性变化不是积极推动而是产生压制作用。

以彭慕兰为代表的加州学派其实跳出了传统史学界"西欧中心论"或"欧洲中心论"的窠臼,其意义在于提出了"中国在场论",即中国并没有脱离世界历史的进程。恰恰是中国改革开放以来的历史性成就,给了加州学派反向推理的底气。正如法国学者阿达所说:"近几十年来以一体化体制的形象出现的世界经济,来源于一个欧洲的经济世界,或者说是一个以欧洲为中心的经济世界。倘若没有日本的有影响力的发展,没有中国令人瞠目结舌的苏醒,人们还会将今天的世界经济视为欧洲经济世界的延伸。"② 对于以"西欧中心论"为背景的现代化理论,德国学者于尔根·奥斯特哈默在其《世界的演变——19世纪史》中做了非常有代表性的批评:流行于20世纪60年代、迄今仍然颇受争议的现代化理论错误地将历史看作一场竞赛:一路领先的是精明能干的北大西洋人,而其他人统统都是小字辈和后来者。我们最起码应当做到,对历史非线性发展的可能性保持开放心态,只有这样,才能帮助我们摆脱"二元简化"和以欧洲为中心的历史同质论的错误视角。③

正像日本学者沟口雄三所说的:"为了向世界主张中国的地位,当然要以世界为榜样、以世界为标准来斟酌中国已经达到了什么程度(或距离目标还有多远),即以世界为标准来衡量中国,因此,这里的世界只不过是作为标准的观念里的'世界'、作为既定方法的'世界',比如

---

① Vries, P. Are coal and colonies really crucial? Kenneth Pomeranz and the Great Divergence, Journal of World History 12 (2001), pp. 401—446.
② 〔法〕雅克·阿达著,何竟、周晓幸译:《经济全球化》,中央编译出版社2000年版,第7页。
③ 〔德〕于尔根·奥斯特哈默著,强朝晖、刘风译:《世界的演变——19世纪史》,社会科学文献出版社2016年版。

说'世界'史上的普遍法则等等。这样的世界归根结底就是欧洲，……世界对中国来说是方法，是因为世界只不过是欧洲而已。"① 研究现代化的理论有意无意皆以欧洲或世界为标准来对标中国，查看是否合拍，否则即认为中国很难走上现代化道路。而中国的现代化道路实践则论证了沟口雄三所提出的"以中国为方法"的判断。"以中国为方法的世界，就是把中国作为构成要素之一，把欧洲也作为构成要素之一的多元的世界。"②

（二）为什么是英国：思想进化催生"工业革命"

经济史学家格雷戈里·克拉克感叹道："解释工业革命仍是经济史上的终极大奖。它到目前已激励了一代又一代学者穷其一生，但总是无果而终。"③ 伊斯特林甚至认为："自从经济史作为一门独立学科建立以来，工业革命的起因一直是它的圣杯。"④ 人类学家列维—斯特劳斯甚至认为："要想搞清哪一两个国家内首先发动了工业革命这样的问题，是没有意义的。"⑤

然而，从马克思、恩格斯的著作中，我们可以发现他们对工业革命诞生原因的分析线索。恩格斯认为，工业革命的表征——替代手工业和工厂手工业的大工业，"是由于前一世纪的各种发明，特别是由于蒸汽机的发明才可能建立的"⑥。"蒸汽机的发明"不能不上溯至文艺复兴所带来的教会独裁精神的摧毁、人文精神旗帜的高扬、开朗的自由思想的发生。麦克洛斯基在谈到工业革命诞生的原因时强调，是创新导致了工

---

① 〔日〕沟口雄三著，孙军悦译：《作为方法的中国》，生活·读书·新知三联书店 2011 年版，第 131 页。
② 〔日〕沟口雄三著，孙军悦译：《作为方法的中国》，生活·读书·新知三联书店 2011 年版，第 131 页。
③ Clark, Gregory. "A Review Essay on the Enlightened Economy: An Economic History of Britain 1700—1850 by Joel Mokyr." Journal of Economic Literature, 2012, 50 (1), pp.85—95.
④ Easterlin, Richard A. 2004. The Reluctant Economist: Perspectives on Economics, Economic History, and Demography. Cambridge: Cambridge University Press. p. 84.
⑤ 〔法〕克洛德·莱（列）维—斯特劳斯，俞宣孟、谢维扬、白信才译：《结构人类学》第 2 卷，上海译文出版社 1999 年版，第 385 页。
⑥ 《马克思恩格斯选集》第 3 卷，人民出版社 2012 年版，第 723 页。

业革命；但在探寻创新背后的原因时，她特别强调是言论、道德和思想导致了创新。① 我们认为，三者中，思想是最根本的，言论和道德只不过是思想的表象而已。麦克洛斯基讽刺道："那些从事增长理论和经济发展理论研究的经济学家……极度希望能相信产出不取决于与物质无关的思想，而主要取决于劳动力的投入和（特别是）现存的物理和人力资本，Q=F（L, K）——这个公式多么可爱，多么坚强，多么具有男子气概，而且可以无休止地数理化。"②

思想只不过是一种特殊商品，其品质优劣高下亦需要通过市场竞争给予客户（政府、厂商、知识分子等）以正确的信息。在竞争过程中，一些思想或想法被认为是正确的而留下，一些则被认为是错误的而遭淘汰。当然，某种思想或想法的真理性短期内并不能完全得以确认，一旦采用某个当时看来是正确的思想并作为指导应用于社会或自然研究，将会出现一个长期的纠错过程。毕竟，路径依赖一旦形成，修复代价很可能非常高，甚至会以人类的牺牲（或战争或疾病）为代价。但需要强调的是，"在这一竞争性自然选择过程中，知识环境发生了变化，对'现代'政治和经济的建立产生了深远的影响"③。

英国工业史学者托马斯·S. 阿什顿甚至说："工业革命也是一场思想革命。"因为如果工业革命"在理解和控制自然方面取得了进展，那么它也看到了对人类社会问题的新态度的开始"④。

（三）制度演化护佑"工业革命"

当然，思想的自由和科技创新之成果，需要有制度保障才具有可持续性。这样的制度绝不仅仅是以书面的形式或意识形态共识的形式存

---

① McCloskey, Deirdre N. 2010. Bourgeois dignity: why economics can't explain the modern world, The University of Chicago Press.
② McCloskey, Deirdre N. 2010. Bourgeois dignity: why economics can't explain the modern world, The University of Chicago Press, p. 38.
③ Mokyr, J. 2009. The Enlightened Economy: An Economic History of Britain, 1700 − 1850, introduction, New Haven.
④ Ashton, T. S. 1948. The Industrial Revolution, 1760 − 1830. Oxford University Press, p. 21.

第十五讲　中国式现代化创造人类文明新形态

在，必须有强制性的实施才行。这就要求，第一，需要政治层面的妥协和平衡，不因政治强力的剥夺而导致某种垄断或压制，致使思想和科技创新失去动力；第二，需要有具体的法律制度，以保障创新收益的合理归属。英国工业革命的持续深化，最终为日不落帝国奠定庞大厚重的经济基础，即得益于此两点。

关于政治层面的妥协和平衡，作为新制度经济学的主要代表，道格拉斯·诺思和罗伯特·托马斯在《西方世界的兴起》中提出，一种有利于经济增长的制度体现于英国议会对王权的制衡。即使在王权达到权力顶峰的都铎王朝时期（1485—1603年），议会也没有失去对征税权的控制。从斯图亚特王朝（1603—1714年）开始，议会发展为王权的制衡力量，并与王权达成一种契约关系，即王室要获得税收必须经由议会同意。其结果是"代议机构规定税金，国王用特权（所有权）和政策来交换更多的岁入"[1]。这也就意味着，王权将所有权的控制权交给了由商人和土地贵族组成的代议制议会。议会"以限制王权来保证私人产权和竞争"[2]。议会实现这一权力的重要标志是《垄断法》的颁布，"1624年的《垄断法》不仅禁止王室垄断，而且在法律中还包括了一个鼓励任何真正创新的专利制度"[3]。换言之，《垄断法》终止了王权创造专利的特权，从而"创新的报偿已不再受王室偏爱左右，而是得到包含在习惯法中的所有权的保障"[4]。诺思后来又强调了1688年光荣革命的意义，在和巴里·温格斯特合作的1989年的开创性文章中，他们认可1688年光荣革命后所带来的制度变革的重要性，认为这种变革增加了财产权的安全性。[5]

---

[1] 〔美〕道格拉斯·诺思、罗伯特·托马斯著，厉以平、蔡磊译：《西方世界的兴起》，华夏出版社1989年版，第98页。

[2] 〔美〕道格拉斯·诺思著，厉以平译：《经济史上的结构和变革》，商务印书馆1992年版，第177页。

[3] 〔美〕道格拉斯·诺思、罗伯特·托马斯著，厉以平、蔡磊译：《西方世界的兴起》，华夏出版社1989年版，第162页。

[4] 〔美〕道格拉斯·诺思、罗伯特·托马斯著，厉以平、蔡磊译：《西方世界的兴起》，华夏出版社1989年版，第169页。

[5] North, D. C. and Weingast, B. R. 1989. "Constitutions and Commitment: The Evolution of Institutions Governing Public Choice in Seventeenth-Century England", Journal of Economic History, 49 (4): pp. 803—832.

诺思和托马斯认为，"制度环境的改善会鼓励创新，结果私人收益率接近社会收益率。奖励为具体的发明带来了刺激，但并没有为知识财产的所有权提供一个合法的依据。专利法的发展则提供了这种保护"①。

在正式的经济文献中，肯尼斯·阿罗经典地阐述了将专利授予发明人以鼓励发明活动的论点。② 博顿利认为，专利对新思想的传播很重要，原因有两个：首先，它们提供了一种除了秘密工作之外的保护发明的替代方法——一种通过阻止技术流向新用户来定义的商业化方法；第二，专利规范代表了工业革命期间技术信息可用性的重要增长。③

专利鼓励发明家投入时间和金钱开发新技术，这并不是说专利制度在任何方面都是工业革命的充分原因。换句话说，专利制度仅仅是英国工业革命产生的必要条件而非充分条件。爱尔兰拥有直接源自英国的专利制度，但在18世纪和19世纪，爱尔兰几乎没有发明活动，仍然是一个相对贫穷的农业社会，不幸的是，爱尔兰未能摆脱马尔萨斯的枷锁。④ 当然，专利制度对于英国工业革命的爆发所起到的推波助澜的作用，不仅仅体现在科技创新方面，还体现在对发明者、创新者的企业家精神的保护和鼓励方面，这也是一种人权。就此来说，同样也是光荣革命的遗产。"没有1688年革命，人权问题几乎不可能超越理论的范围。因此，……（光荣）革命过去在持续地、现在仍在继续间接或直接地发挥其强大的、独特的影响。"⑤

---

① 〔美〕道格拉斯·诺思、罗伯特·托马斯著，厉以平、蔡磊译：《西方世界的兴起》，华夏出版社1989年版，第170页。

② Kenneth Arrow, 'Economic welfare and the allocation of resources for invention', in NBER, The Rate and Direction of Inventive Activity: Economic and Social Factors (Princeton, NJ: Princeton University Press, 1962), pp. 609—626.

③ Sean Bottomley. 2014. The British Patent System during the Industrial Revolution 1700—1852. Cambridge University Press. p. 293.

④ Sean Bottomley. 2014. The British Patent System during the Industrial Revolution 1700—1852. Cambridge University Press. p. 288.

⑤ 〔英〕J.S. 布朗伯利编，中国社科院世界历史研究所组译：《新编剑桥世界近代史——大不列颠和俄国的崛起1688—1715/1725年》，中国社会科学出版社2018年版，第243页。

三、实践逻辑：中国式现代化创造人类文明新形态

（一）改革开放以来的思想解放和制度创新

1978年党的十一届三中全会召开后，我们走上了一条改革开放之路。邓小平在党的十一届三中全会之前召开的中央工作会议上所作题为《解放思想，实事求是，团结一致向前看》的重要讲话，事实上成为十一届三中全会的主报告，响亮地吹响了解放思想的时代号角。邓小平在这篇讲话中深刻指出，一个党，一个国家，一个民族，如果一切从本本出发，思想僵化，迷信盛行，那它就不能前进，它的生机就停止了，就要亡党亡国。"只有解放思想，坚持实事求是，一切从实际出发，理论联系实际，我们的社会主义现代化建设才能顺利进行，我们党的马列主义、毛泽东思想的理论也才能顺利发展。"因此，"关于真理标准问题的争论，的确是个思想路线问题，是个政治问题，是个关系到党和国家的前途和命运的问题"[①]。

正如习近平总书记所强调的："没有解放思想，我们党就不可能在十年动乱结束不久作出把党和国家工作中心转移到经济建设上来、实行改革开放的历史性决策，开启我国发展的历史新时期；没有解放思想，我们党就不可能在实践中不断推进理论创新和实践创新，有效化解前进道路上的各种风险挑战，把改革开放不断推向前进，始终走在时代前列。"[②]

改革开放特别是新时代以来，思想解放体现于制度创新，十分明晰地体现于两个方面。

第一，为中国特色社会主义经济制度的不断完善和发展挖掘提供价值资源，特别是关于如何处理好政府和市场的关系问题，十分注重从中国历史发展中总结经验教训和内在规律。

[①] 《邓小平文选》第2卷，人民出版社1994年版，第143页。
[②] 《习近平关于全面深化改革论述摘编》，中央文献出版社2014年版，第16页。

中国经济发展至今，体量和质量出现了一定程度的裂痕，实现经济高质量发展迫在眉睫。实现经济高质量发展，必须立足新发展阶段，牢牢坚持创新、协调、绿色、开放、共享的新发展理念，夯实新发展格局。其中之最为关键处，是必须为经济高质量发展提供基础性、根本性的文化发展根基。

西方工业化历程和人类发展史表明，文化作为上层建筑的重要构成，其对经济基础的影响透过长时段的历史沉淀，起着至关重要乃至决定性作用。比如马克斯·韦伯的《新教伦理与资本主义精神》，系统性地阐释了宗教文化对经济发展的决定性作用，其中虽有偏颇之处，包括对儒家思想的看法，但总体上为探索经济增长过程这一从亚当·斯密至今而未打开的"黑匣子"，开辟了一条新的智识理解途径。

党的十八大以来，以习近平同志为核心的党中央强调，中华优秀传统文化是中华民族的突出优势，是我们在世界文化激荡中站稳脚跟的根基，必须结合新的时代条件传承和弘扬好。

第二，以全过程人民民主促进中国式现代化开新局。改革开放以后，党领导人民坚持中国特色社会主义政治发展道路，发展社会主义民主，取得重大进展。党的十八大以来，我们党从国内外政治发展成败得失中深刻认识到，坚定中国特色社会主义制度自信首先要坚定对中国特色社会主义政治制度的自信，建设社会主义民主政治，发展社会主义政治文明，必须使中国特色社会主义政治制度深深扎根于中国社会土壤，必须"坚持党的领导、人民当家作主、依法治国的有机统一，积极发展全过程人民民主，健全全面、广泛、有机衔接的人民当家作主制度体系，构建多样、畅通、有序的民主渠道，丰富民主形式，从各层次各领域扩大人民有序政治参与，使各方面制度和国家治理更好体现人民意志、保障人民权益、激发人民创造"[①]。

我们必须深刻地认识到，全过程人民民主的提出源于中国共产党对

[①] 《中共中央关于党的百年奋斗重大成就和历史经验的决议》，人民出版社2021年版，第39页。

中华优秀传统文化中的政治思想智慧的创造性转化和创新性发展。"设计和发展国家政治制度，必须注重历史和现实、理论和实践、形式和内容有机统一。"① 习近平总书记指出，每个国家的政治制度"都是在这个国家历史传承、文化传统、经济社会发展的基础上长期发展、渐进改进、内生性演化的结果"，"只有扎根本国土壤、汲取充沛养分的制度，才最可靠、也最管用"。② 中华民族创造了辉煌灿烂的政治文明，中华优秀传统文化中蕴含的"敬天保民""政在养民""民惟邦本""民贵君轻"等民本理念，为全过程人民民主理念提供了丰厚的传统文化滋养。习近平总书记指出："要以时代精神激活中华优秀传统文化的生命力，推进中华优秀传统文化创造性转化和创新性发展。"③ 全过程人民民主就是中国共产党立足中华优秀传统文化土壤，对其中的政治思想智慧的创造性转化和创新性发展。

全过程人民民主作为新型民主制度，其与生俱来的优质特性，必将为中国式现代化新实践提供强有力的制度保障。"全过程人民民主实现了过程民主和成果民主、程序民主和实质民主、直接民主和间接民主、人民民主和国家意志相统一，是全链条、全方位、全覆盖的民主，是最广泛、最真实、最管用的社会主义民主。"④ 中国式现代化不仅仅是工业现代化，还包括政治现代化、思想现代化、社会现代化、生态现代化等诸多方面，所有这些方面，无一不指向"国之大者"，即坚持以人民为中心的发展思想。这就需要人民群众的广泛参与，而全过程人民民主，正是全体人民积极参与国家经济社会发展最有力的政治制度保障。

（二）中国式现代化内蕴人类文明新形态

概括提出并深入阐述中国式现代化理论，是党的二十大的一个重大

---

① 《习近平谈治国理政》第 2 卷，外文出版社 2017 年版，第 285 页。
② 《习近平谈治国理政》第 2 卷，外文出版社 2017 年版，第 286 页。
③ 《大力弘扬伟大爱国主义精神　为实现中国梦提供精神支柱》，《人民日报》2015 年 12 月 31 日。
④ 《坚持和完善人民代表大会制度　不断发展全过程人民民主》，《人民日报》2021 年 10 月 15 日。

理论创新，是科学社会主义的最新重大成果。中国式现代化是我们党领导全国各族人民在长期探索和实践中历经千辛万苦、付出巨大代价取得的重大成果，我们必须倍加珍惜、始终坚持、不断拓展和深化。[①]

2023年6月2日，习近平总书记在文化传承发展座谈会的讲话中强调，在新的起点上继续推动文化繁荣、建设文化强国、建设中华民族现代文明，是我们在新时代新的文化使命。[②]要坚定文化自信、担当使命、奋发有为，努力创造属于我们这个时代的新文化，建设中华民族现代文明。习近平总书记在此强调的"中华民族现代文明"之"现代"一词，具有深刻的历史内蕴与现实哲理。从历史角度观察，"现代文明"与"古典文明"相对；从现实立场考量，"现代文明"于"中国式现代化"中养成。

习近平总书记强调，在五千多年中华文明深厚基础上开辟和发展中国特色社会主义，把马克思主义基本原理同中国具体实际、同中华优秀传统文化相结合是必由之路。这是我们在探索中国特色社会主义道路中得出的规律性认识，是我们取得成功的最大法宝。

习近平总书记在庆祝中国共产党成立100周年大会上的讲话中首次旗帜鲜明地提出，"把马克思主义基本原理同中国具体实际相结合、同中华优秀传统文化相结合"这一重大时代命题。"两个结合"是深刻理解习近平新时代中国特色社会主义思想的一根红线，也是深刻理解中国特色社会主义为什么好的根本线索。正如习近平总书记所强调的："我们的社会主义为什么不一样？为什么能够生机勃勃充满活力？关键就在于中国特色，中国特色的关键就在于'两个结合'。"[③]

王国维早在1905年的《论近年之学术界》中大声疾呼提倡西方哲学、特别是"深邃伟大之思想"时，就深刻指出，"西洋之思想之不能骤输入我中国，亦自然之势也。况中国之民，固实际的而非理论的，即令一时输入，非与我中国固有之思想相化，决不能保其势力。"王国维

[①]《正确理解和大力推进中国式现代化》，《人民日报》2023年2月8日。
[②]《担负起新的文化使命　努力建设中华民族现代文明》，《人民日报》2023年6月3日。
[③]《中国特色的关键就在于"两个结合"》，《人民日报》2023年6月5日。

应该是近代以来较早谈及外国思想若要移植中国必须"中国化"的学者。毛泽东则是1938年首次明确提出"马克思主义中国化"这一重大历史命题。

马克思主义为什么行？除自身科学性真理性外，其与中国具体实际相结合，特别是与中华优秀传统文化相结合的成功，当是其最根本之原因。"第二个结合"，是我们党对马克思主义中国化时代化历史经验的深刻总结，是对中华文明发展规律的深刻把握，表明我们党对中国道路、理论、制度的认识达到了新高度，表明我们党的历史自信、文化自信达到了新高度，表明我们党在传承中华优秀传统文化中推进文化创新的自觉性达到了新高度。

习近平总书记在2014年2月24日主持十八届中央政治局第十三次集体学习时指出，要"深入挖掘和阐发中华优秀传统文化讲仁爱、重民本、守诚信、崇正义、尚和合、求大同的时代价值，使中华优秀传统文化成为涵养社会主义核心价值观的重要源泉"①。这里的"讲仁爱、重民本、守诚信、崇正义、尚和合、求大同"蕴含的时代价值，虽不能简单地与前述政治文明、物质文明、精神文明、社会文明、生态文明、世界大同一一对应，但显然能探求到某种"嘤其鸣矣，求其友声"的气息。

尽管如此，"讲仁爱、重民本、守诚信、崇正义、尚和合、求大同"是诞生于、适应于农业社会的价值观。中国式现代化就是要实现农业文明向工业文明的转化，而工业文明的价值观，也正是习近平总书记所总结的全人类共同价值："和平、发展、公平、正义、民主、自由。"② 而这一全人类共同价值，恰恰也能够从中华优秀传统文化价值观中探寻到一些显迹。比如讲仁爱之于自由、重民本之于民主、守诚信之于公平、崇正义之于正义、尚和合之于发展、求大同之于和平等。这里的关键则在于如何持续推进党的十九大报告所提出的一项重要工程，即实现中华

---

① 《习近平关于社会主义精神文明建设论述摘编》，中央文献出版社2022年版，第213页。
② 《习近平在联合国成立75周年系列高级别会议上的讲话》，人民出版社2020年版，第13页。

优秀传统文化的创造性转化、创新性发展。

"中国式现代化赋予中华文明以现代力量,中华文明赋予中国式现代化以深厚底蕴。"中国式现代化之"式",更多地体现于其所内蕴之中华优秀传统文化创造性转化、创新性发展对全人类共同价值的文明支撑。中国式现代化是中华民族的旧邦新命,必将推动中华文明重焕荣光。中国式现代化,不正是中国"对于世界负一个大责任"的体现,对于人类作出的"较大的贡献"吗?

中华文明的连续性、创新性、同一性、包容性、和平性,决定了中华民族数千年以来的生生不息、绵延不绝,为中国式现代化的探索提供了强大的理论支撑和历史自信,进而必然决定着中国式现代化可资借鉴的路径与独特而光辉的前景。习近平总书记指出:"中国式现代化是赓续古老文明的现代化,而不是消灭古老文明的现代化;是从中华大地长出来的现代化,不是照搬照抄其他国家的现代化;是文明更新的结果,不是文明断裂的产物。中国式现代化是中华民族的旧邦新命,必将推动中华文明重焕荣光。"[①] 习近平主席在成都第三十一届世界大学生夏季运动会开幕式欢迎宴会上的致辞中欢迎大家到成都街头走走看看,体验并分享"中国式现代化的万千气象"。[②] 这里的"万千气象",不正寓意了中华优秀传统文化在人类文明百花园中的自信绽放、中国式现代化所创造出的人类文明新形态之荣耀辉煌吗?

中国式现代化在为中华文明根脉、中华民族文脉开辟崭新发展空间的同时,其所创造出的人类文明新形态,为人类共同面对未来难以预见的重大风险诸如地缘政治风险、气候疫情风险等方面,提供了全新的理论理解和实践依循;对于深刻认知共产党执政规律、社会主义建设规律、人类社会发展规律,提供了更深层次和更高境界的价值维度。

中国式现代化是中国共产党领导的社会主义现代化,深切地体现为一种现代政治文明;人口规模巨大的现代化,体现为一种基于发展的物

[①] 《中国特色的关键就在于"两个结合"》,《人民日报》2023年6月5日。
[②] 习近平:《在成都第三十一届世界大学生夏季运动会开幕式欢迎宴会上的致辞》,《人民日报》2023年7月29日。

质文明；全体人民共同富裕的现代化，体现为一种消除两极分化的社会文明；物质文明和精神文明相协调的现代化，体现为一种更加凸显社会主义核心价值观的精神文明；人与自然和谐共生的现代化，体现为一种凝聚全球共识的生态文明；走和平发展道路的现代化，体现为一种构建人类命运共同体的世界大同理念。

中国式现代化深深植根于中华优秀传统文化，体现科学社会主义的先进本质，借鉴吸收一切人类优秀文明成果，代表人类文明进步的发展方向，展现了不同于西方现代化模式的新图景，是一种全新的人类文明形态。中国式现代化，打破了"现代化＝西方化"的迷思，展现了现代化的另一幅图景，拓展了发展中国家走向现代化的路径选择，为人类对更好社会制度的探索提供了中国方案。中国式现代化蕴含的独特世界观、价值观、历史观、文明观、民主观、生态观等及其伟大实践，是对世界现代化理论和实践的重大创新。中国式现代化为广大发展中国家独立自主迈向现代化树立了典范，为其提供了全新选择。[①]

参考书目：

1. 罗荣渠：《现代化新论》，北京大学出版社 1993 年版。

2. 阿伦·布洛克，董乐山译：《西方人文主义传统》，生活·读书·新知三联书店 1997 年版。

3. 〔美〕塞缪尔·亨廷顿等著，罗荣渠主编：《现代化：理论与历史经验的再探讨》，上海译文出版社 1993 年版。

[①] 《正确理解和大力推进中国式现代化》，《人民日报》2023 年 2 月 8 日。

后　记

本书所收录讲稿与文章的作者，来自于中共中央党校（国家行政学院）若干教研与行政部门，其中有马克思主义学院、文史教研部、战略研究院、进修部等。现将具体情况说明如下：

序言"深入学习习近平文化思想　推动社会主义文化强国建设"，作者是文史教研部主任张军教授；

第一讲"新时代文化发展战略"，作者是文史教研部主任张军教授、中国史教研室主任王学斌教授；

第二讲"牢牢掌握意识形态工作领导权"，作者是马克思主义学院意识形态研究所所长唐爱军教授；

第三讲"补足共产党人精神之'钙'"，作者是文史教研部中国思想文化教研室副主任张城教授；

第四讲"中华优秀传统文化创造性转化与创新性发展"，作者是文史教研部赵峰教授；

第五讲"从'一个结合'到'两个结合'：新时代中国共产党的文化叙事"，作者是文史教研部文化学教研室副主任林雅华教授；

第六讲"提高全社会文明程度"，作者是文史教研部世界史教研室主任刘飞副教授；

第七讲"繁荣发展文化事业和文化产业"，作者是文史教研部副主任李媛媛教授；

第八讲"加强历史文化保护传承"，作者是文史教研部文学教研室主任马奔腾教授；

第九讲"推进人文城市建设"，作者是文史教研部科研秘书王煦副教授；

后　记

第十讲"扎实推进乡村文化建设",作者是文史教研部新闻传播学教研室主任高宏存教授;

第十一讲"提高舆论引导能力",作者是文史教研部副主任秦露教授;

第十二讲"提升国际传播能力——以'英国广播公司'(BBC)与'今日俄罗斯'(RT)的传播机制与策略为例",作者是文史教研部新闻传播学教研室副主任沈伟鹏副教授;

第十三讲"文化认同与边疆稳定",作者是文史教研部徐平教授;

第十四讲"新时代中国文化软实力建设",作者是研究室副主任赵磊教授;

第十五讲"中国式现代化创造人类文明新形态",作者是进修部副主任杨英杰教授。

这些讲题大部分在中共中央党校(国家行政学院)课堂上常年讲授,讲稿内容也吸收了各个班次学员的意见建议,虽然我们在撰写的过程中付出了很大努力,但难免存在疏漏和不足,真诚希望读者提出宝贵意见和建议,以便进一步完善。

编者

2024 年 3 月